[高等院校国际经贸专业规划教材]

U0814818

（第二版）

货币银行学

MONEY and Banking

蒋先玲 编著

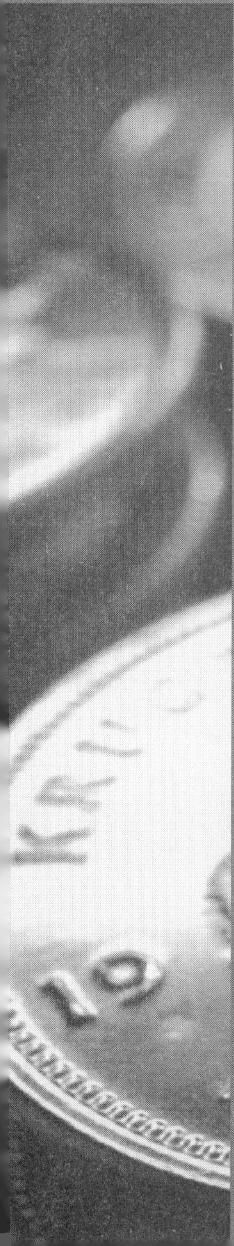

对外经济贸易大学出版社
University of International Business and Economics Press

图书在版编目（CIP）数据

货币银行学 / 蒋先玲编著. —2 版. —北京：对外经济贸易大学出版社，2012（2019. 2 重印）
高等院校国际经贸专业规划教材
ISBN 978-7-5663-0338-7

Ⅰ. ①货… Ⅱ. ①蒋… Ⅲ. ①货币银行学 - 高等学校 - 教材 Ⅳ. ①F820

中国版本图书馆 CIP 数据核字（2012）第 126444 号

© 2012 年 对外经济贸易大学出版社出版发行

版权所有 翻印必究

货币银行学（第二版）

蒋先玲 编著

责任编辑：王文君

对 外 经 济 贸 易 大 学 出 版 社
北京市朝阳区惠新东街 10 号 邮政编码：100029
邮购电话：010 - 64492338 发行部电话：010 - 64492342
网址：http://www.uibep.com E-mail：uibep@126.com

三河市少明印务有限公司印装 新华书店经销
成品尺寸：185mm × 230mm 19.75 印张 386 千字
2012 年 7 月北京第 2 版 2019 年 2 月第 5 次印刷

ISBN 978-7-5663-0338-7
印数：12 001－13 000 册 定价：37.00 元

总　　序

奉献在读者面前的这套教材，由对外经济贸易大学国际经济贸易学院教师根据多年的教学科研经验精心编写，从我国加入世界贸易组织五年过渡期结束后的2007年初开始陆续出版，是一项重要的教材建设工程。它与我国改革开放的新时代同步发展，标志着我院为国家培养创新型高等人才所作出的一份特殊贡献。

我院历来重视教材建设，秉承50多年学科建设的经验积累，在国际经济与贸易、金融、国际运输与物流、经济学等专业领域先后出版了大量教材，在全国产生了较大的影响。如《国际贸易实务》、《国际贸易》等累计发行近150万册，先后被评为国家级精品课程。本系列教材的出版，是对我院近十年来学科建设成果的一次检阅。自“九五”以来，以“211工程”建设为契机，我院对本科和研究生教育进行了认真全面的专业梳理和课程体系优化，以面向新世纪、面向全球化、面向提升学生职业生涯竞争力为导向，在课程建设和教材建设方面视野开阔、目标明确、标准严格、工作扎实，老中青三代学者共同努力，基本完成了学院所开设专业课程的教材和教学辅助资料的编写工作。回顾我院“九五”以来的课程体系建设，我们走过了一条清晰的发展之路。首先是课程群的界定和建设，我们抓住20世纪90年代中期我国全面推进改革开放所带来的对外向型经济人才的需求急速增加的机遇，围绕着我院长期积累的在国际经济与贸易、国际金融、国际运输与物流等专业所形成的专业优势，借鉴国际上高水平大学的课程建设经验，设定了培养学生具有国际竞争力所需要的课程群。在此基础上狠抓师资队伍建设，通过海内外招聘和支持现有教师在国内外攻读博士学位，以国际化的高标准打造了一支高水平的师资队伍，凝聚了学科建设的核心力量。然后以国际高水平大学的科研和教学标准评价师资队伍，以高水平科研促进高水平教学，实现科研与教学的相互促进。随着学科建设的不断进步，我院的专业领域和课程覆盖面均有了很大的突破。

进入21世纪，我院的国际贸易学学科被教育部列为在本领域惟一的国家重点学科，为我院的学科群建设和课程建设提供了巨大的推动力。通过“十五”、“211工程”建设，我院以国际上先进的研究群（Research Cluster）的模式，开展了学科建设，涌现了大量的研究成果，对课程建设和教材建设产生了直接的推动作用。本套系列教材的问世，得益于“211 工程”建设所带来的师资队伍水平的提高、科研成果的丰富和国际学术交流的经验分享。这些教材的作者，都是我院教学科研第一线的骨干教师，他们积累了丰富的教学经验，对本课程的核心问题都有深入的研究，对教学中的疑点和难点问题有着深刻的理解，并将其体现在教材的体例安排和知识点的表述之中。我们在组织这套教材的编写过程中，一直坚持建设精品教材的原则，方法与国际接轨，内容面向我国全面对外开放新时代，相信使用这套教材的教师和学生会有切实的体会。

本套教材的出版得到了对外经济贸易大学出版社的大力支持，从社长、总编辑到责任编辑都倾注了大量的心血，这也见证了我院和出版社长期的精诚合作关系。

使用这套教材的国内各高校教师和学生将最有资格发表评论，我们也真诚地欢迎你们建设性的批评意见和建议，使这套教材再版时日臻完善，随岁月的流逝和中国的崛起而成为经典。

对外经济贸易大学国际经济贸易学院

院长、教授

赵忠秀

2007 年 1 月 25 日

第一版前言

20 世纪 50 年代以来，金融对经济活动的作用急剧加大。如果说人们着力研究利率理论意味着货币对经济的推动作用日益明显，那么价格理论的研究重心从较为虚拟化的资金价格即利率，转向更加虚拟化的资产价格，则表明以资本市场为轴心的现代金融已逐步成为现代经济的核心。马克思有一句很著名的话："货币是经济运行的第一推动力。"延伸到今天，似乎也可以概括为，建立在资本市场基础上的"现代金融是现代经济的发动机"。金融是现代经济的核心，货币与银行无论从历史上还是逻辑上都是金融业的源头和基础。因此，学习货币银行学是研究金融问题的基础。

在编写特点上，本书力图将现代货币银行理论与中国的具体实践有机地融合起来，从而形成一个既反映现代货币银行理论优秀成果，又具有中国特色的货币银行学体系。为此，每章都加入了专栏与案例，使枯燥的理论知识鲜活起来。本书共十一章，从研究货币入手，然后是货币的有偿借贷方式——信用与利息；在对信用关系进行全面考察的基础上对货币的价格——利率进行了理论与现实的分析；在对利率这一金融资产定价的基础问题进行分析后，紧接着介绍了金融市场的相关基础理论知识；而货币资金借贷的更大场所是间接融资，即通过金融中介进行资金的融通，所以，紧接着就是第五章金融中介的相关内容，从逻辑上看，第五章是过渡性章节，因而紧随其后的三章分别重点介绍了金融体系的主体——商业银行及政府对其的监管问题、金融体系的主导——中央银行及其货币政策的相关理论问题；而货币政策的重要任务就是调节货币供应量，使之与货币流通量大致均衡，因此，第九章分析了货币供求理论与货币供给机制；货币政策执行的结果即是货币流通领域的状况——通货膨胀还是通货紧缩？这是第十章要回答的问题。最后一章金融创新，是对以上所有章节涉及的创新问题进行理论上的分析，这是对全书的一个完整交代。

所以，总的来说，本书通过探讨货币的相关理论及通过考察金融市场和金融机构如何运行，来回答货币、信用、银行及金融市场方面许多令人关注的问题，并力求在以下方面取得突破：

第一，尽可能地反映经济改革以来我国金融领域出现的新变化。我们现在已经进入了21世纪，已正式成为WTO的成员国，我国金融体制也已发生了巨大的变革，因此，在编写本教材时，力争跟上时代的步伐，尽可能地反映当前金融领域的理论信息和实际变化，使学生能更充分地了解新的形势下的金融理论和金融业务。

第二，广泛吸取前人的成果。作为教材，必须顾及理论指导问题，它应当反映国内外成熟的货币银行学教学和研究的成果。因此，我们翻阅了所能收集到的货币银行学教材和专著，尤其是收集了港台和国外许多版本的货币银行学教材。对于其中有价值的东西，以积极的态度加以汲取。力图使这本书的理论信息量足够大，以求建立一套较科学、较严密的货币银行学的理论框架。

第三，将经济学思维引入货币银行学的分析框架中。本书强调经济学的思维方式，力求建立统一的研究货币、银行与金融市场的分析框架，这种分析框架将运用一些基本的经济学原理来塑造学生们的思路，帮助他们理解金融市场的结构、金融中介的存在合理性及银行管理的技术等。

本书适合于大学经济类各专业本科货币银行学教学。在本书的出版过程中，得到了对外经济贸易大学出版社副总编刘传志老师和编辑赵昕的热情支持，作者在此表示感谢。另外，由于作者知识有限及时间仓促，而且，货币银行学是一门处在发展中的学科，本书中难免有纰漏和不尽如人意之处，敬请读者不吝指正，以使本书的体系、内容和阐述不断得到改进。

蒋先玲

2007年1月于对外经济贸易大学

再版说明

《货币银行学》第一版于2007年4月出版以来，经过四年的教学实践深感有进行再版的需要。一方面，教学过程中收集了来自不同学生的有益建议。另一方面近几年金融领域发生了翻天覆地的变化，虽然，《货币银行学》的基本原理不会改变，但是，根据新的形势对相关理论及案例进行适时的修改与完善，仍显得十分迫切与必要。

此次再版的修改主要包括以下几个方面：

第1章中对货币与其他概念的区别，增加了“货币与流动性”，进入21世纪以来，在报刊杂志和人们的日常用语中，常出现一个替代货币的名词，即“流动性”，但是，“流动性”不完全等同于货币，因此，有必要对此进行严格的区别。

第2章金融工具的收益率、金融工具的种类等内容进行了重新的整理与完善。

第3章完善了连续复利的公式推导，以保证此节内容的严谨性。

第4章增加了变异系数的概念，对货币市场相关内容进行了更通俗的修正，以增加教材的可读性。其中，对票据市场进行了详细说明。在证券市场中补充了传统的交易方式，以与第五节金融衍生工具交易相对应，从而保证了该章内容的完整性。

第6章商业银行业务及管理中进行了删减，其中，“持续期缺口管理”删除，以避免与金融学其他专业课程重复。

全书补充了一些新的案例，以反映2008年金融危机以来的新形势、新问题。

当然，虽然经过了多处改进，但由于本人学识有限，书中缺点错误在所难免，欢迎读者批评指正。

作　者

2012年春天于北京

目　　录

第一章　货币与货币制度

✓ 本章摘要

要理解货币对经济的作用，就必须正确理解货币的基本概念。本章围绕货币的定义和货币制度来分析货币的含义、剖析货币的职能、介绍货币层次的划分问题，并考察货币形式和货币制度的发展与演变。

✓ 本章关键词

狭义货币　　广义货币　　流动性　　商品货币　　信用货币　　流通手段　　货币制度

✓ 学完本章，你需要掌握

- 货币的定义
- 货币的基本职能
- 如何划分货币的层次
- 货币制度的发展演变进程

第一节　货币的涵义

要理解货币在经济中的作用，首先必须正确理解货币的定义，并澄清一些关于货币的模糊认识。

一、什么是货币

货币是日常生活中人们经常使用的一个词，它的涵义丰富，在不同的场合有不同的意义。本书中，我们所研究的货币是一个经济学意义上的概念。

在经济学家看来，货币是指在购买商品和劳务或清偿债务时被普遍接受的任何物体（anything[1]）。那么一个物体怎样才能被称之为货币呢？一般而言，这一物体必须具备以下特征才能被人们普遍接受从而充当货币：

（一）价值稳定性（Stability of Value）

正如要量布匹的长度，尺子本身的刻度必须固定，要称出鸡蛋的重量，秤本身的刻度也必须固定一样，任何物品要充当货币，其本身的价值必须是相对稳定的。历史上曾经以牛、羊等牲畜作为货币来使用，由于其价值不稳定，必然在后来失去了充当货币的资格。

（二）普遍接受性（General Acceptability）

货币可用作交易媒介、价值储藏和延期支付手段等，满足人们的多种需要，为人们普遍接受，这正是货币的典型特征。任何物体只要具备了这一特点，就可以在一定范围内充当交换的媒介。例如二战期间，香烟以其普遍接受性成为当时流通于纳粹战俘集中营里的特殊货币[2]。

（三）可分割性（Divisibility）

随着商品交换规模的发展，要求充当货币的物体必须是均质的、易于分割成标准化的等份，以实现不同规模的商品交换。

（四）易于辨认与携带（Cognizability and Portability）

商品交换范围的拓展和商品经济的复杂性使得货币的流动性和防伪性日渐重要；那些笨重、易仿制的货币材料将逐步让位于轻便易携、易辨真伪的材料。

（五）供给富有弹性（Elastic Supply）

一种优良的货币，其货币材料的供应必须富有弹性，以随时满足商品生产和交换增减的需要。金银货币之所以先后退出历史舞台，主要原因就是供给缺乏弹性，不能适应经济发展的需要。

---

① Frederic S. Mishkin. The Economics of Money, Banking and Financial Markets. 6th. ed. 2002: 48

② 易纲，海闻. 货币银行学. 上海：上海人民出版社，1999：34.

二、货币与其他相关概念的区别

为了更好地理解货币的含义，必须澄清经济学家所用的货币一词与人们日常使用的一些类似概念的区别。

（一）货币与通货（Money and Currency）

当人们在日常生活中谈论“钱”时，实际上他们指的是流通中的货币即纸币和硬币。例如，当某人靠近你说“要钱还是要命?”时，你会迅速地将你身上带的现钞拿出来交给他，而不会问：“你说的钱具体是什么意思?”但是，如果将货币仅仅定义为“通货”，就将经济学定义的货币范围大大缩小了。因为，经济学家所说的货币，除了通货以外，主要是指以支票、本票、汇票形式表现的对于货物、劳务等所具有的权力。

（二）货币与财富（Money and Wealth）

某人说：“张三很富有——他有很多钱!”这时，他可能是说张三不仅有大量的现钞、银行存款，还有股票、债券、汽车、别墅和游艇等等。这种关于“钱”的概念又大大扩大了经济学家的货币定义。其实，货币并不就是社会财富本身，即使是贵金属币材，也至多是社会财富的一部分；把部分夸大为整体并且变成“惟一”，就会导出货币乃是社会惟一的追逐目标这种极其荒谬的结论。

（三）货币与收入（Money and Income）

人们常听到这样的话：“他有一份好工作，能挣好多钱。”这里的“钱”其实指的是收入。而实际上，收入与货币是有区别的。首先，不可否认，在商品经济时代，人们的收入大多表现为货币。其次，收入是货币的流量概念，是指某一时期内的货币变动量，如一个月、一年；而货币是一个存量概念，是指某一时点的货币余额，如第一季度末的货币余额。

（四）货币与流动性（Money and Liquidity）

进入21世纪以来，在报刊杂志和人们的日常用语中，常出现另一个替代货币的名词，即流动性。所谓“流动性”，泛指一种资产在不损失价值的前提下转换为现实购买力的能力，它受变现的便利程度和交易成本所决定。越便利或交易成本越小，则流动性越强。反之，流动性越低。由于货币不需转换为别的资产就可以直接用于支付或清偿，因此，货币被认为是流动性最强的资产。所以，在一般的宏观经济分析中，流动性常常用来分析货币现象，也就是说，用“流动性”来代替货币。人们常把流动性直接理解为不同统计口径的货币信贷总量，即通常所说的流通中的现金（M0）、狭义货币供应量（M1）、广义货币供应量（M2）等。

所以，通常所说的“流动性过剩”（Excess Liquidity），简单地说，就是货币当局货币发行过多、货币量增长过快，银行机构资金来源充沛，居民储蓄增加迅速的一种现象。在宏观经济上，它表现为货币增长率超过 GDP 增长率；就银行系统而言，则表现为存款增速大大快于贷款增速。反之，则是“流动性不足”。

当然，流动性资产不仅包括银行的存款负债，而且还包括范围广泛的其他金融中介机构的短期负债，在金融机构和金融工具不断创新的大背景下，流动性含义远大于货币的含义。

第二节　货币形式的演变

历史上许多东西都充当过货币，不同的经济交易或不同的历史时期使用过不同的支付手段。因此，有必要对货币形式发展及其演变进行概括分析。

一、商品货币

最早的支付手段是具有内在价值的商品货币（Commodity Money）。这些商品货币范围广泛，从中国的丝绸到挪威的黄油，从斐济的鲸鱼牙到委内瑞拉的盐①。这些东西在不充当货币使用时也具有价值。

当然，能够成功充当商品货币的东西一般具有以下特征：第一，容易标准化；第二，持久耐用；第三，价值高，体积小，易于携带和运输；第四，可以分成不同的等份。由于金银等贵金属基本能满足以上特征，所以，在人类历史的大多数时期，金银是最普遍的商品货币。

但是，商品货币的问题在于以贵金属作为币材在重量上仍然很笨重，不便于携带。因此，商品货币无法充当理想的支付手段，随着经济的发展和时代的变迁，纸币便产生了。

---

① Stephen G. Cecchetti. Money，Banking and Finanicial Markets. 2006：17

二、信用货币

最初的纸币（Paper Currency）是可兑现纸币，也称为“代用货币”，即持有人可随时向发行银行或政府兑换成铸币或金银条块，其效力与金属货币完全相同，且具有携带便利、避免磨损、节省金银等优点。后来，纸币就打上了国家的烙印，演变成国家发行的强制流通的价值符号，也就是信用货币（Fiat Money）。现在的纸币一般为不兑现纸币，由法律赋予其法偿性的地位而成为一国的本位货币，无兑换实质货币的义务。不兑现货币还包括劣金属铸币（Coins），也称辅币，其主要职能是在小额或零星交易中担任媒介手段，多以贱金属制造，如铜、镍、铝等。目前，世界各国的铸币权几乎毫无例外地完全由政府独占。我国是由财政部下属的铸币厂专门铸造。

三、支票

由于纸币容易丢失，而且，当金额很大时也不易运输。所以，支付体系中就产生了支票（Checks）。与纸币不一样，支票不具有政府担保特性，它只是银行的存款客户命令银行将资金从你的账户转移到你指定的人的账户的一种工具。因此，当你向某人签发支票以换取其商品或劳务时，支票并不是最后的支付手段。但是，支票被广泛用作交易媒介与支付手段。因为，它具有以下优点：第一，可以避免像其他货币那样容易丢失和损坏；第二，运送便利，减少运输成本；第三，实收实支，免去找换零钱的麻烦；第四，支票经收款人收讫以后可以在一定范围内流通。

四、电子货币

20 世纪以来，技术先进的国家已开始采用电子计算机记录和转移存款。银行在各销售场所装设终端机，顾客购物时只需将其货币卡塞于终端机内，电子计算机便会自动地将交易额分别借记和贷记到买卖双方的存款账户上。这种用电脑贮存和转移的资金被称为“电子货币”（Electronic Money，简称 E-money），现金将越来越多地被所谓的电子货币所取代。电子货币大致有以下几种形式：

（一）借计卡

借计卡（Debit Card）类似于支票，它能将资金直接从客户的银行账户划拨到商户的账户，从而实现客户的交易目的。在这个过程中，银行要收取一定的费用。在美国的超级市场，借记卡被广泛地使用，人们只需轻轻划过借记卡就可以购买所需的商品。大多数银行和公司如 Visa 和 MasterCard 都发行这种借记卡。

（二）贷记卡

贷记卡（Credit Card）是银行承诺向持卡人贷款以便实行购买行为的一种安排。因此，贷记卡不是货币，是一种类似于信用卡的账户。

（三）储值卡

储值卡（Stored-value Card）与借记卡有相似之处，都是通过账户转移资金。不同的是它包括一个固定的货币金额。最简单的一种方式是客户事先购买一定的货币金额，然后消费。较复杂的方式是一种称之为聪明卡（Smart Card）的储值卡，它装有一种当需要时自动从客户账户中转移资金到储值卡的计算机程序。这种卡在美国以外的国家使用较多，如澳大利亚、加拿大、英国等。

（四）电子钱包

电子钱包（Electronic Cash）是一种在 Internet 上购买商品和劳务时使用的电子货币。使用电子钱包时，客户需要在与 Internet 连接的银行开立自己的账户，之后电子钱包就转移到了客户的个人电脑上。当客户在网上购物时，电子钱包会自动将货币金额从客户的电脑上转移到商户的电脑上，商人就可以在发货前从客户的银行账户上转移资金。

（五）电子支票

电子支票（Electronic Checks）允许网上购物者直接通过 Internet 签发支票而不是一张纸制的支票。顾客使用个人电脑书写一张支票，然后发送给交易对手，后者再将其发送给他的银行。一旦接受行检验该支票的有效性后，资金就会从签发支票者的银行账户划拨到接受者的银行账户。以上过程都是通过 Internet 进行的，因而相对纸制支票而言更加快捷方便。据专家估计，这种电子支票的成本还不到纸制支票的 1/3。

电子货币区别于纸币之处在于：它的流通不需借助于任何有形的实物，而是依靠光波、电波进行信息传递和处理的。随着卫星和大规模集成电路电子计算机的发展，电子货币将造就全球一体化的金融市场，未来的货币将是以光电技术为特征的无形货币。

第三节 货币层次的划分

为了测定货币，我们必须精确地指出哪些资产是货币。在此，我们将从外延的角度说明在现代经济中究竟哪些东西是货币以及货币供应量的包纳范围。

一、划分货币层次的依据

货币层次的划分，即货币存量的划分。所谓货币存量，即货币供应量，是一国经济中用于交易和投资的货币总量。在统计上，它构成中央银行和金融机构负债的一部分。

划分货币存量的依据主要是：不同资产的流动性。资产的流动性（Liquidity）是指其以较小的代价转换为现实购买力的便利性。衡量资产流动性的标准有两个：一是资产变现的成本，某项资产变现成本越低，则该资产的流动性就越强；二是资产变现的难度成本和速度。某项资产变现越快，即越容易变现，则该资产的流动性就越强。因此，判断一种资产的流动性大小要将以上两个标准结合起来看，比如，股票与债券，股票变现速度很快，在股票市场上很容易出售转让，但是，由于股票价格波动幅度大，股票在出售时很容易受到价格上的损失，且要缴纳一定比例的交易佣金。而债券相对来讲，其价格波动幅度较小，价格受损的可能性小，且交易佣金比例低。因此，股票的流动性要小于债券，相应地，股票的风险就要大于债券风险了。

二、货币层次的一般划分

纵观西方各国情况，货币供应量指标大致可分为如下层次：

第一层次：狭义货币 $M1 = C + D$

上式中，C（Currency）表示流通中的通货，包括纸币和硬币；D（Demand Deposits）表示活期存款，是指可以签发支票的存款类别。M1 是狭义的货币供应量。它代表了现实购买力，对当前物价构成影响，是一国中央银行调控的主要目标之一。

第二层次：广义货币 $M2 = M1 + S + T$

上式中，S（Savings）表示银行储蓄存款；T（Time Deposits）表示定期存款，一般是指有利息的短期存款。广义货币扩大了货币的范围，包括了一切可能成为现实购买力的货币形式。并且它更多地代表了潜在购买力，对未来物价造成影响，因此，也成为一国中央银行关注的目标之一。

通常将 M2 与 M1 的差额称为“准货币”。

第三层次：M3 = M2 + Dn

上式中，Dn（Non-bank Financial Institution’s Deposits）表示非银行金融机构的存款。这里主要从货币替代性角度出发，认为非银行金融机构的存款与商业银行的储蓄存款和定期存款没有本质的区别，它们相互间是可以替代的，都具有高度的货币性质，所以，Dn 也应划入货币供应量的范围之中。

第四层次：M4 = M3 + L

上式中，L 表示银行与非银行金融机构以外的所有短期信用工具。这里主要从流动性的角度出发，认为除了银行和金融机构的存款以外还有许多金融工具具有相当的流动性，如短期债券、人寿保险公司保单等等，它们在金融市场上变现的机会极多，所以也应包括在货币供应量之中。

至于研究货币存量的范围应采用 M1、M2 还是 M3、M4，至今还无定论。各国都根据国情，制定出了不同的研究范围。

第四节　货币的职能

在任何经济社会中，货币具有四个基本职能，即交易媒介、价值尺度、价值储藏和支付手段。

一、交易媒介

在几乎所有的经济交易中，货币都以通货或支票的形式充当交易的媒介（Medium of Exchange），用来对商品和劳务进行支付。货币作为交易媒介，由于节省了交易时间而促进了经济效率的提高。因为，它避免了直接的物物交换所面临的“需求的双重巧合”难题，促进了交换和专业分工的发展。

为了更好地理解货币作为交易媒介的重要性，让我们了解一下在物物交换的情况下商品和劳务的交易过程。假如张某是经济学教授，他的专长是提供非常精彩的经济学演讲。在物物交换经济条件下，当他需要食品时，他必须找到这样一个农场主：不仅生产张教授需要的食品，而且也渴望听经济学演讲。可以想象，这样的寻找过程是非常费时和艰难的。结果可能是：张教授不得不放弃经济学演讲而去自己种植农作物，或者被饥饿折磨至死！

通常，把花费在商品和劳务交易中的时间称为交易成本。在物物交换经济中，由于“需求的双重巧合”难题导致交易成本非常高。现在来看将货币引入交易中将会发生什么情况：此时，张教授可以向任何愿意付钱听课的人演讲经济学课程，然后去找任意一个农场主用演讲得来的收入购买他所需要的食品，从而需求双重巧合的问题被避免了。张教授由于节约了交易时间，也可以专心从事他所专长的经济学教学工作。

这个例子告诉我们：货币作为交易媒介，大大节约了交易成本，同时可使人们专门从事自己最擅长的工作，鼓励了专业化和社会分工，从而提高了经济效率。

二、价值尺度

货币的第二个职能是充当价值尺度（Unit of Account）。即货币作为测量商品和劳务价值的工具。人们用货币测量商品和劳务的价值，就如同人们用秤来度量重量、用公里来测量距离一样。

为了更好地理解货币作为价值尺度的重要性，让我们再来看一下物物交换经济：在这种情况下，每种商品的价格都要用众多的其他商品来表示，这样的交易费时又费力，交易成本非常高。比如有 10 种物品要交换，每一种商品的价格都要用其他 9 种商品来表示，因此，要比较这 10 种商品的贵贱，就必须得到 45 个交换价格；而有 100 种商品时，将要比较 4 950 个交换价格。一般地，在一个有 N 种商品的物物交换经济中，交换价格的个数就是从 N 个中任取两个的组合数之和，即 C2N = N(N - 1)2。

解决这一问题的方法是引入货币，以货币来表示所有商品的价格。这样，有 100 种商品就只有 100 个价格，N 种商品就只有 N 种价格，各种商品和劳务之间的价格比较一目了然。因此，货币作为价值尺度通过减少价格数目，使交易成本得以大大降低。

三、价值储藏

货币的第三个职能是充当价值储藏手段（Store of Value），即货币充当购买力储藏的工具。通常，人们的收入与支出之间存在着一定的时间差，在这一过程中，货币充当了价值储藏功能。货币的这一职能的重要性在于：大多数人并不会马上花掉所有的现在收入，而是等到将来再支付。因此，储藏货币不光是储存财富，更重要的是储存购买力。

当然，货币并不是惟一的价值储藏的手段，除货币以外人们还用各种非货币资产（如普通商品、有价证券等）保存价值，以备将来之用。

（1）商品储藏。商品储藏是指某些具体商品的储藏（剩余产品）。

（2）有价证券储藏。有价证券储藏是指短期票据、债券抵押凭证、优先股票、家具、土地、邮票或其他有价证券的储藏。其优点是：① 它们能以利息、利润和租金等形式给持有者带来一定的收入；② 在货币贬值时，非货币资产的价格一般会上升，比持有货币更为合算；③ 实物还可以提供一定的服务（如邮票可供欣赏）。其缺点是：① 需要支付一定的保管费用；② 价格可能下跌；③ 它们不像货币那样具有普遍接受性，将它们换成其他商品或变换成货币都要花费一定的成本。

（3）货币储藏。货币作为一般价值的代表，具有其他价值储藏手段无法替代的优点。要回答人们为什么愿意保有一些货币于手中，我们要引入经济学中的“流动性”概念。如第三节所述，流动性是资产以较小的代价转换为现实购买力的便利性。流动性是人们所非常需要的，货币由于是交易媒介因而流动性最高，它不必再转换成其他资产就可以实现购买行为。而其他资产如股票、债券、住房等，在实行购买行为时必须先转换成货币，此时就要花费交易成本。比如，当你出售你的住房时，你不得不支付一定比例的佣金，而且当你迫切需要现金时，为了迅速成交，你可能低价出售你的房产。因此，由于货币最具流动性，即使它不是最有吸引力的价值储藏手段（假如发生通货膨胀时，货币就会贬值），人们仍愿意手中持有一部分货币。

四、支付手段

在以延期付款形式买卖商品的情况下，货币用于清偿债务时执行的职能就是支付手段职能（Standard of Deferred Payment）。支付手段职能产生于赊买赊卖的商品交换中，是与商业信用联系在一起的。由于一些商品生产过程的季节性和地域上的差别性，在客观上要求商品的出售与商品价值的实现在时间上分离，从而产生了赊销和赊购。这时，卖者成为债权人，买者成为债务人，当双方用货币来清偿其债权债务关系时，货币充当支付手段发挥着重要作用。

随着商品生产的发展，货币支付手段的职能已超出了单一的偿债范围，扩大到商品流通领域之外，包括：① 大宗交易，这是支付手段的主要场所；② 财政收支、银行存贷；③ 工资、佣金、房租、地租、水电费等领域。

与交易媒介相比，货币执行支付手段职能时具有以下特点：

（1）商品和货币不再同时出现在交换过程的两极上，货币作为价值独立存在，单方面发生转移；而货币作为交易媒介时是货币和商品的双向运动，一手交钱，一手交货。

（2）作为支付手段的货币不是交换的媒介物。它虽然仍反映交易双方的买卖经济关系，但更多地反映了他们之间的债权债务关系，即信用关系。

（3）货币作为支付手段使商品生产者的活动余地更大，他可以先买后卖；但作为交易媒介时只能是先卖后买。

专栏 1

教授发行“货币”的实验

意大利有一个非常富有的教授，名叫阿瑞堤（Giancinto Auriti），他居住在意大利南部的一个小镇上。2000 年 1 月 1 日，他印刷了一种名叫 Simec 的“货币”。任何到该小镇旅游的游客都可以用 1 里拉（意大利当时的货币，于 2002 年 1 月 1 日之后被欧元替代）从该教授手中换 1Simec。到当年 8 月中旬时，市场上已有将近 200 万元的 Simec 在流通。

为什么人们愿意接受这种所谓的“货币”呢？原来阿瑞堤教授曾经向当地商人作出承诺：允许商人们用 1Simec 向教授换 2 里拉。也就是说，教授用 1Simec 从游客手中换 1 里拉这种方式发行“货币”，然后，再用 2 里拉从商人们手中换回 1Simec 的方式回笼“货币”。市场上 Simec 的大量出现，导致当地价格飞涨。商人们从中赚取利润。

显然，教授发行“货币”的实验是存在严重逻辑问题的。因为，这位教授实际上是在做“赔本的买卖”！幸运的是这个教授非常富有。所以，实验进行了将近一年。在经过一段短时期的火爆之后，由于商人们开始打折接受 Simec，流通领域中的 Simec 大量减少。终于，许多人开始拒绝接受这种“货币”，Simec 不再是价值尺度，也不再充当价值储藏功能。根本问题在于 Simec 并不是一种很好的货币，它仅仅是依赖于教授个人的承诺而短期存在的一种支付手段。其命运必然以失败而告终。最后只是在当地 2001 年的新闻报纸上有这样一条消息——“Simec 货币大约持续了一年”。

资料来源：Stephen G. Cecchetti, Money, Banking and Financial Markets, p16, 2006.

第五节 货币制度

一、货币制度的内容及其构成

货币制度，是一国为了适应经济发展的需要，以法律或法令形式对货币的发行与流通所作的一系列规定。货币制度是货币运动的规范和准则。从规范化的角度来看，典型的货币制度包括以下六个方面的内容：

（一）规定本位货币材料

本位货币是一国货币制度规定的标准货币，是一国法定的计价、结算货币，是该国的基本通货。本位货币具有其他各种货币所不具备的独有性质：第一，具有无限的法偿资格。即法律赋予其强制的流通能力，不论支付额多大，对方都不得拒绝接受。第二，是最后的支付手段。即任何交易或债务，只要用本位币支付，就算结清，对方无权要求改用其他形态的货币来支付。而其他形态的货币虽然可以与本位币平价流通，但不是最后的支付手段，对方有权要求兑换成本位货币来完成支付。

货币制度的名称，一般取其本位币币材的名称。比如，以黄金作为本位币币材的货币制度，就称为金本位制度；以白银作为本位币币材的货币制度，就称为银本位制度；同时以黄金和白银作为本位货币材料的货币制度，称为复本位制度；而不以一定量的金属来表示货币基本单位的价值标准者，是纸币本位制度。

（二）规定货币单位

随着货币币材的确定，必须相应地规定货币单位的名称和货币单位的“值”。

1. 规定货币单位的名称

通常是以习惯形成的名称为基础来规定货币单位的名称。最初货币单位的名称和货币材料本身的重量单位名称是一致的，后来由于种种原因，货币单位名称和重量单位名称逐渐脱离，货币单位名称已经不再表示任何重量上的意义。大多数国家的货币单位名称是由“国名”加“元”构成，如美元、加拿大元等。

2. 规定货币单位的值

规定货币单位的“值”，在金属货币流通条件下，就是规定货币单位所包含的货币金属的重量及成色。如美国的货币单位为“美元”，1934 年 1 月规定 1 美元含金量为 0. 888 671 克。在黄金非货币条件下，货币币值则主要表现为本国货币与外国货币的比价，对国家来说，需要考虑的是如何把本国货币与外国货币的比价保持在一个合适的水平。

（三）规定流通中货币的种类

在货币流通领域，除了本位币外，还有大量的辅币。辅币是本位币货币单位以下的小面额货币，它是本位币的等分，其面值多为本位币的 1/10 或 1/100。辅币是专门为不足一个货币单位的零星支付使用的。在金属铸币流通时，辅币用贱金属铸造，以节省流通费用。辅币的实际价值低于名义价值，是不足值的铸币，它与本位币按照法律规定保持固定的兑换比例，以保证其按名义价值流通。辅币的铸造权由国家垄断，铸币收入归国家财政所有，铸造数量也有一定限制。

（四）对货币法定支付能力的规定

货币法定支付偿还能力可分为无限法偿和有限法偿。无限法偿，指不论用于何种支付，不论支付数额有多大，对方均不得拒绝接受；有限法偿，即在一次支付中有法定支付限额的规定，若超过限额，对方可以拒绝接受。金属货币制度下，一般而言，本位币具有无限法偿能力，辅币则是有限法偿，在信用货币制度条件下，国家对各种货币形式支付能力的规定不是十分明确和绝对。

（五）规定货币铸造发行的流通程序

货币铸造发行的流通程序，主要分为金属货币的自由铸造与限制铸造、信用货币的分散发行与集中垄断发行。自由铸造，指公民有权用国家规定的货币材料，按照国家规定的货币单位在国家造币厂铸造铸币，一般而言，本位币可以自由铸造；限制铸造，指只能由国家铸造，辅币为限制铸造。信用货币分散发行，指各商业银行可以自主发行，早期信用货币是分散发行的，目前各国信用货币的发行权都集中于中央银行或指定机构。

（六）货币发行准备制度的规定

货币发行准备制度，是为约束货币发行规模、维护货币信用而制定的，要求货币发行者在发行货币时必须以某种金属或资产作为发行准备。在金属货币制度下，货币发行以法律规定的贵金属作为发行准备，在现代信用货币制度下，各国货币发行准备制度的内容比较复杂，一般包括现金准备和证券准备两大类。

在金属货币流通条件下，金准备是一国货币稳定的坚实基础，作为金准备的贵金属往往集中于中央银行或国库。在金本位制度下，金准备的用途有三个：① 作为国际支付的准备金；② 作为扩大或紧缩国内金属货币流通的准备金；③ 作为支付存款和兑换银行券的准备金。在当前信用货币流通条件下，只有第一项用途被保存，后两项用途已不复存在，但金准备对核定国内货币流通的作用仍很重要。

二、货币制度的类型及其演变

货币制度主要经历了金属货币制度和不兑现的信用货币制度，金属货币制度又包括银本位制、金银复本位制和金本位制。以下分别论述。

（一）银本位制

银本位制是以一定量的白银作为本位币的一种货币制度。按照兑换白银的形式，银本位制可分为银币本位、银块本位和银汇兑本位。然而实际上只有银币本位被一些国家所采用。所以，实际上的银本位制只有银币本位一种。它的特点是：银币是本位货币，银币可以自由铸造，具有无限法偿能力，辅币和其他货币则为有限法偿，但它们可以自由兑换成银币，白银可以自由输出入国境。

银本位制历史悠久。早在中世纪，许多国家都采用过这种货币制度，16 世纪以后开始盛行。1870 年以后银价跌落，资本主义国家纷纷采用金银复本位制。20 世纪初，资本主义各国已普遍采用金本位制的时候，只有少数经济落后的国家仍在采用银本位制。

（二）金银复本位制

金银复本位制是指同时以黄金、白银为币材，铸造两种本位货币同时流通使用的货币制度。这种本位货币制度随着时间的演变，先后经历了三种不同的形式。

1. 平行本位制

平行本位制的特点是：① 金币和银币都是一国的本位货币；② 二者均具有无限法偿资格；③ 二者都可以自由铸造和熔化；④ 金币与银币之间的交换比率完全由金币和银币的市场价格决定，由经济力量调整，不为任何人为力量所管制。

平行本位制的以上特点也决定了其作为一种货币制度存在着一个致命的缺点，即金币与银币之间的交换比率随金币与银币市场价格的变化而变化，于是在国际贸易中，如果各国之间的金银币比价不同，那么，金币就会流向金价较高的国家，而使该国逐渐变为金本位制度；白银则流向银价较高的国家，而使该国逐渐变为银本位制，这种交替进行的过程足以使平行本位制解体。

2. 双本位制与劣币驱逐良币现象

双本位制是为了矫正平行本位制导致的货币制度的不稳定而出现的。在双本位货币制度下：① 金币与银币都是一国的本位货币；② 二者都具有无限的法偿资格；③ 二者均可自由铸造和熔化；④ 金币与银币之间的交换比率以法律形式予以规定。因此，概括地说，双本位制就是金币与银币依照法定交换比率同时流通的货币制度，如美国1792年货币条例规定，金银法定比价为1∶15，1834年改为1∶16；1803年法国则规定为1∶18.5。这就避免了在平行本位制下金币与银币的交换比率随市场价格变化而波动所导致的价值尺度的不稳定问题。

双本位制的一个重要作用在于对金银复本位制的矫正。因为，在双本位制下，可以使金银的市场比价与金银的法定比价保持一致，从而稳定货币单位的价值标准，并使国与国之间的汇率保持稳定。例如，假定金银的法定比价为1∶10，而市场比价为1∶12，这说明黄金的市场价值高于其法定价值，白银的市场价值低于其法定价值。此时，人们会把金币熔化为黄金，按照市场比价1∶12来交换白银，再把白银铸造成银币，按照金币与银币的法定比价1∶10来交换金币。转手之间，1单位金币变成1.2单位金币，赚取了0.2个单位金币的利润。这种赚钱动机的驱动所导致的套利行为，直到黄金与白银的市场价格与法定比价达到一致为止。这就是双本位制的矫正作用。

因此，在双本位制中，当黄金与白银的法定比价与市场价格不一致时，市场价格高于法定比价的金属货币在流通中的数量会逐渐减少，而市场价格低于法定比价的金属货币在流通中的数量会不断增加，这就是劣币驱逐良币现象，通称“格雷欣法则”（Gresham's Law）。因为最早发现这个现象的人是英国财政家Thomas Gresham（1519～1579），因而得名。就是说，两种实际价值不同而法定价格相同的货币同时流通，市场价格偏高的货币称为良币，另一种货币则称为劣币。在价值规律作用下，市场上良币敛迹，劣币充斥，引起经济紊乱。

所以，在双本位制下，虽然国家规定金银同时充当货币材料，金币和银币同时都是本位币，但在流通过程中，实际上只有一种货币发挥本位币的作用，而另一种货币则变成了普通商品。因此，双本位制也是一种不稳定的货币制度。

3. 跛行本位制

所谓跛行本位制，是指：① 金币和银币都是一国的本位货币；② 二者均具有无限的法偿资格；③ 只有金币可以自由铸造，银币不得自由铸造；④ 金币与银币之间的比价由政府以法律形式加以规定。金银复本位制中金币与银币犹如两条腿，但现在取消了银币的自由铸造，这就好像缺了一条腿，故使复本位制变为跛行本位制。跛行本位制的出现，主要是由于19世纪70年代世界银价的暴跌，为了维持银本位货币的地位和金银之间的法定比价，法国和美国决定停止银币的自由铸造，由双本位制改为跛行本位制。

（三）金本位制

18世纪末到19世纪初，各资本主义国家都逐步从复本位制向金本位制过渡。金本位制包括金币本位制、金块本位制和金汇兑本位制。

1. 金币本位制

金币本位制是19世纪中叶到20世纪初，主要资本主义国家实行的货币本位制度，它的特点是：金币可以自由铸造；辅币和银行券可以自由兑换成金币；黄金可以自由输出入国境。

在实行金币本位制的国家之间，两国主币法定含金量的比值，即法定比价，通称“金平价”。在金平价基础上，用一国货币单位表示的另一国货币单位的价格，称为“外汇汇率”。比如，一美元含0.05盎司黄金，一英镑含0.25盎司黄金，则英镑与美元的汇率就固定在1英镑兑5美元的水平上。外汇汇率波动的最高界限是金平价加上单位外币含金量的国际运送费（包括运费、保险费、包装费等）。这个界限叫“黄金输出点”。外汇汇率波动的最低界限则是金平价减去黄金运送费，称为“黄金输入点”。比如，美国进口商从英国进口货物100英镑，他需要500美元购买100英镑用来进行对外支付。如果英镑汇率上涨超过了5美元加上黄金的运输成本，则该商人就不会购买英镑外汇，而是直接购买500美元等值的黄金，然后运送到英国进行支付。结果导致了美国的黄金输出，英镑外汇需求减少，英镑汇率下降直至达到黄金输出点以下。相应地，当英镑汇率下降到5美元减去黄金的运输成本，则美国出口商就不会接受英国进口商的英镑外汇，而是要求对方支付100英镑等值的黄金，然后运回美国再兑换成美元也比较划算。结果导致了黄金输入美国，美元的英镑外汇供应减少，英镑汇率上升直至达到5美元减去黄金运送成本以上。

因此，在金本位制下，只要各国政府遵守金本位制的游戏规则，保证黄金的自由输出入，各国汇率就基本固定。但是，这种货币制度意味着各国不能实行其独立的货币政策，因为国内货币供应量的投放依赖于黄金的流出流入。而且，世界范围内的货币供应依赖于黄金的开采与供应，在黄金开采量很低的19世纪七八十年代，全世界的货币供应增速缓慢，无法满足世界经济的增长，结果出现了通货紧缩现象。而19世纪90年代阿拉斯加和南非的黄金被大量开采出来，又导致货币供应量迅速增加，出现了通货膨胀。一战前这种货币制度结束。

2. 金块本位制

第一次世界大战后，由于黄金供应不足，但又要维持金本位制，而出现了这种有效利用黄金的方式。在这种货币制度下，市场上只有纸币、银行券、辅币等流通，没有金币流通，黄金由政府集中储存，用来保证纸币的兑换。当然，纸币也不能随便兑换黄金，只能在一定数额以上才能兑换成金块，以供输出的需要。故有人称这种货币制度为“富人本位制”。

英国在 1925 年 5 月首先推行金块本位制，以后法国、荷兰、比利时、瑞士等国也相继采用。但历时不久，在 1929 年经济危机冲击下，1931 年英国首先放弃此制，至 1936 年其他国家也相继放弃。

3. 金汇兑本位制

金汇兑本位制又称“虚金本位制”。在这种货币制度下，国内没有金币流通，而是发行和流通纸币，并将本国货币与另一实行金本位制国家的货币保持固定的比价关系。在纸币的发行上，还要以存入本国或外国的中央银行的黄金及外汇作为发行准备，以供国际支付中的兑换之用。在兑换时，或者给以黄金，或者给以外汇，公众无权选择。一般地，本国货币不能直接兑换黄金，只有先兑换成外汇，然后才能用外汇在国外兑换黄金。

金汇兑本位制最早实行于经济比较落后的殖民地国家，1877 年荷兰首先在爪哇实行这种制度。第一次世界大战后，战败国和其他一些国家为整理币制也推行了这种制度。

金块本位制和金汇兑本位制由于本身的不稳定性，在 1929～1933 年的世界经济大危机的冲击下，很快就崩溃了，各国纷纷将黄金集中于国家手中，停止银行券的兑现。

（四）不兑现的信用货币制度

纸币本位制度是 20 世纪 30 年代以来世界各国相继采用的现代货币本位制度，其特点是：① 以政府或中央银行发行的纸币为本位货币；② 本位货币不与任何金属保持等值关系。由于纸币的发行可以自由变动，发行者为了稳定纸币对内对外的价值，要对纸币的发行与流通进行周密的计划和有效的管理，因此，经济学家又把纸币本位制称为管理本位制。

在管理本位制度下，黄金退出流通，切断了纸币与黄金的联系，纸币在形式上不再规定含金量，不再兑换黄金，发行纸币既不要金银外汇准备，也不要信用担保。不兑现的纸币由国家法律规定强制流通，成为无限法偿货币和最后支付手段。纸币通过银行信用渠道投入流通，通过存款货币进行转账结算，非现金流通成为货币流通的主体。

纸币本位制具有其独特的优势。由于纸币的发行不以黄金准备作为后盾，从而可随时针对市场变化情况，在仔细观测和周密计划的基础上，根据客观需要，通过人为政策来对货币供给量进行伸缩调整，以达到保证币值稳定、促进经济增长的目的。同时，对汇率进行管理，设立外汇储备基金，也可维持纸币对外价值的稳定，促使国际收支保持平衡。因此，实行管理本位制对于一国经济的发展，要比实行金币本位制更为有利。这正是管理纸币本位制度的理论依据。

但是，管理纸币本位制度也存在着一些问题，主要表现在以下方面：第一，纸币发行不受准备金的限制，这使得货币供给的弹性很大，往往会导致通货膨胀的发生；第二，汇率不以货币的含金量而定，由各国自由调整，使货币的对外价值变化无常，影响了国际贸易的发展和国际间资金的流动；第三，管理纸币本位制度的成败依赖于人为因素，因而管理人员是否具备管理货币的知识和决策判断能力，就成为这种货币制度能否有效运行的一个很大的制约因素。

案例分析

我国 M2 与 GDP 比率畸高及货币推动力弱化问题值得关注

一、我国 M2 与 GDP 比例远远高于发达国家

M2 与 GDP 的比率是衡量一国经济货币化程度的重要指标。一般说来，该比率越高，经济货币化程度越高，金融业越发达；反之，则经济货币化程度越低，金融业越落后。改革开放以来，我国 M2 与 GDP 的比率不断上升，2004 年高达 1.85，为世界之最。而 2003 年，美国只有 0.67，与我国经济水平比较接近的印度仅为 0.60。这个问题已成为中国金融之谜。

二、货币对经济增长推动力趋于弱化

我国 2004 年末 M2 达到 25 万亿元，比 1990 年增长 15.56 倍，年均增长 22.41%。而同期名义 GDP 仅增长 6.39 倍，年均增长 9.61%，比 M2 年均增长速度低 12.8 个百分点。这是导致 M2 与 GDP 比率上升的直接原因。M2 与 GDP 比率上升，实际上表明每个单位货币供应量创造的 GDP 在减少，每推动 1 个单位 GDP 的产出，在 20 世纪 90 年代中期大约需要 0.45 个单位的 M1、1 个单位的 M2，进入 21 世纪后，需要 0.7 个单位的 M1、1.8 个单位的 M2。这说明我国货币由非中性逐步向中性转化，货币对经济增长的推动力在逐渐弱化。

三、对 M2 与 GDP 比率快速上升的原因分析

我国货币化率偏高，其影响因素多种多样，与国外相比，有相同因素和特殊因素。从相同因素看，我国经济日益商品化，货币不断渗透到各个经济领域，加之居民财富不断增加，引起经济货币化率提高。从特殊因素看，主要是我国金融机构结构不合理、社会收入分配不均、社会保障体系不健全等迫使人们偏好储蓄，而且储蓄资金主要集中在银行业机构，导致M2与GDP比率偏高。

第一，我国实行富民政策和边际消费倾向递减规律的作用，是造成M2与GDP比率过高的条件和基础。首先，我国改革开放以来实行的富民政策，为银行存款提供了丰富的资金来源。改革开放以来，我国经济持续高速增长，GDP年均增长9.4%，创造的国民收入不断向企业单位和居民倾斜。财政收入占GDP的比重不断下降，为银行存款的增加提供了可能性。其次，边际消费倾向递减规律的作用，使居民节余资金不断增加，储蓄率持续保持高水平。1990年，我国总储蓄率为38.8%，城镇居民储蓄倾向为15.7%，农村居民储蓄倾向为14.8%；2004年，总储蓄率上升到39.7%，城镇居民储蓄倾向上升到21.1%，农村居民储蓄倾向上升到28.6%。而储蓄率低是一些国家M2与GDP比率低的主要原因。如美国储蓄率远远低于我国，1980年美国总储蓄率仅为19%，1997年下降到16%；1991年居民储蓄倾向为8.3%，2000年8月份美国个人储蓄率创历史最低纪录，为负0.4%（美国商务部公布的统计数据）。

第二，我国经济市场化和金融深化，增加了交易性货币需求。我国改革开放以来，逐步建立起市场经济体制，产品不断商品化，需要采用货币交易的商品越来越多。这就是为什么主要用于交易的M1增长速度远远高于经济增长速度的主要原因。1990~2004年，M1年均增长18.81%，比同期社会商品零售总额年均增长13.71%高5.1个百分点。

第三，我国社会保障体系不健全，居民预防性存款大量增加。满足预防动机的货币需求主要与居民对未来收支预期的不确定性有关。改革开放以来，特别是20世纪90年代以来，我国进行了包括社会保障、医疗、住房、教育、就业等在内的一系列制度改革，逐步实现商品化、市场化，城乡居民对未来收支的不确定性不断强化，不得不为将来的“大额刚性支出”进行财富的预先准备和积累。导致居民提高储蓄率，增加银行存款，从而导致我国居民储蓄存款快速增长。

第四，我国居民投资渠道狭窄，投资性存款大量集中在银行。我国资本市场发展相对落后，居民可供选择的投资工具非常有限，再加上资本市场仍不够规范，风险较高。所以，安全性较高、收益相对稳定的银行存款成为居民进行金融投资的首选，股票、债券、保险等金融资产比较少，引起M2与GDP比率不断上升。

因此，我国M2与GDP比率畸高的背后，反映的不是经济货币化程度的极大提高，而是我国金融体系的不完善。

资料来源：中国人民银行武汉分行课题组《中国金融》，2006.10。

思考题：什么是经济货币化指标？我国经济货币化指标趋高说明了什么问题？你

认为应该采取何种措施？

复习思考题

1. 解释下列概念：

狭义货币、广义货币、准货币、本位货币、金本位制度、银本位制度、金银复本位制度、管理本位制度

2. 如果理解货币的定义？它与日常生活中的通货、财富和收入概念有何不同？

3. 货币定义可划分为哪几个层次？它们是由哪些构成的？

4. 简述货币的基本职能及特点。

5. 简述货币形式的演变过程。

6. 未来社会会是“无纸化货币”时代吗？

7. 什么是本位货币？它有哪些特点？

8. 什么是货币制度？它由哪些基本构成要素？

9. 试述货币制度的类型及特点。

10. 金属货币制度是如何对一国的物价水平与国际收支发挥自动调节作用的？

11. 解释“劣币驱逐良币”现象。

12. 为什么说金块本位制和金汇兑本位制是残缺不全的金本位制？

第二章　信用与利息

✓ 本章摘要

信用关系无处不在，当货币发展到信用货币时，信用关系就覆盖整个社会。可以说，现代经济也是信用经济。因此，本章重点分析信用的定义及其本质、利息及其应用、利率种类、信用的主要表现形式、信用工具的特征及种类。

✓ 本章关键词

信用　　利息　　利率　　信用形式　　信用工具

✓ 学完本章，你需要掌握

- 信用的基本特征
- 利息及利率的定义
- 利息的运用
- 利率对经济的影响作用
- 信用的主要表现形式
- 信用工具的基本特征及主要种类

第一节　信用的涵义及其特征

一、什么是信用

信用和货币一样也是一个古老的经济范畴。现代意义上的信用（Credit）是一种以偿还和付息为条件的借贷行为，体现一定的债权债务关系。在这种经济行为中涉及借方和贷方两个关系人：贷方为授信者，即债权人；借方为受信者，即债务人。授信过程是债权人提供一定的有价物给债务人，到约定时间，债务人将有价物归还并支付一定利息的过程。有价物可以是商品、劳务、货币或某种金融要求权（如股票或债券）。无论是何种信用，通常都可以用货币偿付。

二、信用的基本特征

理解信用的概念，必须掌握以下信用的基本特点：

（一）信用是以偿还和付息为条件的借贷行为

即以收回为条件的付出，或以归还为义务的取得。现实生活中有时也有无利息的借贷，但这是由于某种政治目的或经济目的而采取的免除利息的优惠，是一般中的特殊。西方国家中不少国家的银行对客户的活期存款也往往不支付利息，但存款者可以享受银行的有关服务和取得贷款的某些便利。所以，实际上还是隐含有利息的。因此偿还和付息是信用最基本的特征。这一特征使它区别于财政分配。财政分配基本上是无偿的。例如，企业向财政交纳税金，财政对企事业单位的拨款，都是无偿进行的。

（二）信用反映的是债权债务关系

信用是商品货币经济中的一种借贷行为。在这种借贷行为中，有价物的所有者由于让渡有价物的使用权而取得了债权人的地位，有价物的需要者则成为债务人，借贷双方有着各自对应的权利和义务。这种债权债务关系最初是由于商品的赊销和货币的预付而产生的，但随着融资行为和信用制度的广泛建立和发展，债权债务关系渗透到了经济生活的各个角落。无论是企业的生产经营活动，还是个人的消费行为或政府的社会、经济管理活动都依赖债权债务关系。

（三）信用是价值运动的特殊形式

在单纯的商品交换中，价值运动是一种对等的等价交换，卖方让渡商品取得货币，买方付出货币取得商品，这里发生了所有权的转移。但在信用活动中，一定数量的有价物从贷方手中转移到借方手中，并没有同等价值的对立运动，只是有价物使用权的让渡，没有改变所有权。

第二节　利息及相关基本概念

既然信用是一种有偿的借贷资金的运动，利息就是债务人支付给债权人的报酬。

因此，研究利息的实质及其应用对于正确理解信用在国民经济中的作用非常重要。

一、利息的概念及实质

利息是借贷关系中债务人支付给债权人的报酬。根据现代西方经济学的基本观点，利息是投资人让渡资本使用权而索要的补偿。这种补偿由两部分组成：一是对机会成本的补偿，资金供给者将资金贷给借者使用，即失去了现在投资获益的机会，因此，需要得到补偿；二是对违约风险的补偿，如果借者日后投资失败将导致其无法偿还本息，由此而给资金贷出者带来的风险，也需要由借者给予补偿。

利息的存在，使人们对货币产生了一种神秘的感觉：似乎货币可以自行增值。这是涉及利息来源或者说利息实质的问题。

对于这个问题，马克思曾有深刻的剖析。马克思针对资本主义经济中的利息指出："贷出者和借入者双方都是把同一货币额作为资本支出的。但它只有在后者手中才执行资本的职能。同一货币额作为资本对两个人来说取得了双重的存在，这并不会使利润增加一倍。它所以能对双方都作为资本执行职能，只是由于利润的分割。其中归贷出者的部分叫做利息。"由此可见，利息实质上是利润的一部分，是利润在借贷双方之间的分割。

二、利息概念的应用

利息概念存在的重要性在于现实经济生活中的应用。一是产生了"将利息作为收益的一般形态"现象；二是存在着"收益的资本化"现象。

（一）利息转化为收益的一般形态

根据利息的概念可知，没有借贷，便没有利息。但在现实生活中，利息已经被人们看成是收益的一般形态：即无论资本是贷出还是没有贷出，利息都被看做是资本所有者理所当然的收入——可能取得的或将会取得的收入；与此相对应，无论是借入资本还是完全自有资本投资，企业主也总是把自己所得的利润分割为利息与企业主收入两部分，似乎只有扣除利息所余下的利润才是经营所得。于是，利率就成为判断投资机会的一个尺度：如果投资回报率不大于利率则根本不需要投资。

（二）收益的资本化

由于利息概念的存在，任何有收益的事物，即使它并不是一笔贷出去的货币，甚至它根本就不是一笔实实在在的货币，都可以通过收益与利率的对比倒过来算出它相当于多大的资本金额。这种现象称为“收益的资本化”。

在一般的贷放中，贷放的货币金额，通常称之为本金，与利息和收益的关系如下式：

$$C = P \cdot r \tag{2.1}$$

其中，C 代表收益，P 代表本金，r 代表利率。当我们知道 P 和 r 时，可以计算出 C；同样地，当我们知道 C 和 r 时，我们可以求出 P，即

$$P = \frac{C}{r} \tag{2.2}$$

根据上述公式，有些甚至本身并不存在内在价值的东西也具有了价格。如土地本身不是劳动产品，无价值，但由于土地可以有收益所以也具有价格。比如，一块土地每亩的年平均收益为 200 元，假定年利率为 5%，则这块土地就会以每亩 4 000 元（200/5%）的价格买卖成交。又如，一个人的年工资为 4 万元，按照资本化的思路，这个人可视为取得 4 万元收益的资本额，即“人力资本”。以年平均利率 5% 计算，这个金额就是 80 万元。因此，可以这样理解：年工资 4 万元是人力资本 80 万元的所得；而这个 80 万元的人力资本则是由为了增进一个人的生产能力而进行的投资所形成的。

三、利率及其种类

谈到利息概念，必然会想到利率，因为，利率即利息率，是指一定时期的利息与其本金之比。

经济体中存在着各种各样的利率，这些利率种类由内在因素联结而成一个有机整体，即形成了利率体系。利率体系主要包括利率结构和各种利率间的传导机制。由于各国经济体制和经济条件不同，因而利率体系各有特色。一般而言，利率体系主要由中央银行利率、商业银行利率和市场利率组成。中央银行利率主要包括中央银行对商业银行和其他金融机构的再贴现利率、再贷款利率，以及商业银行和其他金融机构在中央银行的存款利率。商业银行利率主要包括商业银行的各种存款利率、贷款利率、发行金融债券利率以及商业银行之间相互拆借资金的同业拆借利率。市场利率主要包括民间借贷利率、政府和企业发行各种债券的利率等。

无论哪种利率，通常都会有年利率、月利率与日利率之分，亦称年息、月息和日息。年利率以本金的百分之几（分）表示，月利率以本金的千分之几（厘）表示，

日利率以本金的万分之几（毫）表示。但是，在我国，不论是年息、月息还是日息，习惯上都用“厘”作单位。虽然都叫“厘”，但差别很大。如年息 7 厘是指年利率是 7%；月息 7 厘是指月利率是 7‰；日息 7 厘是指日利率为 7‱。

（一）基准利率与无风险利率

基准利率（Benchmark Interest Rate）是指带动和影响其他利率的利率，即这种利率发生变动，其他利率也会相应变动。因而，了解这种关键性利率水平的变化趋势，就可以了解全部利率体系的变化趋势。

在市场经济中，基准利率是指通过市场机制形成的无风险利率（Risk-free Interest Rate），即国债利率。要注意的一点就是：基准利率必须是市场化的利率。一方面，只有市场机制才能形成整个社会的无风险利率；另一方面，也只有市场机制形成的无风险利率，其变化才可以使全社会其他利率按照同样的方向发生变化。

但是，在现实经济生活中，基准利率也有另外的运用。如，在西方国家，传统上是以中央银行的贴现率为基准利率。现在已有变化，各国不尽相同。美国主要是“联邦基金利率”，同时公布象征意义的贴现率。欧洲中央银行则发布三个指导利率：有价证券回购利率、央行对商业银行的隔夜贷款利率和商业银行在央行的隔夜存款利率。而在我国，中国人民银行对商业银行等金融机构的存、贷款利率也叫基准利率。

（二）名义利率与实际利率

名义利率（Nominal Interest Rate）是借贷契约和有价证券上标明的利息率，也就是新闻报刊上所公布的利率。名义利率包含了物价变动的预期和货币增贬值变动的影响。实际利率（Real Interest Rate）是指物价水平不变，从而货币购买力不变条件下的利息率，也就是在名义利率基础上剔除了预期通货膨胀以后的真实利率。这里使用预期通货膨胀率，是因为名义利率所表示的收益是未来收益。名义利率和实际利率的关系可用公式表示为：

$$1 + R_n = (1 + R_r)(1 + P^e) \tag{2.3}$$

其中，R_n 为名义利率，R_r 为实际利率，P^e 为预期通货膨胀率。

这一公式被称为费雪方程式，整理可得出名义利率与实际利率之间的近似换算公式为：

$$R_n = R_r + P^e \tag{2.4}$$

这就是人们所说的费雪效应[1]。

不过我们通常认为，实际利率等于名义利率减去通货膨胀率。因此二者的关系可近似表示为：

$$R_r = R_n - P^e \tag{2.5}$$

（三）固定利率与浮动利率

根据在借贷期内是否调整利率，利率可分为固定利率与浮动利率。

固定利率（Fixed Interest Rate）是指在融资期限内不随借贷供求状况变动的利率。固定利率适用于短期借贷，它便于计算融资成本与收益，同时也锁定了融资成本或风险。但是，从20世纪70年代开始，由于通货膨胀等原因，市场利率变化越来越频繁，许多国家越来越多地采取浮动利率进行融资。

浮动利率（Floating Interest Rate）是指在融资期限内融资利率不固定，每过一定时间根据市场利率的变化重新确定利率。浮动利率一般是根据市场短期利率的变化，每3个月或6个月调整一次。但是实行浮动利率手续繁杂，计算依据多样，因而增加了费用开支。所以，多用于3年以上的借贷行为中。

在我国，浮动利率还有另一种含义，指金融机构在中央银行规定的浮动幅度内，以基准利率为基础自行确定的利率。利率浮动高于基准利率而低于最高幅度（含最高幅度）时，称为“利率上浮”；低于基准利率而高于最低幅度（含最低幅度）时，称为“利率下浮”。

（四）市场利率、官定利率与行业利率

在市场机制下可以自由变动的利率就是市场利率。由政府金融管理部门或者中央银行确定的利率，就是官定利率或“官方利率”（Official Interest Rate），是国家为了实现宏观经济调控目标的一种政策手段。由非政府部门的民间金融组织，如银行公会等，为了维护公平竞争所确定的利率属于行业自律性质，这种利率对其行业成员具有一定的约束性。官定利率与行业利率通常只是规定利率的上限或下限，在上限之下、下限之上由市场利率调节。

---

① 更精确的费雪方程式是：$R_n = R_r + P^e + R_r \times P^e$

因为 $1 + R_n = (1 + R_r)(1 + P^e) = 1 + R_r + P^e + R_r \times P^e$

两边同时减去1就得到第一个方程式，对于数额较小的 R_r 和 P^e，二者的乘积必然很小，可以忽略不计，于是得到文中提到的方程式。

在发达的市场经济国家，以市场利率为主，同时有官定利率和行业利率。但官定利率与市场利率无显著脱节现象。在我国，绝大多数利率仍是由中国人民银行制定、报国务院批准后执行。其中，一部分是规定一个确定的值，不允许自行变动；一部分是在确定值的上下规定允许的浮动幅度。也存在着市场利率，但品种有限。主要是在银行同业拆借市场等领域。

四、利率变动的经济效应

利率是一个重要的经济杠杆，对经济有着极其重要的调节作用。在现代市场经济中，利率对宏观经济运行和微观经济运行都发挥着重要的调节功能。利率的这种经济杠杆的作用，主要是通过利息的支付及调整所引起的经济利益关系的变化来实现的。

（一）利率变动的微观效应

1. 利率变动对投资的影响

在其他因素不变的情况下，利率通过作用于投资成本可以影响投资。就实物投资而言，利率提高，意味着企业投资成本越大，投资后的利润相对减少，从而会抑制投资规模的增长。反之，利率下降会降低企业投资成本，刺激投资的增加。就证券投资而言，利率降低，使证券投资变得有利可图，需求增加，价格上涨；反之，利率提高，证券投资收益下降，需求下降，价格下跌。

2. 利率变动对消费和储蓄的影响

利率对个人收入在消费与储蓄之间分配的影响是非常直接的。由于利率是储蓄者提供生息资产的收益，当利率较高时，生息资产的收益提高，即期消费的机会成本增加，居民就会减少即期消费，增加储蓄；而高利率也会缩减企业的生产规模，这会导致居民个人的收入下降，消费减少。

3. 利率变动与金融机构的资产结构

利率变动，可以促进金融机构资产结构的调整。当代金融机构的资产运作形式呈多样化趋势。贷款已不是惟一的资产运用方式。由于政府债券信誉好，安全性高，成为金融机构主要的流动性资产。而政府债券利率由中央银行根据金融政策要求确定，贷款利率则由金融机构根据市场的资金供求等因素确定，这样，政府债券利率与贷款利率之间就存在一定的差异。当利率变动后，金融机构的资产就会在企业贷款与政府债券之间进行调整，这就使得中央银行将利率指标作为宏观经济调控的工具成为可能和有效。

（二）利率变动的宏观效应

1. 利率变动对货币供求的影响

一般情况下，利率与货币供给成正比，与货币需求成反比。对筹资者来说，贷款利率下降，会刺激他们借入货币的动机，使货币需求上升；反之则相反。对投资者来说，存款利率下降，会抑制他们储蓄货币的动机，使部分储蓄性货币转化为流通性货币；反之则相反。所以，利率是调节货币供求的杠杆，提高利率可以紧缩银根，而降低利率则会放松银根。

2. 利率变动与通货膨胀

在一个市场化程度较高的社会中，利率可作为预防和调节通货膨胀的重要手段之一。运用高利率可抑制投资的过度增长，从而防止通货膨胀的发生；当经济萧条时，通过降低利率，则可防止通货紧缩的发生。利率的这一功能已被20世纪90年代以来的西方国家所反复使用。2004年至2006年7月美联储体系连续17次上调联邦基金利率以防止通货膨胀的发生就是一个佐证。

3. 利率变动对国际收支状况的影响

利率变动将影响一国的对外经济活动，这表现在两个方面：一是对进出口的影响；二是对资本输出输入的影响。当利率水平较高时，企业生产成本增加，产品价格提高，出口竞争力下降，出口量减少，从而会引起一国对外贸易的逆差；相反，降低利率会增加出口生产企业的竞争力，改善一国的对外贸易收支状况。从资本输出输入看，在高利率的诱惑下，外国资本特别是短期套利资本会迅速地流入，可以暂时改善一国国际收支状况。但是在高利率情况下的外国资本注入也会带来许多不良的后果。如国内基础货币投放增加，这又会减弱提高利率紧缩银根的政策效果。

总之，利率是重要的经济杠杆，对宏微观经济运行都发挥着重要的调节作用。当然，要使利率充分发挥杠杆作用，对经济起到有效的调节作用，必须具备一些基本的条件，主要有如下方面：

第一，经济的商品化、货币化、信用化已到相当的程度。利率本身属于货币与信用的范畴，是通过调节货币与信用关系来调节价值与利益关系，进而调节微观经济活动和宏观经济总量的。因此，只有在经济的信用化达到一定程度，连接价值利益关系的主要枢纽成为货币与信用后，利率才能充分发挥对经济的调节作用。

第二，资金借贷双方都是自主经营、自负盈亏的法人主体。只有资金的借贷双方都是具有健全的利益驱动和风险约束机制的法人主体，此时，利率变化才能影响到经济主体的经营和投资行为，从而对经济发挥调节作用。

第三，健全的、发育成熟的金融市场。利率作为资金价格，以金融市场的存在为前提。只有在发育程度较高的金融市场上，金融资产的种类和数量有了一定的规模，利率才有其形成和存在的基础。

第四，健全和完善的金融机构体系。当一国存在众多的拥有利率自主权的商业性金融机构时，它们会根据中央银行基准利率和资金供求变化，相应调整自己的利率水平，进一步影响到企业、居民的经济行为，从而改变社会总需求，实现既定的货币政策目标。

第五，中央银行运用间接手段调控经济，利率成为宏观经济调控的重要手段之一。

第三节 信用的基本表现形式

规定了利率之后，信用就可以通过一定的形式表现出来。表现借贷关系特征的形式称为信用形式。随着商品货币关系的发展，信用形式日趋多样化。按照借贷关系中债权人与债务人的不同，信用可分为以下几种基本形式：

一、商业信用

商业信用（Commercial Credit）是企业之间提供的与商品交易联系的一种信用形式。主要形式有赊销和预付方式。

（一）商业信用的特点

1. 商业信用与特定商品买卖相联系

商业信用活动同时包含着两种性质不同的经济行为——买卖和借贷。一个企业把商品赊销给另一个企业时，商品的买卖行为完成了，即商品的所有权发生了转移，由卖方手中转移到了买方手中，但由于商品的货款并没有立即支付，从而使卖方成了债权人，买方成了债务人，买卖双方形成了债权债务关系，买方到期必须以货币的形式偿还债务。

2. 商业信用的双方当事人都是商品的经营者

商业信用由于是以商品形式提供的，因此，不仅债务人是从事生产或流通活动的商品经营者，而且债权人也必然是商品经营者。

3. 商业信用的供求受经济景气状态的影响

在经济繁荣时期，由于生产扩大，商品畅销，商业信用的供应和需求会随之增加。而在经济衰退时期，生产下降，商品滞销，对商业信用的需要也会减少。

商业信用的优点在于方便和及时。在找到商品的买主或卖主的同时，既解决了资金融通的困难，也解决了商品买卖的矛盾，从而缩短了融资时间和交易时间。但商业信用的存在和发展也有一定的局限性。

（二）商业信用的局限性

1. 在授信规模上的局限性

商业信用的规模受企业资本量的限制，而且只限于企业暂时不投入生产过程的那部分资本量，一般是企业生产周转过程最后阶段的产成品。

2. 在授信方向上的局限性

由于商业信用是以商品形式提供的，而商品均具有特定的使用价值，因此决定了商业信用具有方向性，即只能由商品的生产者提供给商品的需求者，而不能反向提供。例如，在纺织行业内只能按下列顺序逐级提供商业信用：棉花商→纺纱厂→织布厂→印染厂→服装加工厂。

3. 在管理和调节上也存在着一定的局限性

商业信用是分散在众多企业之间自发发生的，经常形成一条债务锁链。如果这条锁链的任何一环出现问题，整个债务体系都将面临着危机。而政府调节机制对商业信用的控制能力又十分微弱，商业信用甚至对中央银行调节措施的反应完全相反，如中央银行紧缩银根，使银行信用的获得较为困难时，恰恰为商业信用活动提供了条件。因此，各国中央银行和政府都难以有效地控制商业信用膨胀所带来的危机。

二、银行信用

银行信用（Banking Credit）是指银行及其他金融机构以货币形态提供的一种信用形式，是在商业信用基础上发展起来的一种间接信用。

与商业信用相比，它具有如下特点：

（一）在信用规模及授信方向上具有优势

银行通过吸收存款的方式不但可以把企业暂时闲置的资金集中起来，而且可以把社会各阶层的货币收入集中起来。因此，银行信用集中与分配的资本就不仅仅局限于企业的现有资本，而是超出了这个范围，这就克服了商业信用在信用规模上的局限性；同时，由于银行信用借贷的是作为一般购买手段和支付手段的货币，所以，银行信用可以通过贷款方式提供给任何一个需要资金的企业和个人，这就克服了商业信用在授信方向上的局限性。

（二）银行信用是一种间接信用

银行信用活动的主体是银行和其他金融机构，但它们在信用活动中仅充当信用中介的角色。银行用于贷放的货币资本绝大部分并非银行所有，而是通过吸收存款或借贷的方式从社会其他各部门、各阶层取得的；另一方面，银行作为闲置货币资本的集中者也不是最终使用者，它必须通过贷款或投资运用到社会再生产之中。从这个意义上说，银行只是货币资本所有者和使用者的一个中介，起着联系、沟通和桥梁的作用。

正是由于银行信用具有上述特点，使得它在现代经济生活中成为信用的主要形式。在我国，资金融通的基本形式就是银行信用，其他信用形式所占比重较小。在大多数西方发达国家中，银行信用也是一种主导信用形式。

银行信用克服了商业信用的某些缺点，但它不能取代商业信用。在实际经济生活中，二者往往互为补充，共同发展。商业信用不断呈现票据化趋势，也丰富了银行信用的内容，如票据贴现等；同时，随着银行信用的发展，大银行不断集中借贷资本，为垄断组织服务，促进了企业资本的扩大，从而提高了商业信用的经济基础。

三、国家信用

国家信用（Fiscal Credit），也叫政府信用，是国家作为债务人，从社会上筹措资金解决财政需要的一种信用形式。国家信用有多种形式，如发行各种政府债券、向银行借款、向国外借款以及在国际金融市场上发行债券等。国家信用的典型形式是发行国库券和公债券。其中国库券是政府为解决短期的预算支出而发行的期限在一年以下的债券。公债券则是为弥补长期的财政赤字而发行的期限在一年以上的债券。

在现代经济中，国家信用具有非常重要的作用，具体表现在：

（一）国家信用可以调节财政收支的短期不平衡

国家财政收支出现短期不平衡是经常的，即使从整个财政年度看财政收支是平衡的，但由于财政收入和支出发生的时间不一致，也会出现收支矛盾。为了解决这种年度内暂时的不平衡，国家往往通过发行国库券来解决。

（二）国家信用可以弥补财政赤字

一般来说，弥补财政赤字的方法很多，如增加税收、向银行借款或透支、发行政府债券等。增加税收多受到限制，因为税收过多会影响企业的生产积极性。向银行借款或透支，如果银行资金来源不足的话，就会造成扩大货币供给以满足财政需要，结果必然导致通货膨胀、物价上涨。发行政府债券与以上两种方法相比较为优越。因为发行国债是将企业、居民的购买力转移给了国家，是一种财力的再分配，不会导致通货膨胀，也不会影响企业的生产积极性。因此，当今世界各国政府一般都尽量采取发行国债的方法来弥补财政赤字。

（三）国家信用可以调节经济与货币供给

战后许多西方国家实行凯恩斯主义政策，利用赤字财政扩大需求，刺激经济增长。结果财政赤字不断增加，国债的发行规模日益扩大。近年来，许多国家中央银行调控货币供给的主要手段是在公开市场上买卖国债，而公开市场操作的有效性，是以一定规模的国债以及不同期限国债的合理搭配为前提条件的。因此，国家信用成为中央银行调节货币供给的前提。

四、消费信用

消费信用（Consumptive Credit）是指企业、银行和其他金融机构向消费者个人提供的、用于消费目的的信用。从授信对象看，消费信用的债务人是消费者，即消费资料的个人和家庭。从授信目的看，是为了满足和扩大消费者消费资料的需求。

消费信用所采取的方式主要有以下几种：

（一）分期付款

它是指销售单位以赊销方式向消费者提供的一种信用形式，多用于购买耐用消费品。消费者在以分期付款方式购买商品时，按规定比例支付部分货款，称第一次付现额（或首付额），就可以取得该消费品的使用权。然后按赊销合同分期等额支付其余货款和利息。在货款付清之前，消费品的所有权仍属于卖方。

（二）消费信贷

它是银行和其他金融机构直接以货币形式向消费者提供的以消费为目的的贷款。比如，住房抵押贷款和助学贷款就是典型的消费信贷形式。在这些贷款中，消费者只需提供消费金额的少部分，大部分通过银行贷款解决，从而促进了消费者生活质量的提高。

（三）信用卡

它是由发卡机构、银行和零售商联合起来对消费者提供的一种延期付款的消费信用。信用卡是由银行或其他专门机构提供给消费者的赊购凭证，它规定一定的使用限额和期限，持卡人可凭卡在任何接受信用卡支付的单位购买商品或支付劳务服务等。

消费信用作为一种重要的信用形式，其积极作用体现在以下方面：第一，促进经济增长。消费信用向目前不具备消费能力的人提供信用，使其消费意愿变为现实，增加了当前的有效消费，扩大了总需求，从而刺激了生产。第二，引导消费方向。消费信用一般针对耐用消费品，这类商品价值较高，能够一次性购买的人较少。而在消费信用的形式下，能够创造更多的需求，使消费者易于接受这类商品。

五、租赁信用

租赁信用是指租赁公司或其他出租者将租赁物的使用权出租给承租人，并在租期内收取租金、到期收回出租物的一种信用形式。

从租赁目的划分，租赁信用分为融资性租赁和经营性租赁。

（一）融资性租赁

融资性租赁（Finance Lease）是典型的设备租赁所采用的基本形式，是指出租人按承租人的要求购买货物再出租给承租人的一种租赁形式。其特点主要有以下几点：

1. 融资租赁涉及三方当事人

出租人、承租人和供货商，并至少由买卖和租赁两个合同构成的自成一类的三边交易，有时还涉及信贷合同。

2. 承租人指定租赁设备

拟租赁的设备为承租方自行选定的特定设备，租赁公司只负责按承租方要求融资购买设备。因此，设备的质量、规格、数量、技术上的检查、验收等事宜都由承租方负责。

3. 完全付清

基本租期内的设备只租给一个特定用户使用，租金总额 = 设备货价 + 利息 + 租赁手续费 - 设备期满时的残值。

4. 不可撤销

基本租期内，一般情况下，租赁双方无权取消合同。

5. 设备所有权与使用权分离

法律上的设备所有权属于出租人，但经济上的使用权属于承租人。

6. 期满时承租人拥有多种选择权

基本租期结束时，承租人对设备一般有留购、续租和退租三种选择权。

（二）经营性租赁

经营性租赁（Operation Lease）泛指融资性租赁以外的其他一切租赁形式。这类租赁的主要目的在于对设备的使用，即出租人将自己经营的设备或用品用于出租的一种租赁形式。因此，当企业需要较短期使用设备时，可采用经营性租赁形式，以便按自己的要求使用这些设备。经营性租赁与融资性租赁不同，是一种由出租人提供维修管理等售后服务的、可撤销的、不完全支付的短期融资行为。

经营性租赁的主要特点是：

1. 可撤销

合同期间，承租人可以中止合同，退回设备，以租赁更先进的设备。

2. 不完全支付

基本租期内，出租人只能从租金中收回设备的部分垫付资本，因此需通过将该项设备以后多次出租，方能补足未收回的那部分设备投资和其应获利益，因此，经营性租赁的租期较短（短于设备有效寿命）。

3. 租赁物件由出租人批量采购

这些物件多为具有高度专门技术，需专门保养管理，技术更新快，购买金额大，且通用性强并有较好二手货市场，垄断性强的设备。

六、股份信用

众所周知，股份经济体现一种投资与被投资关系，为什么这样的经济关系又是一种信用关系呢？这是因为：

一方面，股份有限公司这种组织形式的存在是以信用关系的普遍发展为前提条件的。股份公司的资本是靠发行股票聚集的，而股票能够发行出去，其前提是必须存在有巨大的货币资金市场。信用关系的迅速发展使那些只有少量剩余货币的公众改变了只把它们存在箱子底的习惯，并寻找有利的投资场所。于是，一个不仅有大额货币资金进入，也有为数众多的小额货币资金进入的信用市场形成了。有了这个市场，以票面金额不大为特征的股票就可成为小额货币持有者的投资对象。

另一方面，现代股份经济所具有的以下特征和趋势，使其具有更多的信用经济特征。其一，存在着股票小额化与股权分散化的趋势，弱化了股东的投票权。因此，投资者购买股票的动因已不是拥有公司发言权，而是希望从股价的波动中取得稳定的收益。其二，存在着股票虚拟化、价格市场化趋向。股票价格的波动很多情况下与真实经济的生产脱离关系，而是由二级市场上的股票供求所决定，正如利率是由资金供求决定一样。其三，存在股票债券化、债券股票化的趋势，比如，股票回流现象的出现、可转换债券的发行等。

除以上六种主要的信用形式之外，随着商品经济的发展，保险信用、民间信用等其他信用形式也日益发挥其作用。

第四节 信用工具的基本特征及其种类

信用形式的载体就是信用工具，又称金融工具（Financial Instruments），是在信用活动中产生的、能够证明金融交易金额、期限、价格的书面文件，是具有法律约束力的契约。

一、信用工具的基本特征

尽管信用工具品种繁多，但其基本特征都相同，包括以下四点：

（一）偿还期

信用工具的偿还期（Compensatory Term）是指债务人全部偿还债务所经历的时间。信用工具一般都注明期限，债务人到期必须偿还信用凭证上所记载的应偿付的债务。如一张注明 3 个月后支付的支票，其偿还期为 3 个月。就偿还期而言，对持有人来说，更有实际意义的是从持有之日至到期日止的时间。如一张 2005 年发行、2015 年到期的长期公债，投资者欲 2006 年购入，对于他来说，偿还期大约是 9 年，而不是 15 年。虽然信用工具一般都有偿还期，但也存在着特例，如股票和永久性债券没有偿还期，但可在市场上流通转让。

（二）流动性

流动性（Liquidity）是指信用工具可以迅速变现而不致遭受损失的能力。信用工具的流动性大小包含着两个方面的含义：一是能否方便地变现，二是变现过程中价格损失的程度和所耗费的交易成本的大小。一般来说，流动性与偿还期成反比关系，偿还期越短，流动性越大；偿还期越长，流动性越小。流动性与债务人的信用能力成正比，债务人信誉越高，流动性越大，反之则越小。

（三）本金的安全性

本金的安全性（Principal Safety）是指信用工具的本金免遭损失的能力。与安全性相对应的是风险，这里的风险指的是信用工具不能充分履约或价格不稳定的程度，包括市场风险和信用风险。市场风险是指信用工具市场价格波动而给投资者带来损失的可能性。信用工具的价格是波动的，市场风险不可避免。信用风险是指债务人不能按规定还本付息而给债权人带来损失的可能性。信用风险与债务人的信誉、经营状况有关，也与信用工具的种类有关，如政府债券一般没有信用风险，而低级别债券的信用风险就较高。

（四）收益性

收益性（Yield）是指金融工具能定期或不定期地为其持有人带来一定收入的能力。收益的大小是通过收益率来反映的。现代西方经济学将金融工具的收益率与利率视为同一概念。收益率指标按单利计算有以下四种：

1. 名义收益率（Nominal Yield）

它是指金融工具上载明的票面利息率。计算公式为：

$$i_n = \frac{C}{F} \tag{2.6}$$

其中，i_n 为名义收益率，C 为当期收益（如，年利息或红利），F 为票面金额或初始投资额。

2. 当期收益率（Current Yield）

当期收益率，也称为即期收益率，它是指金融工具按当前市场价格出售时所获得的收益率，是当期收益与当前市场价格之比。其计算公式为：

$$i_c = \frac{C}{P_t} \tag{2.7}$$

其中，i_c 为当期收益率，C 为当期收益，P_t 为当前市场价格。

3. 持有期收益率

持有期收益率，也称为实际收益率，是指投资者投资金融工具期间所实现的收益率，它等于实际收益额与初始投资额之比。

投资者持有期取得的实际收益额由当期收益与期末资本利得构成。

资本利得等于初始投资额与期末市值之差。因此，有：

$$i=\frac{\dfrac{P_t-P_0}{t}+C}{P_0} \tag{2.8}$$

其中，i 为到期收益率，C 为票面收益（年利息），P_t 为债券的卖出价格，P_0 为债券的买入价格，T 为债券的持有期（以年计算）。

例 1 某投资者在去年的今天以每股 25 元的价格购买了 1 000 股 ABC 公司的股票，假定在过去一年中该投资者得到了 200 元的红利（ =0.20 元/股 ×1 000），年底时该股票价格为每股 30 元，那么，该投资者的持有期收益率是多少？

解： 初始投资额为 25 ×1 000 =25 000 元

年末股票价值为 30 ×1 000 =30 000 元，同时，还拥有 200 元的现金红利。

投资者的实际收益额为：200 +（30 000 －25 000）=5 200 元

因此，投资者的年持有期收益率为：5 200/25 000 =20.8%

例 2 某投资者购买了某种债券：票面金额为 100 元，期限 10 年，每年利息 7 元（意味着其名义收益率就是 7%）。假如发行价格为 95 元，则该投资者的当期收益率就是 7.368%（7/95）。假定该投资者在两年后以 98 元出售该债券，则其持有期收益率则为 8.947% $\left(=\dfrac{7+98-\dfrac{95}{2}}{95}\right)$。

二、信用工具的种类

信用工具可按其发行者的性质不同，划分为直接信用工具和间接信用工具。直接信用工具是指工商企业、政府和个人发行或签署的商业票据、债券、股票及抵押契约等。间接信用工具是指银行及其他金融机构所发行的存款单、人寿保单及银行票据等。

从信用工具持有人要求权的性质来划分，可以分为权益类工具和债务类工具。信用工具的持有人所拥有的要求权为固定数额时，此种信用工具为债务类工具。而权益类工具则要求其发行人在支付债务工具所有者后，按其收入（如果还有的话）对权益证券的所有人进行支付。

从信用工具的偿还期限划分，可以分为短期信用工具、中长期信用工具和永久性信用工具。偿还期在 1 年以内的信用工具为短期信用工具；偿还期在 1 年以上的信用工具为中长期信用工具；股票和永久性债券的偿还期为无限长，这类信用工具被称为永久性信用工具。

随着金融市场的发展，金融工具又可分为原生金融工具和衍生金融工具。原生金融工具（Underlying Instruments），通常能将储蓄资金直接转移到借款者或投资者手中，如股票、债券等。金融系统借助于原生金融工具来有效地分配资源。衍生金融工具（Derivative Instruments），其价值和支付依赖于原生金融工具而存在，如期货和期权，第四章金融市场中将有详细介绍。这里重点介绍几种基本的原生金融工具。

（一）商业票据

商业票据属于短期金融工具，是按一定的格式做成的由出票人依法发行的具有流通性和无条件支付的书面凭证，它是一种体现债权债务关系的信用工具。包括汇票、本票和支票。

1. 汇票

汇票（Bill of Exchange or Draft）是由出票人签发的，委托付款人在见票时或者在指定日期无条件支付一定金额给收款人或出票人的一种票据。汇票有三方当事人，即出票人、付款人和收款人。由于汇票是由债权人发出的支付命令，因此，须经债务人承兑。承兑（Acceptance）是票据的付款人在票据上签名盖章，写明“承兑”字样，承诺票据到期保证付款的行为。

2. 本票

本票（Promissory Note）又称期票，是债务人（出票人）承诺在一定时间及地点无条件支付一定款项给收款人的支付承诺书或保证书。本票基本特征是：其一，本票的基本当事人只有两个，即出票人和收款人；其二，本票的付款人为出票人自己，因此没有承兑制度。

3. 支票

支票（Check）是存款客户向银行签发的要求从其活期存款账户上支付一定金额给指定人或持票人的凭证。所以，支票实际上相当于汇票，是银行客户向银行发出的付款命令书。

商业票据具有很强的流通转让性。为保障持票人的利益，票据流通转让时须经过背书。背书（Endorsement）是指持票人为了将未到期的票据转让给第三者而在票据的背面签名盖章的行为。背书后，背书人即为票据的债务人，若付款人或承兑人不能按期支付款项，持票人有权向背书人要求付款，背书人要对票据的支付负责。

（二）债券

债券（Bonds）是一种表明债权债务关系的凭证，是债务人向债权人发行的承诺按约定的利率和日期支付利息并偿还本金的有价证券。持券者有按约定的条件（如面值、利率和偿还期等）向发行人取得利息和到期收回本金的权利，持券者是债权人，发债者是债务人。

1. 债券的基本要素

债券的基本要素有三个：票面价值或本金；利息或息票率；偿还期限或到期日。

债券的面值是指债券票面上所标明的价值，它代表了发行人的债务和持有人的债权，面值确定了债券到期时发行人必须向持有人偿还的金额，该金额通常被称为本金（Principal）。

债券每次支付的利息由息票（Coupon）或息票率（Coupon Rate）确定，息票是指债券每年支付的利息额，息票率则是指息票与面值的比率。因此，息票为0的债券被称为零息票债券（Zero-Coupon Bonds）。

债券在发行时，一般要规定债券的到期日（Maturity Date），债券的到期日是指债券偿还本金的日期。而债券的偿还期（Term to Maturity）是指从债券发行之日起至清偿本息之日止的时间。此外，债券的剩余偿还期是指发行一段时间之后的债券距离到期日的时间长短。例如，2000年4月10日发行的某30年期国债，该债券的偿还期为30年，到期日为2030年4月10日，在2012年4月10日，该债券的剩余偿还期为18年。

2. 债券的基本种类

按照发行主体的不同，债券可以分为政府债券、公司债券和金融债券三种。

（1）政府债券，是指各级政府或由政府提供信用担保的单位发行的债券。因为有稳定的税收收入作为偿还债务的担保，因此通常认为政府债券是较为安全可靠的。

政府债券又可细分为中央政府债券、地方债券。

中央政府债券又分为短期国债（T-Bills）和中长期国债。前者是指期限在一年及一年以下的国库券，其流动性最强，被誉为“金边债券”（Gilts），是货币市场重要的金融工具。后者是指期限在一年及一年以上的政府债券，其流动性稍低于国库券，但仍高于地主政府债券，是资本市场重要的金融工具。

地方政府债券，也称为市政债券，是由地方政府发行，所筹资金和还本付息一般都计入地方政府的财政预算，通常是用于该地区经济的发展建设。

（2）金融债券，是指银行或其他金融机构为筹集特定用途的资金，向社会发行的一种债务凭证。金融债券的信誉低于国债，但要高于大多数的公司债券。

（3）公司债券，是企业所发行的承诺在一定时期内支付利息和偿还本金的债务凭证。公司债券是企业筹措长期资金的重要方式，期限较长，大多为10～30年。公司债券的风险较大，因此其利率高于政府债券和金融债券。由于公司债券的风险较高，为了保证投资者的资金安全，国家大多从信用评级、提供抵押担保、对公司发行额的限制以及规定禁止发行公司债券的情况等方面对其加以限制。

（三）股票

要了解什么是股票，先要了解什么是股份公司。

1. 股份公司

所谓股份公司是依法设立、并通过发行股票的方式，把分散的资本集中起来经营的一种企业组织形式。股份公司制度产生于18世纪的欧洲，目前已成为现代经济中最主要的企业组织形式。股份公司具有以下特征：

第一，公司的资本总额被平分为金额相等的股份。

第二，股东以其所认购股份对公司承担有限责任，公司以其全部资产对公司债务承担责任。

第三，经批准，公司可以向社会公开发行股票，股票可以交易或转让。

第四，股东数不得少于规定的数目，但没有上限。如我国公司法规定，股份公司设立时发起人股东不得少于2人，但没有上限限制。

第五，每一股有一表决权，即“一股一票制”，股东以其所持有的股份，享受权利，承担义务。

第六，一旦股份上市交易后，股份公司就成为公众公司，公众公司应将经注册会计师审查验证的会计报告公开。

股票（Stock）是一种所有权证券，是股份公司发行的证明投资者的股东身份并据以获得股息的凭证，是金融市场上重要的长期金融工具。

股票作为一种现代企业制度和信用制度发展的产物，主要分为普通股票和优先股票两种类型。

2. 普通股（Common Stock）

普通股是红利随着企业利润变动而变动的一种股份，是股份公司资本构成中最重要、最基本的股份，是股份公司资本的基础部分。一般可把普通股的特点概括为如下四点：

第一，普通股的股利是不固定的。普通股的股东有权获得股利，但必须是在公司支付了债息和优先股的股息之后才能分得，一般视公司净利润的多少而定。

第二，对公司剩余财产的分配权。当公司因破产或结业而进行清算时，普通股东有权分得公司剩余资产，但普通股东必须在公司的债权人、优先股股东之后才能分得财产。

第三，拥有发言权和表决权。即普通股的股东有权就公司重大问题进行发言和投票表决。但是要遵循一股一票的原则。

第四，普通股股东一般具有优先认股权。即当公司增发新股时，现有股东有权优先购买新发行的股票，以保持其对企业所有权的原百分比不变，从而维持其在公司中的权益。

3. 优先股（Preferred Stock）

优先股是股份公司发行的，在分配红利和剩余财产时比普通股具有优先权的股票。

优先股的主要特点表现为：

第一，股息固定。优先股的股息相对固定，当公司经营状况良好时，优先股东不会因此而获得高额收益。

第二，优先的公司盈余分配权以及剩余资产分配权。公司盈余进行分配时，优先股要先于普通股取得固定数目的股息。同样，在公司破产后，优先股在剩余资产的分配权上也要优先于普通股，但是必须排在债权人之后。

第三，一般没有表决权和发言权。在通常情况下，优先股股东的表决权会在很大程度上被加以限制甚至取消，从而不能参与公司的经营管理。

第四，优先股一般是没有优先认股权的。

4. 股票和债券的区别

（1）对公司的经营参与权不同。股票是所有权凭证，对公司经营管理有着完全的参与权。债券是一种债权凭证，一般对公司经营管理不具有参与权，只有当公司债务清算时，才可能有有限的参与权。

（2）发行期限不同。股票是一种永久性投资证券，发行公司通过发行股票可以获得稳定的经营资本。而发行者在发行债券时，通常根据资金供求及其资金的需要确定偿还期限。

（3）收益稳定性不同。债券的收益一般比较稳定，发行人发行债券时，大多在发行章程上规定了债券利率，承诺了投资者的名义收益，而且债券利息支付通常不受发行者经济状况变化的影响。而股票则完全不同，一方面股票股息支付完全取决于公司经营状况；另一方面股票价格在证券市场上波动较大，常给投资者带来丰厚的资本收益或巨大的资本损失。

（4）发行目的不同。股票作为一种所有权证券，其发行目的比较复杂，其中主要是为了筹集自主性资本。通过发行股票可以扩大公司的资本基础、充实公司实力，但要以公司管理权的分散和部分所有权的丧失为代价。债券发行虽然也是为了筹集中长期资金，但它是一种临时借入的债权资本，发行人要承担到期偿还和支付利息的责任。而且，股票的股息或红利要从公司利润中支付，而债券利息是公司的固定支出，要计入公司的经营成本。

专栏 2

你应该持有股票吗？

你应该持有股票吗？答案是肯定的，尤其是如果你还非常年轻的话。很多人抛售股票转而投资于债券（或是其他的生息资产）。但是要知道债券也是有风险的，即便是政府国库券，仍然有利率风险和通货膨胀风险。尽管持有股票表面上看来充满风险，但历史经验证明长期持有一个分布良好的股票投资组合却并非如此。所以，对投资者而言，真正的问题是怎样购买股票。

购买股票时，有五个方面的问题需要仔细考虑：能否买得起、流动性如何、分散性如何、管理性如何、成本有多大。共同基金预先设定好了投资组合，并把上述几个问题归结到了其中的某一个。但问题是有成千上万的共同基金，我们怎么去选择呢？因此，以下几点我们必须牢记在心：

第一，能否买得起。大多数共同基金允许小额的初始投资。你甚至能以低于 1 000 美元的额度开始投资。

第二，流动性如何。如果你碰到紧急情况，你需要快速地回收资金。所以投资时你需要确定你能否轻松地撤回你的投资。

第三，分散性如何。绝大多数共同基金的投资组合要比单个投资者的投资组合的分散性要强得多。即便如此，在投资购买前你仍然要仔细审查。

第四，管理性如何。共同基金提供了投资组合的专业管理。投资者一定要慎重考虑，因为基金的投资决策是由专人制定的（又称管理基金），故其很有可能比指数基金（盯住类似于标准普尔 500 等股指的基金）表现得更糟糕。

第五，成本问题。共同基金的经理们提供服务，当然也要获取报酬。通常支付基金总额的 1.5% 作为共同基金经理的年薪，而指数基金却只支付 0.5% 或更少。毫无疑问，两者之间的差距非常显著。例如，按年收益率 8% 计算的话，一笔 1 万美元的投资 20 年后是 46 610 美元。如果支付给基金经理 1% 的酬劳，年收益率只有 7%，则 20 年后的投资收益为 38 697 美元，相比原来降低了 7 913 美元。

如果综合考虑以上几个方面的话，很多人就会转而购买指数基金。通常，指数基金更容易被公众所购买且流动性较强，并且指数基金有很好的分散性且更便宜（付给基金经理的报酬更少）。所以，请记住一句话：投资前一定要多打听询问。

案例分析

没卡成了“外星人”，美国人离不开信用卡

美国是世界上消费信贷相当发达的国家之一，其信用制度较为成熟。比较正规的消费信贷已有80多年的历史。据统计，在美国人的日常开支中有80%以上是用信用卡支付的，现金只占很小的比例。与借记卡不同的是，信用卡不用存钱，信用卡公司会告诉你一个额度，额度内随便花，月底账单来了，寄一张支票过去就可以了。于是，喜欢寅吃卯粮的美国人一年要刷掉上万亿美元。吃穿住行，一卡搞定。

美国信用卡的基础是其良好的个人信用体系。美国的个人信用制度相当成熟。表现为：

一、发达的个人消费资料网络

在美国，信用机构是现在IT技术应用得最为彻底的金融类机构，高度的货币电子化为个人消费信用档案登记提供了极大的便利，个人收支状况都可以通过发达的信息网络反映出来，银行和资信机构可以通过互联网获得比较全面的资料。个人信用登记制度的建立，是通过成立消费者信用报告机构来完成的。二战以后，美国消费者信贷报告机构获得了长足的发展。目前一次信用查询的在线答复时间不超过几秒钟。

二、完善的个人资信评估机制

个人资信档案一般包括两方面：一方面是借款人向银行申请借款时提交的贷款申请表，包括贷款历史、居住情况、收入情况、婚姻情况等方面的信息；另一方面，是信用管理机构提供的与借款人信用历史有关的资料，包括未偿还的债务情况、信用卡透支情况，在其他金融机构的贷款记录等。

三、发达规范的金融市场环境

美国很多公司为消费者提供分期付款信贷，其方式是与购买者和商家共同签订合同，融资公司提供贷款，购买者分期偿还。美国联邦住宅信贷银行为会员储蓄贷款协会提供贷款；政府全国抵押协会为住宅抵押债券二级市场融资；联邦住宅抵押贷款公司为住宅抵押债券的二级市场买卖提供资金支持。储蓄贷款协会可以发行房地产定期存单，由商业房地产公司购买并由保险公司承担一定额度的保险。

四、完善的法律体系

如在消费信贷的环境方面通过了以下法律，《信贷机会平等法》、《诚实借贷法》、

《公平信贷报告法》、《社会再投资法》、《诚实贷款法》、《信用卡发行法》、《公平贷款记录法》等，在还款方面的法律规定有《破产法》。并且，随着市场环境的发展，美国相关法律也不断地加以修正。

因此，美国人一打开钱包，里面一摞摞的都是各种“卡”。每人同时有三四张信用卡是家常便饭，没有卡的人反倒成了“外星人”。

思考题：为什么美国的个人信用如此发达？如何正确评价个人信用对经济的刺激作用？对我国消费信用的发展有何启发？

复习思考题

1. 解释下列概念：

商业信用、银行信用、国家信用、消费信用、融资租赁、经营租赁、汇票、本票、支票、金融债券、名义利率、实际利率、基准利率

2. 经济学意义上的“信用”与日常生活和道德规范里的“信用”有何关系？

3. 为什么现代经济可以称为“信用经济”？

4. 比较商业信用与银行信用的特点，二者之间有怎样的关系？

5. 如何理解股份信用？

6. 简述消费信用的主要形式，并说明消费信用的作用。

7. 简述信用工具的基本特征。

8. 比较股票与债券。

9. 一公司债券面值100元，票面利率为6%，5年到期。当前价格为115元。如果张某购买了债券并持有2年，2年后以112元卖出该债券。

(1) 计算即期收益率；

(2) 计算到期收益率；

(3) 计算张某的实际收益率。

10. 为什么利息成为收益的一般形态？

11. 某年物价指数为97，同期银行一年期存款利率为2.25%，边际收入税为20%，此时实际利率是多少？

12. 论述利率变动的经济效应。

第三章　利率原理

✓ 本章摘要

信用工具流通时需要估价，而利率是金融资产估价的基础。因此，利息的计算、现值在有价证券估价中的运用、利率水平的决定，利率决定理论及利率期限理论等都是本章的重要内容。

✓ 本章关键词

现值　　终值　　债券价格　　利率决定理论　　利率期限结构

✓ 学完本章，你需要掌握

- 终值与现值的意义及运用
- 债券价值评估方法
- 利率决定的影响因素
- 西方利率决定理论
- 利率的风险与期限结构

第一节　终值、现值与利率

一、终值与复利

当我们今天存款 1 元时，未来会带来多少钱呢？要回答这个问题，就必须引入终值的概念，所谓终值（future value），又称未来值，是指现在的一定量现金在未来某一时点上的价值，俗称本利和。计算终值有两种基本的方法，即单利与复利。

（一）单利

单利（Simple Interest）是指仅按本金和时间的长短计算利息，本金所生利息不加入本金重复计息。其计算公式为：

利息：$C = P \cdot r \cdot n$ （3.1）

本利和：$S = P(1 + r \cdot n)$ （3.2）

其中，C 代表利息额，P 代表本金或现值（Present Value），r 代表利率，n 代表时间，S 表示本金与利息之和或终值。

如一笔为期 5 年、年利率为 6% 的 10 万元贷款，在单利情况下，利息总额为：$C = 100\ 000 \times 6\% \times 5 = 30\ 000$（元）；本利和为：$S = 100\ 000 + 30\ 000 = 130\ 000$（元）

（二）复利

复利（Compound Interest）是将上期利息计入本期本金一并计算利息的一种方法。俗称“利滚利”。其计算公式为：

本利和：$S = P(1 + r)^n$ （3.3）

利息：$C = S - P$ （3.4）

如上例，在复利的情况下，本利和为：$S = 100\ 000 \times (1 + 6\%)^5 = 133\ 822.56$（元）；则利息为：$C = S - P = 133\ 822.56 - 100\ 000 = 33\ 822.56$（元）

复利反映了利息的本质特征。因为按期结出的利息属于贷出者所有，这部分所有权也应取得分配一部分社会产品的权利。如果对此加以否定，也就否定了本金的所有权。否定了复利，就意味着否定利息本身。

（三）连续复利（Continuous compounding）

现在假设以上贷款是每半年支付一次利息，也就是说 6 个月的利率是 3%，因此，半年后的本利和为：

$$S_{1/2} = 100\ 000 \times (1 + 3\%) = 103\ 000\text{（元）}$$

第一年末本利和为：$S_1 = 100\ 000 \times (1 + 3\%)^2 = 106\ 090$（元）

一直到第 5 年末，10 万元贷款的本利和为：$S = 100\ 000 \times (1 + 3\%)^{10} = 134\ 391.64$（元）。它比一年计息一次的本利和多出 569.08 元，这就是多次复利的结果。

一般地，若本金为 P，年利率为 r，每年的计息次数为 m，则 n 年末的本利和公式为：

$$S = P\left(1 + \frac{r}{m}\right)^{m \times n} \tag{3.5}$$

如果 m 取正无穷大，此时不同计息期之间的间隔很短，可以看作是无穷小量。得到的利率就是连续复利，即连续复利是指在期数趋于无限大的极限情况下得到的利率。将 3.5 式变形为：

$$S = P\left(1 + \frac{r}{m}\right)^{\frac{1}{r/m}nr} \tag{3.6}$$

当复利结算的周期数 $m \to \infty$ 时，$\left(1 + \frac{r}{m}\right)^{\frac{1}{r/m}}$ 的极限为 e，即

$$\lim_{m \to \infty}\left(1 + \frac{r}{m}\right)^{\frac{1}{r/m}} = 2.718\ 281\ 828\ 459\ 0\cdots = e$$

所以当 $m \to \infty$ 连续复利本利和公式为：

$$S = \lim_{m \to \infty} P\left(1 + \frac{r}{m}\right)^{mn} = P \times \lim_{m \to \infty}\left[\left(1 + \frac{r}{m}\right)^{\frac{1}{r/m}}\right]^{nr} = Pe^{nr} \tag{3.7}$$

即：$S = P \cdot e^{nr}$ (3.8)

式中，e^{nr} 为瞬间复利系数，或称一元钱的瞬间复利本利和。

（四）复利计算中的实际利率与名义利率

当保险代理员告诉你，他们的一个保险产品上个月的投资收益率为 0.5%，此时，你会想到什么？人们通常会想到一年期的投资收益率是多少呢？因为，人们很少根据月收益率进行判断。此时，就需要将不到 1 年期的利率转化为年率，即实际利率，或者将几年的投资收益率换算成一年的投资收益率。

要将月收益率为 0.5% 的投资换算成年收益率，就必须假设这种收益状况会持续下去直到第 12 个月，因此，我们不能仅仅用月利率 0.5% 乘以 12 得出年利率 6%。相反，我们需要将月利率连续复利 12 个月，于是当投资本金为 100 元时，利用终值的公式有：

$$S_n = P(1 + i)^n = 100(1 + 0.5\%)^{12} = 106.17$$

即月收益率为 0.5% 时，其年实际投资收益率为 6.17%，比简单相乘的 6% 的收益高 0.17%。因为，前者没有考虑复利。将上面的分析过程用一般的公式表示出来，即是：

$$r_a = (1 + r_m)^{12} - 1 \tag{3.9}$$

式中，r_a 代表年利率，r_m 代表月利率。

例如，某 1 年期抵押贷款月利率为 6.6‰，年名义利率为 7.92%（6.6‰ ×12），由于该抵押贷款是按月计复利的，所以根据以上公式，年实际贷款利率应为：$(1 + 6.6‰)^{12} - 1 = 8.21\%$

另外一种情况是，当保险代理员告诉你，他们的一个保险产品在过去的 5 年里投资收益率为 20%，就是说在五年内，从 100 元增加到了 120 元，你会想到什么呢？同样，人们会将其换算成年收益率来考虑。同理，不能简单地将其除以 5，得出该保险产品年收益率为 4% 的结论，因为必须考虑复利因素。在考虑复利情况下，利用终值公式有：

$$120 = 100(1 + r)^5$$

得到：$r = \left[\left(\frac{120}{100}\right)^{1/5} - 1\right] = 0.037\ 1$

这表明，五年连续年利率为 3.71% 将导致 20% 的总投资收益。

专栏 3

活期存款按季付息不同计算方式利息差别大

从 2005 年 9 月 21 日起，按照《中国人民银行关于人民币存贷款计结息问题的通知》的规定，个人活期存款由按年结息改为按季结息，每季末月的 20 日为结息日。

此次改变计结息方式对于储户来说利息收入有所增加。因为按照新的规则结息，相当于活期存款利息多了几次“利滚利”的机会。而且存款由原先按每个月 30 天计算，改为按实际发生的天数计息，使利息计算更加精确。根据计算，1 万元活期存款一年税后本息由原来的 10 057.6 元，增加到 10 058.52 元，增长 0.92 元。如果遇到闰年，这个利息收入还会有所增加。

除了人民币活期存款外，有些银行的外币活期存款计结息方式也随之发生了变化。农业银行、工商银行和华夏银行的外币活期储蓄存款的计结息方式与人民币个人活期存款相同，也改为按季度结息。同时，单位活期存款和协定存款也在同时实现按季结息。

但是，根据人民银行 2005 年公布的《人民币存贷款业务计结息规则》，商业银行可以选取不同方法计算利息，最主要的差别是一年按365天或者360天计息（每月30天），即大月的31日是否计息可由银行选择。央行还提供了两种计息方式供银行选择，一种是积数计息，按实际天数每日累计账户余额，以累计积数乘以日利率计算利息；另一种是逐笔计息，按整年整月计息，如果遇到有零头，零头部分按日计息。

根据逐笔计息法计息公式，计息期有整年（月）又有零头天数的，计息公式为：

利息＝本金×年（月）数×年（月）利率＋本金×零头天数×日利率。但同时，银行可选择将计息期全部化为实际天数计算利息，即每年为365天（闰年366天），每月为当月公历实际天数，计息公式为：利息＝本金×实际天数×日利率。而按实际天数计息的利息将比前者更高。

以10万元、年利率1.62%的通知存款为例，如果2月28日存，10月1日取款。折算月利率为1.62%/12＝0.135%；日利率为1.62%/360＝0.004 5%，期间存款天数为214天。根据逐笔计息法计息有两个公式，两类计息方法算出的利息差达18元。

公式1：利息＝100 000×0.135% ×7＝945（元）

公式2：利息＝100 000×0.004 5% ×214＝963（元）

此外，如果银行选择按月计息方式的话，还将比按季计息方式利息更高。

二、现值

（一）现值的定义

现值又称本金，是指未来时点上的一定量现金折合到现在的价值。为了理解现值的计算，将上面终值的分析倒过来理解即可，也就是5年后的133 822.56元，在利率为6%的情况下，相当于今天的10万元。于是，现值的计算公式是：

$$PV = \frac{S}{(1+r)^n} \tag{3.10}$$

式中，PV表示现值（Present Value）。

3.10式是一个非常重要的公式，在整个金融学学习中会反复使用到。注意，在计算现值时使用的利率，人们通常称为贴现率（Discount Rate）。“贴现”一词，在经济学或金融学的教科书中经常被提到。但是，这里的含义是不同的。如，央行的贴现率可以指中央银行对商业银行贷款时的利率，即使未来值与现在值相等时的利率。

从3.10式可以得出，现值的三个基本特征：

（1）未来支付越多，或终值越大时，现值越大；

（2）未来支付的时期越短时，现值越大，这一特点很好地体现了货币的时间价值；

（3）利率越低时，现值越大。

因此，影响现值大小的因素有三个：期限、终值与贴现率。

（二）现值的变化

首先，看终值的变化。如果终值增加一倍，则现值会增加一倍。如利率为 5%，2 年以后支付的 100 元，其现值为 90.70 元；如果将终值增加为 200 元，则现值也增加一倍，达到 181.40 元。因此，现值与终值的变动方向与变动比例都是一致的。

其次，看支付期限的变化。支付期限越近时，其价值越大。让我们再引用上面的例子：利率为 5% 的 100 元支付。现值对支付期限的敏感性到底如何呢？令支付期限从 0 到 30 年，在利率为 5% 的情况下终值为 100 元的现值如何变化呢？如图 3.1 所示，现值从当前支付时的 100 元下降到 30 年支付时只有 23 元。

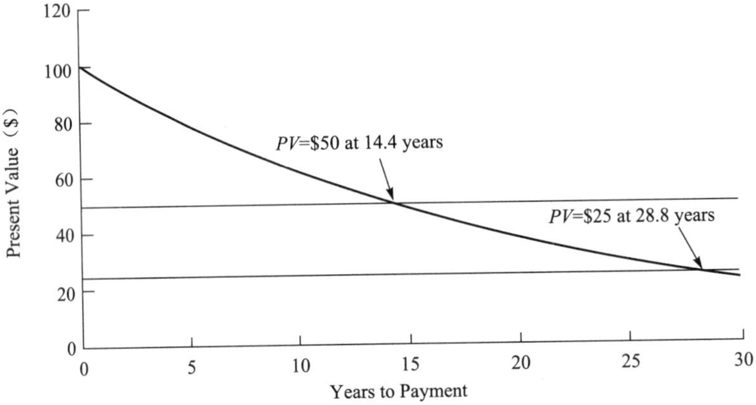

图 3.1　利率为 5% 的现值图

最后，看贴现率的变化。贴现率是影响现值大小的重要因素。为了理解它的重要性，让我们看一个例子：分别在 1 年、5 年、10 年、20 年后支付的 100 元，在不同的贴现率情况下，其现值有多么不同。见表 3.1 所示：

表 3.1　终值 100 元的现值　　单位：元

贴现率	支付发生的时间			
	第 1 年	第 5 年	第 10 年	第 20 年
1%	99.01	95.15	90.53	81.95
2%	98.04	90.57	82.03	76.30

续表

贴现率	支付发生的时间			
	第 1 年	第 5 年	第 10 年	第 20 年
3%	97.09	86.26	74.41	55.37
4%	96.15	82.19	67.56	45.64
6%	94.34	74.73	55.84	31.18

从表 3.1 可以看出，无论终值或期限如何变化，随着贴现率的上升，现值是下降的。反之，随着贴现率的下降，现值将会上升。

三、关键的利率——到期收益率

（一）到期收益率的概念

“到期收益率”这一概念非常重要，它甚至被经济学家视为衡量利率的最为精确的指标，比如，在利率期限结构理论中的收益曲线就是指到期收益率与时间的关系，尽管人们会简化为利率与时间的关系。另外，在前面计算现值时，我们是给定市场利率的，实际上，这一利率也就是到期收益率，或必要回报率。因此，到期收益率是一个非常关键的利率。

在介绍什么是到期收益率之前，首先必须明确，债务工具上的票面利率并不是投资者的收益率。比如，20 年期的面值为 1 000 元、票面利率为 10% 的息票债券，每期都要向债券持有者支付 1 000 × 10% = 100 元的定额利息，一共支付 20 年。到第 20 年末，除了要支付 100 元定额利息之外，还要偿还本金 1 000 元。看上去，这里的利率水平在债券发行时已经约定为 10% 了，但是，是否意味着该债券的持有者一定能够得到 10% 的收益率，或者，从另一方面看，这是否意味着该债券的发行者一定要承担 10% 的成本呢？不一定，这里就有必要引入“到期收益率”来更准确地把握债券的利率水平了。

到期收益率（Yield to Maturity，简称 YTM），指的是这样一种利率，即它是使某项投资或金融工具未来所能获得的收益的现值等于其当前价格的利率。也就是说，到期收益率是使债务工具未来收益的现值等于今天的价格的贴现率。

就债券而言，到期收益率是指买入债券后持有至期满得到的收益，包括利息收入和资本损益与买入债券的实际价格之比率。因此，债券的到期收益率按单利计算公式是：

到期收益率 =（票面利息 ± 本金损益）/市场价格

例如，某种债券票面金额为 100 元，10 年还本，每年利息 7 元，某人以 95 元买入该债券并持有到期，那么，他每年除了得到利息收益 7 元外，还获得本金盈利 0.5 元（(100 − 95)/10），这样，他每年的实际收益就是 7.5 元，其到期收益率为 7.90%（7.5/95）。

但在实践中，到期收益率多数是指按复利计算的收益率，它是指能使未来收益现值等于债券买入价格的贴现率。

为了更好地理解到期收益率，下面考虑五种金融市场工具的到期收益率的计算：简单贷款、等额分期付款贷款、息票债券、永久债券、贴现债券。

（二）到期收益率的估算与运用

1. 简单贷款的到期收益率

简单贷款（Simple Loan），是指为期一年的贷款，到期后借款人连本带息一次偿还。如果以 P 表示贷款额，A 表示年末偿还额，根据到期收益率的定义，我们把银行今天所付的本钱（也就是现在的价值）放在等式的左边，把银行一年后所得本利和的现值计算过程放在等式的右边，则这笔贷款的到期收益率（r）的计算公式为：

$$P = \frac{A}{1+r} \tag{3.11}$$

例如：某银行贷给小张 1 000 元，一年后小张还给银行 1 100 元。代入上式得：则：

$$1\,000\text{ 元} = 1\,100\text{ 元}/(1+r)$$

等式为一元一次方程，其解为 $r = 0.1$，即该笔简单贷款的到期收益率为 10%。

可见，对于普通贷款而言，其到期收益率与利率是一回事。因为根据案例数据，可知该笔贷款的名义利率也是 10% [(1 100 − 1 000)/1 000 = 10%]。

2. 等额分期付款贷款的到期收益率

等额分期付款的贷款（Fixed-Payment Loan），是指借款人在整个贷款期内分期偿还一个固定的金额，比如，等额分期付款的住房抵押贷款。为了计算到期收益率，与简单贷款的原理一样，先写出贷款未来偿还额的现值，并令其等于现在的价格（贷款本金）。如果以 FP 代表固定偿付额，则其到期收益率计算公式如下：

$$P=\frac{FP}{1+r}+\frac{FP}{(1+r)^2}+\frac{FP}{(1+r)^3}+\cdots+\frac{FP}{(1+r)^n} \tag{3.12}$$

其中，P 为贷款额；FP 为固定偿付额；n 为贷款有效期，r 为到期收益率。

例如，王先生向银行借了 1 000 元、期限 25 年、每年偿还 126 元的等额分期偿还贷款，请计算这笔贷款银行的到期收益率。根据上式，有：

$$1\ 000=\frac{126}{1+r}+\frac{126}{(1+r)^2}+\frac{126}{(1+r)^3}+\cdots+\frac{126}{(1+r)^{25}}$$

解得，到期收益率 $r=12\%$，这 12% 就是王先生在这笔贷款中所支付的实际利率。

（三）息票债券的到期收益率

息票债券，是指定期支付定额利息、到期偿还本金的债券。它的基本特点是，到期前每期都有现金流发生，比如，20 年期的面值为 1 000 元、票面利率为 10% 的息票债券，每期都要向债券持有者支付 1 000 × 10% = 100 元的定额利息，一共支付 20 年，到第 20 年末，除了要支付 100 元的定额利息外，还要偿还本金 1 000 元。所以，这一年有两笔现金流发生。

根据到期收益率的定义，我们可以推出息票债券的到期收益率计算公式：

$$P=\frac{C}{1+r}+\frac{C}{(1+r)^2}+\frac{C}{(1+r)^3}+\cdots+\frac{C+F}{(1+r)^n} \tag{3.13}$$

或简单地表示为：$P=\sum_{t=1}^{n}\frac{C_t}{(1+r)^t}$

其中，P 是息票债券的市场价格，F 是息票债券的面值，C 是息票债券的年收入，它等于息票债券的面值 F 乘以票面利率 i（$C=F*i$），n 是债券的到期期限，C_t 为第 t 年的现金流，r 是到期收益率。

按上面的例子，并且债权人将债券持有到期，那么，到期收益率公式为：

$$1\ 000=\frac{100}{1+r}+\frac{100}{(1+r)^2}+\frac{100}{(1+r)^3}+\cdots+\frac{1\ 000+100}{(1+r)^n}$$

计算得 $r=10\%$，即到期收益率为 10%。这一结果与债券的票面利率相等。这是因为该债券的价格等于其面值。一旦债券的现行价格不等于其面值，那么，到期收益率也就不再等于票面利率了，而是可能低于或高于票面利率，这取决于债券价格是高于或低于面值。

具体地：息票债券的到期收益率与其票面利率之间存在着以下关系：

第一，如果债券价格高于面值（$P>F$），则到期收益率低于票面利率（$r<i$）；

第二，如果债券价格低于面值（$P<F$），则到期收益率高于票面利率（$r>i$）；

第三，如果债券价格等于面值（$P=F$），则到期收益率等于票面利率（$r=i$）。

从以上到期收益率与票面利率的关系，不难看出，到期收益率与债券价格之间呈反向变动的关系。亦即，随着债券价格的提高，到期收益率会下降；反之，随着债券价格的下降，到期收益率会上升。

（四）零息票债券的到期收益率

零息票债券，也称折扣债券，是指以贴现方式发行，不支付利息，而于到期日时按面值一次性兑付的债券。投资者通过以债券面值的折扣价买入来获利。

零息票债券的到期收益率（r）计算公式为：

$$P=\frac{F}{(1+r)^n} \tag{3.14}$$

假设某公司发行的零息票债券面值是 1 000 元，期限为 4 年，如果这种债券的销售价格为 750 元，则其到期收益率为 7.5%。

$$750=\frac{1\,000}{(1+r)^4}\text{，解得 } r=7.5\%$$

（五）永久债券的到期收益率

永久债券，是指定期支付固定利息，没有到期日的一种债券。假设永久债券每年末支付利息额为 C，债券的市场价格为 P，则其到期收益率 r 的计算公式为：

$$P=\frac{C}{1+r}+\frac{C}{(1+r)^2}+\frac{C}{(1+r)^3}+\cdots\cdots \tag{3.15}$$

根据无穷递减等比数列的求和公式可知，上式的右边等于 C/r，因此，永久债券的到期收益率计算公式可以简化为：$r=C/P$。

例如，假定投资者以 1 000 元的价格购买了某永久债券，每年可得到利息收入 100 元，则到期收益率为 10%：$r=100/1\,000=10\%$。

以上介绍了不同债务工具的到期收益率的计算。不难看出，尽管经济学家把“衡量利率的最为精确的指标”这一赞誉毫不吝啬地给予了“到期收益率”，但是，该指标仍存在诸多缺点与不足，比如，到期收益率的计算比较繁琐，期限越长就越是繁琐。而且，它没有考虑投资者可能不将债务工具持有到期末的情形。因此，在现实中，人们时常用当期收益率或持有期收益率来近似地替代到期收益率指标。

第二节 现值与有价证券价值评估

一、有价证券价格评估的基本思路

在公式 3.10 中，我们是假设了未来只发生一次性的支付。事实上，现实经济生活经常是这样的，即未来会发生一系列支付，或一系列现金流。比如，你投资于某一债券，期限 5 年，利率 6%，面额 1 000 元，这意味着你在 5 年内每年可以收到 60 元的利息，期满时，再得到 1 000 元的本金。这样的一个金融工具，其价值是多少呢？根据现值的基本思路，就是将每年的现值和加在一起，即可以得到这张债券的市场价值。因此，现值的公式就可以变成更为一般的公式了：

$$PV = \frac{CF_1}{1+r} + \frac{CF_2}{(1+r)^2} + \frac{CF_3}{(1+r)^3} + \cdots + \frac{CF_n}{(1+r)^n} \tag{3.16}$$

其中，CF_n（Cash Flow）为 n 年的现金支付或现金流，这里现金流量的理解，可以是某种资产的未来收益，也可以是某个投资项目的未来支出，如是前者，此时的现值公式可用来计算这种资产的理论价格。如是后者，则可以用现值公式计算该投资项目的理论成本。

$\frac{1}{(1+r)^n}$称为一次支付现值系数（discount factor），或贴现因子，表明 1 个份额经过一段时间后所等同的现在份额，它是介于 0 - 1 之间的一个数。它表明，当利率为 r 时，承诺 n 年之后支付 R 美元的现值是$\frac{R}{(1+r)^n}$美元。因此，即使没有通货膨胀，将来 1 美元的价值也小于现在 1 美元的价值。

有价证券是在其交易中具有不同于其面值的市场价格的金融工具，如股票、债券、大额存单等，这个市场价格也称为市场价值（Market Value）或内在价值。如 3 个月期票据，面值为 100 万元，现行利率月息是 0.5%，那么这张票据的交易价格就是 98.5 万元$\left(\frac{100}{(1+0.5\%)^3} = 98.5\right)$。

评估有价证券价格的基本方法是对该项投资形成的未来收益进行折现值的计算，即现金流量贴现方法。这种方法的基本理论是，既然投资的目的是为了在未来取得投资收益，那么，未来可能取得收益的多少就在本质上决定了投资对象内在价值的高低。从这样的理念出发，采用适当的贴现率，就可以计算出该投资的当前价值。

这里重点介绍典型金融工具——债券的价格评估。

二、债券价值评估

由于多数债券的票面利率是固定的，按照固定的利率计算出定期支付的利息，就是该债券投资者在持有期间的未来现金流量；如果买进债券后一直保持到债券期满，最后一期的现金流就是利息加上债券面值。而债券的贴现率可根据债券的信用等级来确定。这样，根据未来现金流的不同，债券价值的计算公式有以下几种：

（一）到期一次支付本息的债券

到期一次支付本息的债券价值计算公式为：

$$P_b = \frac{A}{(1+r)^n} \tag{3.17}$$

式中，P_b表示债券价格；A 表示债券到期时的本利和；r 表示贴现率；n 表示债券到期前的剩余期限。

（二）定期付息、到期还本的债券

这是一种最常见的债券品种，其价值计算公式为：

$$P_b = \sum_{t=1}^{n} \frac{C}{(1+r)} + \frac{M}{(1+r)^n} \tag{3.18}$$

式中，C 表示定期支付的利息；M 表示债券的面值。

例如，现在发行票面额为 100 元，票面利率 8%，每年付息一次，10 年还本的债券，如果市场利率为 9%，那么这张债券的价格应当只有 93.5 元，计算过程如下：

$$PV = \frac{8}{1+9\%} + \frac{8}{(1+9\%)^2} + \frac{8}{(1+9\%)^3} + \cdots + \frac{8+100}{(1+9\%)^{10}} = 93.5$$

这表明，若该债券按面值发售，则无人愿意购买。

如果投资者在债券尚未到期时出售债券，则上述公式需要改写为：

$$P_b = \sum_{t=1}^{n} \frac{C}{(1+r)} + \frac{P_n}{(1+r)^n} \tag{3.19}$$

式中，P_n 表示第 n 年出售债券的价格。

（三）定期付息、没有到期日的永久债券

永久债券（Perpetual Bonds）指一种不规定本金返还期限，可以无限期地按期取得利息的债券。永久债券的发行人一般多为商业银行。其发行目的是为了扩充银行的自有资金实力。永久债券的持有者只能定期地获得利息收入，实际上这种债券已失去了一般公司债的性质，并且具有股票的特征，因而有人认为这是一种最彻底的公司债。在美国有一种期限为数十年甚至百年以上的公司债，也可认为是一种变相的永久公司债。

其价格计算公式为：

$$P_b = \frac{C}{r} \tag{3.20}$$

例如，假设有一永久债券，面额为 1 000 元，年利率 8%，投资者要求的年投资收益率为 10%，问投资者愿意接受的价格是多少？

解：已知 $C = 1\ 000 \times 8\% = 80$ 元，$r = 10\%$，则有：

$$PV = \frac{80}{10\%} = 800 \text{ 元}$$

即该债券市场价格只要不超过 800 元，该投资者就会购买此债券。

第三节 利率决定理论及其影响因素

利率水平是怎样决定的，有哪些因素会使它发生变化，均衡利率是如何形成的，是金融理论中一个极其重要的课题。本节重点加以分析。

一、西方利率决定理论

（一）古典利率理论

古典利率理论是对 19 世纪末至 20 世纪 30 年代西方国家各种不同利率理论的一种总称。该理论严格遵循着古典经济学重视实物因素的传统，主要从生产消费等实际经济生活中去探求影响资本供求的因素，因而它是一种实物利率理论，也称为储蓄投资利率理论。

1. 古典利率理论的主要思想

古典利率理论是从资本供给和需求两方面来分析利率的形成与决定的。

（1）资本供给来自于社会储蓄，储蓄是利率的增函数。古典学派认为，资本供给主要来自社会储蓄，储蓄取决于人们对消费的时间偏好，不同的人对消费的时间偏好不同，有的人偏好即期消费，有的人则偏好未来消费。而现实中，大多数人偏好当期消费，如果要增加储蓄，就必须放弃现在的消费，此时，投资者必须给予他们一定的利息补偿。利息是等待或者延期消费的报酬。利率越高，意味着对这种等待的补偿也就越多，储蓄也会相应增加。由此得出：一般情况下，储蓄是利率的增函数。如图 3.2 中的 SS 曲线，储蓄是随着利率上升而上升的。

（2）资本需求来自于社会投资，投资是利率的减函数。古典学派认为，资本的需求来自于投资。投资主要取决于资本的边际回报率和利率的关系。资本的边际回报率代表了投资的收益，而利率代表投资的成本。只要前者大于后者，投资就有利可图，企业也就倾向于增加投资。当利率降低时，预期回报率大于利率的可能性增大，所以投资需求会不断增加，即投资是利率的减函数。如图 3.2 中的 II 曲线，投资是随利率上升而下降。

（3）储蓄与投资相等时决定均衡利率水平。古典学派认为，利率是由投资和储蓄这两个因素决定的，投资代表资金的需求，储蓄代表资金的供给，只有当储蓄者愿意提供的资金与投资者愿意借入的资本相等时，利率才达到均衡水平，如图 3.2 中的点 E 所示，此时，均衡利率为 r^e。

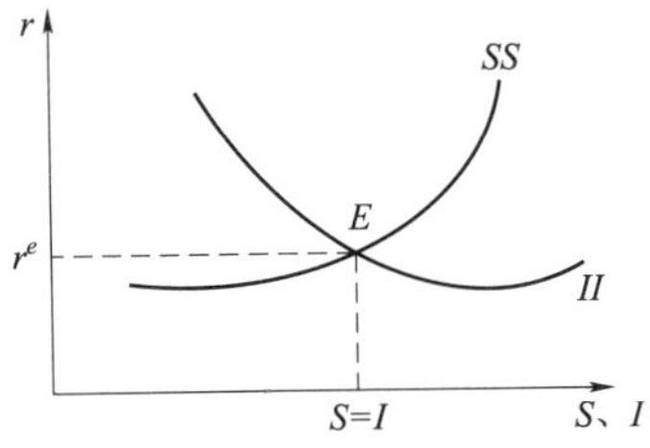

图 3.2　古典利率理论

若现行利率高于均衡利率，则必然发生超额储蓄供给，诱使利率下降接近均衡利率水平。若现行利率低于均衡利率，则必然发生超额投资需求，拉动利率上升接近均衡利率水平。

2. 古典利率理论的主要特点

古典利率理论具有以下几个特点：

（1）古典利率理论是一种局部均衡理论。古典利率理论认为，储蓄和投资都是利率的函数，而与收入无关。储蓄与投资的均等决定均衡利率。利率的功能仅仅是促使储蓄与投资达到均衡，而不影响其他变量。因此，古典利率理论是一种局部均衡理论。

（2）古典利率理论是实物利率理论。古典利率理论认为，即储蓄是由等待或延期消费等实际因素决定，投资则是由资本的预期收益率等实际因素决定。利率与货币因素无关，利率不受任何货币政策的影响，因此，古典利率理论又可称为非货币性的利率理论，货币就像覆盖在这实物经济上的一层面纱，与利率的决定全然无关。

（3）古典利率理论使用的是流量分析方法。古典利率理论是对某一段时间内的储蓄流量与投资流量的变动进行分析，因此，是一种流量分析方法。

（4）利率具有自动调节资本供求的作用。根据古典利率理论，利率具有自动调节储蓄和投资，使其达到均衡状态的功能，是因为在市场经济中利率自由波动。当储蓄大于投资时，利率将下降，较低的利率会刺激人们减少储蓄，扩大投资；反之，若储蓄小于投资时，利率将上升，而较高的利率又促使人们增加储蓄，减少投资。因此，只要利率是灵活变动的，资本的供求就不会出现长期的失衡，供求平衡会自动实现。

古典利率理论支配理论界达二百年之久，直到20世纪30年代西方经济大危机，运用古典利率理论已经不能解释当时的经济现象，于是出现了流动性偏好利率理论和可贷资金利率理论。

（二）“流动性偏好”利率理论

凯恩斯和他的追随者们在利率决定问题上的观点与古典学派的观点正好相反。凯恩斯学派的利率决定理论是一种货币理论，认为利率不是由储蓄和投资的相互作用决定的，而是由货币的供求关系决定的，并创立了流动性偏好利率理论。

1. 利息作为一种货币现象是人们牺牲流动性的报酬

凯恩斯认为，人们有一种“流动性偏好”，即指人们都有一种将资产以灵活的、流动性强的货币形式保持在手中的意愿，由此，产生了货币需求。并且认为，利息是在一定时期内放弃货币、牺牲流动性的报酬，而不是古典利率理论所讲的利息是对等待或推迟消费的报酬。

凯恩斯假定人们可贮藏财富的资产主要有货币和债券两种。由于凯恩斯所指的货币定义包括通货（没有利息收入）和支票账户存款（在凯恩斯生活的年代，一般不付或付很少的利息），故他假定货币的回报率为零，债券的预期回报率等于利率。但是，由于经济运行中充满了诸多不确定性，因此，持有债券资产可能因各种原因而遭受损失。而货币具有完全的流动性和最小的风险性。所以，人们在选择其财富持有形式时，大多倾向于选择货币。但是，通常情况下，货币供给量是有限的，人们要取得货币，就必须支付一定的报酬作为对方在一定时期内放弃货币、牺牲流动性的补偿。凯恩斯认为，这种为取得货币而支付的报酬就是利息，利息完全是一种货币现象。

2. 利率由货币供给与货币需求所决定

（1）货币供给曲线：凯恩斯认为，在中央银行制度下，货币的供给基本上为一国的货币当局所控制，是外生变量，而中央银行不以盈利为目的，所以货币供给曲线，如图 3.3 中 M_s 所示，是一条不受利率影响的垂线。当货币当局增加货币供给时，货币供给曲线向右移动，反之，减少货币供给时，则会使供给曲线向左移动。

（2）货币需求曲线：凯恩斯认为，在其他条件不变的情况下，利率上升，相对于债券来说，货币的预期回报率下降，货币需求减少。按照机会成本的逻辑，货币需求与利率也是负相关的，因为持有货币的机会成本就是没有持有债券而牺牲的利息收入（预期回报率），随着债券利率上升，持有货币的机会成本增加，货币需求相应减少。因此，货币需求曲线，如图 3.3 中的 M_d 曲线所示，是一条向右下倾斜的曲线，它表明货币需求是利率的减函数。

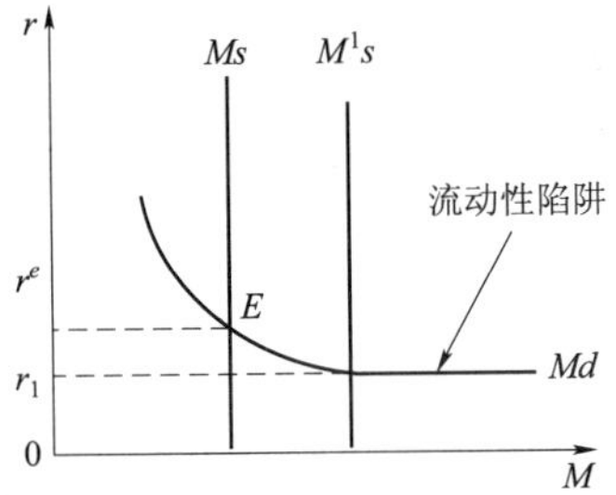

图 3.3 “流动性偏好”利率理论

当 $M_s = M_d$ 时，即货币供给与货币需求相交时所决定的利率就是均衡利率（r^e），如图 3.3 中的 E 点。

在其他条件不变时，货币供给增加，利率下降；货币供给减少，利率上升。货币需求增加，利率上升，货币需求减少，利率下降。因此，利率的升降最终取决于货币供给和货币需求两种力量的强弱对比。

3. “流动性陷阱”

在凯恩斯的流动性偏好理论中，还存在一种特殊的极端情况，就是“流动性陷阱”，它是凯恩斯提出的一种假说，是指当一定时期的利率水平降低至某一非常低的水平时，人们的货币需求趋于无穷大的现象。因为，此时人们会认为，利率只有可能上升而不会继续下降，因而他们将只持有货币，对货币的需求就会无限大，会吸收所有增加的货币供给，因此，即使货币供给增加，也不会导致利率下降。正如图 3.3 中所示的那样，当利率降到一定水平 r_1 时，投资者对货币的需求趋于无限大，货币需求曲线的尾端逐渐变成一条水平线，这就是流动性陷阱。

在流动性陷阱情况下，货币政策将会失效。因为，在这种情况下，不管中央银行的货币供给有多大，人们都宁肯持有货币，而不买进债券。而没有债券的购买，就没有债券价格的上升，也就没有利率的下降，从而中央银行试图通过增发货币以降低利率来达到刺激经济增长的目的难以实现。

凯恩斯认为，流动性陷阱往往发生在萧条时期，此时不管货币供给增加多少，利率不会下降，所以，扩张性货币政策对投资、就业和产出都没有影响。凯恩斯因此认为，危机时期货币政策无效，只有财政政策才能促使经济走出困境。

4. 流动性偏好利率理论的特点

凯恩斯的流动性偏好利率理论具有如下特点：

（1）利率纯粹是一种货币现象，与实际因素无关。流动性偏好利率理论是利率的货币决定理论。该理论认为，利率是由货币市场上货币的供求均衡决定的。货币需求与利率呈反方向变化，货币供应与利率同方向变化，货币供求的均衡点决定利率水平。

（2）货币只有通过影响利率才能影响经济运行。中央银行的货币政策通过变动货币供给量，可以影响实际经济活动水平，但只是在它首先影响到利率这一限度之内。即首先货币供给与货币需求的变化引起利率的变动，再由利率的变动改变投资支出，从而改变国民生产水平。如果货币供给曲线与货币需求曲线的平坦部分（即“流动性陷阱”）相交，则利率不受任何影响，从而货币政策无法影响国民经济。

（3）用存量分析方法。凯恩斯的流动性偏好利率理论是一种存量理论，即认为利率是由某一时点的货币供求量所决定的。

（三）可贷资金利率理论

凯恩斯在流动性偏好利率理论中，将利率完全视为一种货币现象，其高低由货币供求关系所决定，而完全忽视储蓄、投资等实际因素对利率的影响。这一理论一经提出就遭到了许多经济学家的批评。1937 年凯恩斯的学生罗伯逊在古典利率理论的基础上提出了所谓的可贷资金利率理论。这一理论受到了瑞典学派的重要代表俄林等人的支持，并成为一种较为流行的利率理论。

1. 可贷资金利率理论的基本思想

可贷资金利率理论作为新古典学派的利率决定理论，一方面肯定了古典学派考虑储蓄和投资对于利率的决定作用，但同时指出忽视货币因素也是不妥当的；另一方面也反对凯恩斯完全否定实际因素的错误和忽视流量分析。可贷资金利率理论的宗旨是将货币因素与实际因素、存量分析与流量分析综合为一种新的理论体系。

（1）可贷资金供给与可贷资金需求的构成。该理论认为，可贷资金需求来自于两部分：第一，投资 I，这是可贷资金需求的主要部分，它与利率呈负相关关系；第二，货币的窖藏 ΔH，这是指储蓄者并不把所有的储蓄都贷放出去，而是以现金形式保留一部分在手中。这是因为：货币不只是交易媒介，也是储藏手段，储蓄者有可能窖藏一部分货币而不借出。结果，有一部分储蓄不能用作投资；甚至借款者也可能窖藏一部分资金而不用于投资。显然，货币的窖藏也是与利率负相关的，因为利率是货币窖藏的机会成本。

可贷资金供给也来自两部分：第一，储蓄 S，即家庭、企业和政府的实际储蓄，它是可贷资金供给的主要来源，与利率同方向变动。第二，货币供给的增加量 ΔMS，因为中央银行和商业银行也可以分别通过增加货币供给和信用创造来提供可贷资金，它与利率呈正相关。

（2）利率由可贷资金的供给与需求所决定。按照可贷资金理论，利率是使用借贷资金的代价，利率取决于可贷资金供给（L_S）与可贷资金需求（L_D）的均衡点，故可贷资金利率理论可以用公式表示如下：

可贷资金需求 $L_D = I + \Delta H$

可贷资金供给 $L_S = S + \Delta MS$

当利率过到均衡时，则有：$S + \Delta MS = I + \Delta H$

上式中，四项因素均为利率的函数，如图 3.4 所示。在该图中，可贷资金的供给曲线 L_S 与可贷资金需求曲线 L_D 的交点 E 所决定的利率 r_e 即为均衡利率。

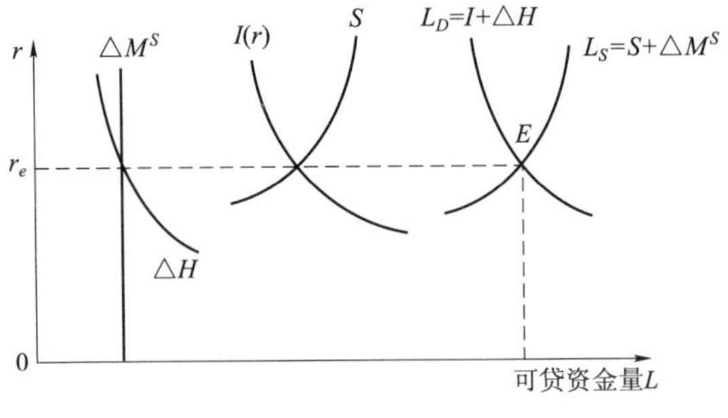

图 3.4　可贷资金利率理论

根据可贷资金理论，从长期的或整个经济的角度来看，使可贷资金供求相等的利率水平，也必然会使储蓄和投资相等。因为由可贷资金的供求所决定的利率是市场利率，而由储蓄和投资所决定的利率为实物利率，或自然利率，若实物利率低于市场利率，则发生超额储蓄。这就会使投资减少，从而使产量和收入都减少，结果导致储蓄减少，*S* 曲线左移，使实物利率上升，最终与市场利率一致。

2. 可贷资金利率理论的特点

（1）它同时兼顾了货币因素和实际因素对利率的决定作用。可贷资金利率理论的主要特点是同时兼顾了货币因素和实际因素，它实际上是试图在古典利率理论的基础上，将货币供求的变动等货币因素对利率的影响综合考虑，以弥补古典利率理论只关注储蓄、投资等实物因素的不足，所以它被称为新古典利率理论。

（2）它同时使用了存量分析和流量分析方法。因为，它在分析利率决定时使用了储蓄与投资，货币窖藏与货币供给等两组变量。前者是流量指标，是在一定时期内发生的储蓄与投资量。后者是存量指标，是在一定时间点上的货币供给与需求量。

可贷资金利率理论的最大缺陷是：在利率决定的过程中，虽然考虑到了商品市场和货币市场，但是忽略了两个市场各自的均衡。当可贷资金市场实现均衡时，并不能保证商品市场和货币市场同时达到均衡。因此，新古典学派的可贷资金利率理论尽管克服了古典学派和凯恩斯学派的缺点，但不是不能兼顾商品市场和货币市场，因而仍然是不完善的。

在西方经济学关于利率决定的分析中，新古典学派在分析利率问题时，加入了国民收入这一因素，提出了著名的 *IS* – *LM* 模型。关于决定均衡利率与均衡收入的 *IS* – *LM* 模型，在西方经济学教科书上有详细的介绍，本书不再赘述。

二、利率水平的影响因素

利率水平一旦确定以后，还应根据一定条件的变化而发生相应的变动，以此才能发挥利率的杠杆作用。决定和影响利率的因素非常复杂，制定和调整利率水平时主要应考虑的因素有：

（一）资本的边际生产效率

资本的边际生产效率的变动会通过货币需求影响利率的变动。在利率水平一定的情况下，资本的边际生产效率提高，投资的预期收益增加，投资需求会因此而增加。投资需求的增加，如果货币供给不变，或货币供给增加的幅度小于货币需求增加的幅度，市场利率就会上升；投资增加又会通过乘数效应增加国民收入，进而增加货币需求，在货币供给既定的情况下，利率也会上升。反之，如果资本的边际生产效率下降，就会产生相反的影响。

（二）资金供求

资金供求影响市场利率的形成。因为，利率是资金的“价格”。在成熟的市场经济条件下，利率水平主要由资金的供求状况决定。当资金供不应求时，利率会上升；当资金供过于求时，利率会下降。利率水平的高低反映资金供求关系，同时也调节资金供求关系。利率政策是国家调节资金供求的重要手段。

（三）物价水平

物价水平是制定利率时必须考虑的一个因素。物价上涨，货币就会贬值。如果存款利率低于物价的上涨幅度，就意味着客户存款的购买力不但没有增加，反而减小了。这就会严重挫伤存款人的存款积极性。如果贷款利率低于通货膨胀率，则意味着银行贷款的实际收益不但没有增加，反而减少了。通货膨胀实际上属于分配范畴，它对债权人来说是一种“无形税收”，对债务人来说是一种“补贴”。所以，当物价上涨时，应适当提高名义利率，使实际利率水平不至于太低，更不能为负数。

（四）银行成本

银行作为吸收存款、发放贷款、办理结算等业务的企业法人，必须以利润为经营目标。银行吸收存款要支付利息，各项业务活动中还有其他费用和开支。银行发放贷款取得的利息收入要能足够抵偿其利息支出以及其他业务费用并有盈余，所以，只有贷款利率高于银行的经营成本，保持合理的存贷款利差，银行才能盈利。当然，银行的全部成本不一定必须完全靠贷款的利息收入去弥补，因为银行的收入构成中除贷款利息收入外，还有中间业务的手续费收入等。

（五）中央银行的贴现率

中央银行的贴现率通常是各国利率体系中的基准利率，它的变动会对利率体系产生决定性影响。中央银行提高贴现率，相应提高了商业银行的借贷资金成本，市场利率会因此而提高。反之，中央银行降低贴现率，就会降低市场利率。

（六）国家经济政策

利率政策是国家整个经济政策的一个组成部分，应当与其他经济政策协调配合，制定利率必须以国家经济政策和经济发展战略作为重要依据。国家在一定时期制定的经济发展战略、速度和方向，决定了资金的需求状况以及对资金流向的要求。

在影响利率的宏观政策中，尤以财政政策的影响较明显。财政政策对利率的影响主要是财政收支的变动。从支出方向看，当政府财政支出增加时，通常会影响借贷资金的需求，同时会引起投资需求增加和收入增加，结果会引起利率上升。从收入方面看，在既定的收入水平下，增加政府收入，就会直接降低家庭部门和企业部门的可支配收入水平，减少他们的储蓄和投资，引起国民收入下降，货币需求会相应减少，在货币供给不变的情况下，利率水平会下降。

（七）国际利率水平

在开放的经济条件下，资本可以自由流动，因而国际利率水平对国内利率的影响较大。如果国内利率高于国际利率水平，资本将大量涌入，导致国内金融市场上资金供大于求，国内利率会下降；反之，如果国内利率低于国际利率水平，则资本将流出，国内资金供不应求，国内利率将上升。

第四节 利率的风险结构与期限结构

一、利率的风险结构

在市场经济国家，由于债券以及类似金融工具在经济生活中占有极其重要的地位，因而，出现了关于利率结构问题的研究。这一问题主要包括利率的风险结构与期限结构。在债券市场上，我们会看到这种现象：具有相同期限的债券其收益率不同，而且，随着时间变化，这种差异也会变化。比如，在20世纪30年代，美国市政债券收益高于政府债券，但是在这之后却相反；在大危机的1930～1933年，信用级别为Baa级的公司债券收益率与政府债券收益率的差异相当大，但是在20世纪40年代到60年代这差异却缩小了。是什么因素引起了这些变化呢？利率的风险结构（The Risk Structure of Interest Rate）正是回答这一问题的。

（一）违约风险

违约风险是指当债券到期时，债券发行人无力或不愿意兑现债券本息而给投资者带来损失的可能性。比如一个面临巨额亏损的公司，其违约风险相当大；相反，政府债券通常被认为没有违约风险，因为政府能够通过增加税收来保证其偿还能力。因此，政府债券被称为无风险债券（Default-free Bonds）。

违约风险债券与无违约风险债券的收益率之间的差额就是风险补偿（Risk

Premium)，它表明投资者承担风险的额外收益。由于违约风险是风险补偿中较重要的组成部分，债券的购买者就必须了解公司是否存在违约风险。两大投资咨询公司——穆迪投资者服务公司和标准普尔公司通过信用评级来提供公司违约风险信息，见表 3.2 所示。

表 3.2　　穆迪投资者服务公司和标准普尔公司的信用评级情况

级别		
穆迪	标准普尔	描述
Aaa	AAA	最高级（违约风险最低）
Aa	AA	高级
A	A	中上级
Baa	BBB	中等
Ba	BB	中等偏下
B	B	投机
Caa	CCC，CC	差（违约风险高）
Ca	C	高度投机
C	D	最低信用级别

根据表 3.2，信用级别在 BBB 级或以上的公司，其违约风险相对较低，其发行的债券被称为投资级证券（Investment-grade Securities）；信用级别在 BBB 以下公司，其违约风险较高，其发行的债券被称为投机证券或垃圾证券（Junk Bonds）。

（二）流动性

影响债券收益率的第二个因素就是流动性。正如第一章所述，流动性资产是指能够迅速和低成本地转换为现实购买力的资产。流动性越高的资产，人们对其的需求越旺。在所有长期债券中，政府债券是流动性最高的资产，因为其交易市场非常活跃。而公司债券由于其交易规模有限，其流动性就较低。

显然，当人们投资于流动性较低的债券时，投资者对由于流动性不足所带来的损失有补偿的要求，这种补偿就是流动性补偿（liquidity premium）。结果，流动性低的公司债券的收益率就高于流动性高的政府债券。

（三）税收差异因素

在美国，我们发现地方政府发行的市政债券的收益率低于联邦政府债券。这种现象的惟一解释是市政债券免交联邦税，人们预期其收益增加，从而需求旺盛，导致其价格上升，从而收益率下降。

让我们假设：你的收入应缴纳的适用税率是35%，如果你拥有票面额为1 000美元的美国政府债券，平价销售并得到100美元的利息收入。但是，纳税后你的收入其实只有65美元。同样，假设你拥有票面额为1 000美元的市政债券，平价销售，得到80美元的利息收入。尽管其收益率只有8%，但是，由于它是免税债券，因此，你的税后收益仍是8%。明显地，你投资于市政债券的税后收益率高于政府债券，因此，即使市政债券的票面收益低于政府债券，你也会更加愿意持有风险高于政府债券、流动性低于政府债券的市政债券。

二、利率的期限结构

影响债券利率的另一重要因素是它的期限，具有相同风险、流动性及税收待遇的债券，其利率随剩余到期日时间长短而不同，这就是利率的期限结构（Term Structure of Interest Rate）。利率的期限结构理论研究的是到期收益率与到期期限之间的关系。把期限不同但风险、流动性都相同的债券的收益率连成一条曲线，这条曲线称为收益率曲线（Yield Curve）。收益曲线可以划分为向上倾斜、平坦以及向下倾斜三种典型类型，如图3.5所示。

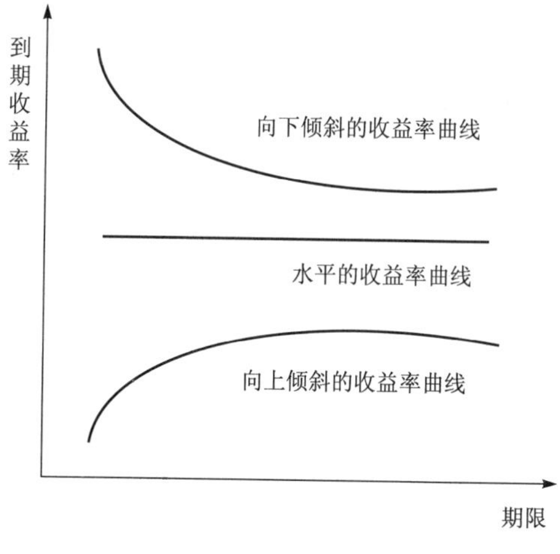

图3.5 收益率曲线示意图

利率期限结构理论除了解释收益曲线在不同的时段内具有不同形状的原因外，还必须解释以下三种重要的经验事实：

事实 1：不同期限债券利率随时间一起波动。

事实 2：短期利率低，收益率曲线向上倾斜；长期利率低，收益率曲线向下倾斜。

事实 3：收益率曲线几乎总是向上倾斜的。

对此进行说明的主要有预期理论、市场分割理论和流动性升水理论等。预期理论虽然能很好地说明上述三个事实中的前两个，但却不能说明第三个事实；市场分割理论能解释第三个事实，却无法解释前两个事实；流动性升水理论能很好地解释前述三个事实。

（一）预期理论

预期理论（Expectations Theory）将金融市场视为一个整体，强调不同期限证券间的完全替代性。长期债券的利率等于债券生命期内短期利率的平均值，比如，如果人们预期在未来 5 年内的短期平均利率为 10%，则 5 年期的长期债券的利率也就是 10%。为了证明这一点，假设现在有一元钱，欲进行两年的投资。将有两种投资策略：

第一，短期策略：投资 1 年期债券，到期后再投资 1 年期债券；

第二，长期策略：投资 2 年期债券，持有到期。

设 i_t 为 1 年期债券的利率（短期利率）；i^e_{t+1} 为预期的下一期的短期债券的利率；i_{2t} 为 2 年期债券的利率（长期利率），由于预期理论假设市场是完善的，因此，以上两种投资策略的所得应该是相等的，否则，人们会进行套利，直至二者相等时为止。

所以，有：

$$(1+i_t)(1+i^e_{t+1})=(1+i_{2t})^2 \tag{3.21}$$

整理上式，并将利率相乘忽略不计，得到下式：

$$i_{2t}=\frac{i_t+i^e_{t+1}}{2} \tag{3.22}$$

一般地，下式成立：

$$i_{nt}=\frac{i_t+i^e_{t+1}+i^e_{t+2}+\cdots+i^e_{t+(n-1)}}{n} \tag{3.23}$$

上式表明，n 年期债券的利率等于未来 n 年内短期利率的平均值。因此，预期理论认为，长、短期债券的收益率关系及收益率曲线的形状惟一取决于对未来短期利率的预期。若预期的各短期利率高于现行短期债券利率，则当前长期债券利率高于短期债券利率，收益率曲线向上倾斜；反之，若预期的各短期利率低于现行短期债券利率，则当前长期债券利率低于短期债券利率，收益率曲线向下倾斜；如果投资者预期短期利率保持不变，则收益率曲线呈水平状。

预期理论可以解释前述事实1——不同期限债券利率随时间一起波动。一般来说，短期利率具有今天上升，明天进一步上升的特点。因此，短期利率上升将提高人们对未来短期利率的预期。因为长期利率与未来短期利率预期的平均值相等，所以短期利率上升也将提高长期利率，使得短期利率与长期利率同方向变动。

预期理论可以解释前述事实2——如果现在短期利率低，则收益率曲线向上倾斜，如果现在短期利率高，则收益率曲线向下倾斜。因为如果现在短期利率低，人们预期它将升至某个正常水平，这会导致未来短期利率预期平均值上升，长期利率将大大高于当前的短期利率，收益率曲线因此向上倾斜。反之亦然。

但是，预期理论无法对前述事实3——即收益率曲线通常总是向上倾斜作出解释。因为，实际中，短期利率预期可能上升，也可能下降。

预期理论强调：当事人对于特定期限的债券没有任何偏好，他选择某种债券的决策完全取决于该债券预期收益率的高低。这显然并不是问题的全部，比如，有时人们更喜欢短期债券，因为人们对流动性有偏好。

（二）市场分割理论

市场分割理论（Segmented Markets Theory）假设市场是由无数个偿还期不同的债券所组成，而且，彼此完全隔绝。因此，长短期证券完全不能相互替代，无论投资者还是借款者都有强烈的期限偏好和期限需求，资金借贷双方完全在各自特定的期限内借贷资金，不会因为不同期限收益率的差异而放弃或改变他们的需求期限范围。例如，商业银行的主要负债是短期的，因此在资产方面也偏重于发放短期贷款或购买短期债券。而保险公司的情况则恰好相反，它的负债主要是长期的，因此它的资产需求就偏重于长期。这样，不同的期限需求便形成了若干资金供求条件不同的市场。

短期利率只取决于短期资金市场的供求，同样地，长期利率也只取决于长期资金市场的供求。如果短期债券供不应求的情况比长期债券突出，则短期债券利率可能高于长期债券利率，收益率曲线呈下降形状；反之则呈上升形状。

分割市场理论可以解释前述事实3，即典型的收益率曲线是向上倾斜的。因为，大多数投资者是风险厌恶者，他们偏好期限较短、风险较小的债券，对短期债券的需求比对长期债券的需求大，因此，短期债券价格较高，收益率较低，导致收益率曲线向上倾斜。

但是，市场分割理论却无法解释前述事实 1 和事实 2。因为它将不同期限的债券市场看作完全分割的市场，所以，一种期限债券的利率上升不会影响其他期限债券的利率。而事实 1 恰恰表明不同期限债券的利率是一起波动的。该理论不能确定长期债券能否随短期债券供求变化而变化，而事实 2 恰恰说明短期利率较低时收益曲线向上倾斜、短期利率较高时收益率曲线向下倾斜，所以该理论也不能解释事实 2。

（三）流动性升水理论

流动性升水理论（Liquidity Premium Theory）认为，长期债券的利率等于其生命期内短期债券利率的平均值加上流动性升水，后者也称为期限补偿（Term Premium）。

流动性升水理论假设不同期限的债券是可以相互替代的，即一种期限债券的收益率会影响另一种不同期限债券的收益率变化。但是，该理论又承认了投资者的期限偏好。大多数投资者偏好流动性较高的短期证券，为了吸引投资者购买长期债券，必须向他们支付一定的流动性补偿。所以，该理论得出结论：长短期债券之间不具有完全的替代性。同一时间间隔内长期债券收益应高于各短期债券收益之和，二者之间的差额为流动性补偿，它是风险报酬的重要组成部分。假定流动性补偿 L_{nt}，则有：

$$i_{nt} = \frac{i_t + i_{t+1}^t + i_{t+2}^e + \cdots + i_{t+(n-1)}^e}{n} + L_{nt} \tag{3.24}$$

运用流动性升水理论不难对前述事实 1 作出解释，即由于短期利率上升，导致未来短期利率平均值更高，长期利率随之上升，所以不同期限债券利率随时间一起波动。

由于流动性升水理论事实上是假设预期理论存在的，因此，这种理论也能解释前述事实 2：当短期利率偏低，投资者通常预期它将升至某个正常水平，这就形成正值的期限补偿，长期利率将大大高于当期短期利率，收益率曲线随之陡直地向上倾斜；相反，如果短期利率偏高，人们通常预期其将下降，由于未来长期利率预期平均值低于当期短期利率，因此，长期利率将低于短期利率，期限补偿为负值，收益率曲线向下倾斜。

该理论还能解释前述事实 3，即典型的收益率曲线总是向上倾斜的。因为，投资者偏好短期债券，故随着债券期限延长，期限补偿亦相应增加，即便未来短期利率预期平均值保持不变，长期利率也将高于短期利率，从而使得收益率曲线总是向上倾斜。

流动性升水理论对收益率曲线形状的修正见图 3.6 所示。在 3.6（a）中，如果预期未来短期利率上升，加上流动性补偿，则使收益率曲线陡峭地上升；在 3.6（b）

中，如果预期未来短期利率不变，加上流动性补偿，收益率曲线也会轻微地上升，而不是如预期理论所解释的那样收益率曲线呈水平状；在 3.6（c）中，如果预期未来短期利率轻微下降，加上流动性补偿，则收益率曲线呈水平状，而不是如预期理论解释的那样呈下降形状；在 3.6（d）中，如果预期未来短期利率剧烈下降，加上流动性补偿，则收益率曲线也只是平缓下降。

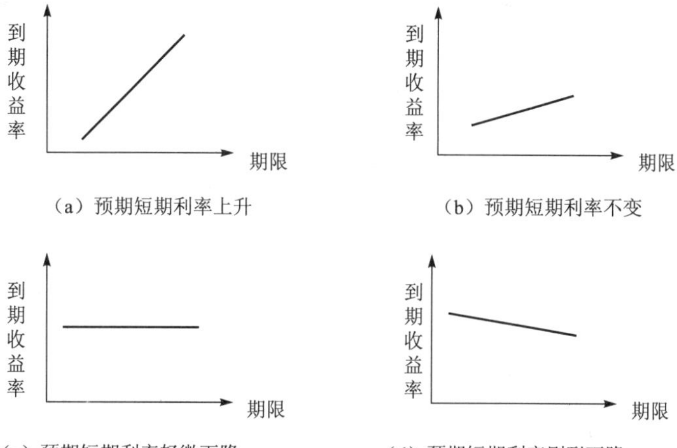

（a）预期短期利率上升　（b）预期短期利率不变

（c）预期短期利率轻微下降　（d）预期短期利率剧烈下降

图 3.6　流动性升水理论对收益率曲线的解释

利率期限结构对于金融活动具有十分重要的意义。各种债券价格的制定都是以它为基础的。比如，某个被评为 AA 级的企业欲发行 5 年期债券，债券的发行价格以及票面利率的确定就需要参照这个时候市场上同期国债的收益率，并考虑在它的基础上按照风险程度所应增加的百分点，形成该企业债券的收益率；然后在企业债券收益率的基础上确定债券的发行价格或者债券的票面利率。

案例分析

选债高招：锁定到期收益率

2005 年 7 月 25 日，张女士怎么也没想到，自己在 2004 年 11 月 22 日以每份 98.7 元的价格买进的 1 万元 04 七期国债，眼下一路飙升到 110 元的高价，除了每份赚取近 12 元差价以外，还按 4.71% 的年利率享受了近 10 个月的利息，1 万元一下子增加了 1 500 多元的收益。折合成年利率，张女士可是享受到了一分八的高息存款。李先生看到张女士的收益颇丰，不由心跳加速，跃跃欲试，找专业人士一打听，才发现张女士购买时该国债的到期收益率接近5%，而眼下仅为2.7%，还不如三年期银行存款，目前并不适合投资。

李先生不禁对到期收益率产生了兴趣：如果通过手工可以算出到期收益率，普通投资者不是也能成为债券市场的高手吗？

国债价格虽然没有股票那样波动剧烈，但它品种多，期限、利率各不相同，常常让投资者眼花缭乱、无从下手。其实，投资国债毋须了解太多，仅仅靠一个到期收益率即可对眼下的投资正确与否给以正确的判断。到期收益率 = [固定利率 + (到期价 - 买进价) / 持有时间] / 买进价，以张女士买进的国债为例，固定利率为4.71%，到期价为100元，买价为98.7元，到期日2011年8月25日，持有时间为2 433天，除以360天后折合为6.75年，那么到期收益率就是(4.71% + 0.19%)/98.7 = 4.96%。用同样的方法，我们也可以计算出该国债在2005年7月25日达到110元时的到期收益率：[4.71% + (100 - 110)/(2 190/360)]/110 = 2.7%。

一旦我们掌握了国债的收益率计算方法，就可以随时计算出不同国债的到期或持有期内收益率。准确计算你所中意的国债收益率，才能与当前的银行利率作比较，作出投资决策。

思考题：如何理解到期收益率在债券投资决策中的作用？

复习思考题

1. 解释下列概念：

现值、终值、到期收益率、利率期限结构、利率风险结构

2. 票面额都是1 000元的A、B两只债券，其中，债券A的票面利率15%、20年到期、销售价格800元；债券B的票面利率5%、一年到期、销售价格800元，问哪一只债券的到期收益率较高？

3. 大多数公司经常每隔两、三年就更换电脑。假定电脑的价格是20 000元，而且在三年内完全折旧掉（即没有任何销售价值）。

(1) 如果电脑设备的融资成本为i，请用公式表示这台电脑应该带来多少收入才使该公司认为值得购买？

(2) 如果电脑在三年内不完全折旧掉，问题(1)会有什么不同呢？假设其再销售价值为2 500元；

(3) 如果电脑设备的融资成本为10%，请重新计算问题(1)。

4. 假设当前利率为3%，一张5年期、票面利率为5%、票面额为1 000元的债券价格是多少？当利率上升为4%时，债券价格将会发生什么变化？

5. 下列票面额为 100 元的债券哪一个到期收益率高？为什么？

（1）票面利率为 6%，销售价格为 85 元；

（2）票面利率为 7%，销售价格为 100 元；

（3）票面利率为 8%，销售价格为 115 元。

6. 简述古典利率理论的主要内容及特点。

7. 流动性升水理论是如何分析利率的决定的？它与可贷资金理论有何联系？

8. 预期理论是如何解释收益率曲线的？

9. 流动性升水理论是如何解释收益率曲线的？它与预期理论有何不同？

10. 市场分割理论是如何解释不同形状的收益率曲线的？

11. 假设预期理论是利率期限结构的合理解释，给定未来 5 年内的一年期利率，请分别计算 1 年期到 5 年期的利率，并画出收益率曲线。

（1）5%、7%、7%、7%、7%；

（2）5%、4%、4%、4%、4%。

12. 试分析影响利率水平的实际因素。

第四章　金融市场

✓ 本章摘要

作为金融工具流通的重要场所——金融市场是货币银行学的重要内容之一。本章在介绍金融市场的基本概念基础上，重点分析货币市场、资本市场以及作为金融创新的金融衍生工具市场的主要特征及其运行机制。

✓ 本章关键词

金融市场　　货币市场　　资本市场　　金融衍生工具

✓ 学完本章，你需要掌握

- 金融市场的基本概念及特征
- 货币市场的主要构成及其内容
- 一级市场的发行方式
- 二级市场的主要构成及其特征
- 金融衍生工具市场的主要构成及其内容

第一节　金融市场概述

一、什么是金融市场

市场是提供资源流动和资源配置的场所。金融市场（Financial Market）是指货币资金融通和金融资产交换的场所。在这个市场上进行资金融通，实现借贷资金的集中和分配，完成金融资源的配置过程。通过金融市场上对金融资产的交易，最终可以帮助实现社会实物资源的配置。

按照以上的理解，广义的金融市场应当包括所有的融资活动，例如，银行以及非银行金融机构的借贷活动；企业通过发行债券、股票实现的融资活动；投资者通过购买债券、股票实现的投资过程；通过租赁、信托、保险等种种途径所进行的资金的集中与分配活动等。但是，在日常生活中，通常将金融市场限定在有价证券交易的范围，比如，股票市场、债券市场等，这便是狭义的金融市场概念。

金融市场的交易对象是金融工具。无论是银行的存贷款，还是证券市场上的证券交易，都需通过金融工具的交易来实现。各种金融工具代表的是各类金融资产，一个健康完善的金融市场应该向其参与者提供众多的可供选择的金融工具。因而，金融工具的数量和质量是决定金融市场效率和活力的关键因素。

二、金融市场的运作流程

金融市场的交易是在市场参与者之间进行的。为了概括描述金融市场的运作流程，需要对金融市场的参与者分类。依据参与者的交易特征，可以将他们分为资金盈余单位、资金赤字单位和中介机构三类。个人、企业、政府和国外部门有时是盈余单位，有时是资金赤字单位；至于中介机构，则是专门从事金融活动的金融机构，包括商业银行、保险公司、投资银行等。以上当事人的资金融通过程，可以粗略地分为两大类，即直接融资与间接融资。

（一）直接融资和间接融资

1. 直接融资

直接融资（Direct Finance），也称为直接金融，是指货币资金直接从资金供给者流向资金需求者，是货币资金的供给者和需求者之间直接发生信用关系的融资方式，尽管金融中介机构有时也参与直接融资活动，但其主要作用是代理资金需求者进行筹资活动。在这种融资方式下，货币资金的供给者把资金的使用权转让给货币资金的需求者，同时获得一种金融资产（直接金融工具），这样就实现了储蓄向投资的转化。在交易中常表现为货币资金供求双方直接协商或在公开市场上由货币资金供给者直接购入货币资金需求者发行的债券或股票，从而实现资金融通。通常情况下，由经纪人或证券商来安排这类交易。直接融资的主要特征是：货币需求者自身直接发行融资凭证给货币资金供给者，证券商、经纪人等中介人员只是牵线搭桥并以此收取佣金。服务于直接融资方式的金融工具，称为直接金融工具，包括由非金融机构如政府、工商企业和个人所发行或签署的国库券、股票、债券和抵押契约等各种形式的融资工具。

直接融资过程如图 4.1 所示。

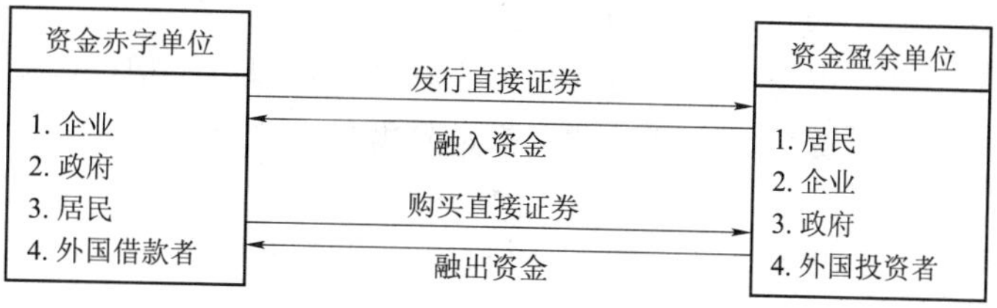

图 4.1　直接融资过程示意图

2. 间接融资

间接融资（Indirect Finance），也称为间接金融，是指货币资金的供给者和货币资金的需求者之间的资金融通通过各种金融机构中介的资产负债业务来进行的融资活动。按照这种方式，货币资金的供给者首先将货币资金的使用权转让给银行或其他金融机构，并获得一种金融资产（间接金融工具），而后金融机构再将资金贷放给货币资金的需求者或购买某种直接金融证券，以此实现资金的融通。间接融资的主要特征是：金融中介自身发行间接证券，将货币资金供给者的货币资金集中起来并提供给其需求者。服务于间接融资方式的金融工具，称为间接金融工具，包括由金融机构发行的存款账户、可转让存单、人寿保单等各种形式的借据。

间接融资过程如图 4.2 所示。

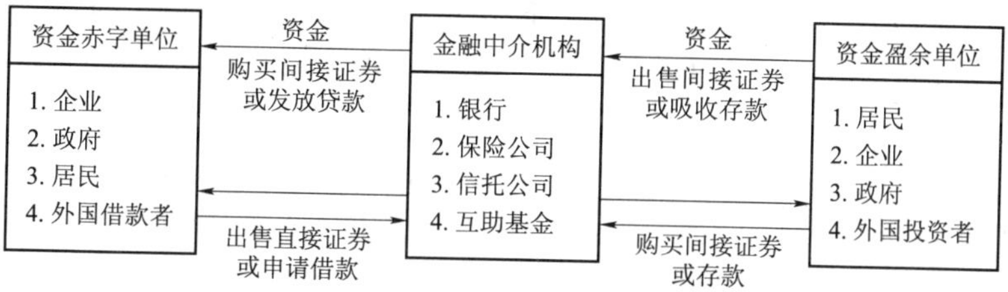

图 4.2　间接融资过程示意图

（二）直接融资和间接融资的优缺点

直接融资和间接融资两种方式各有利弊，二者不能相互替代，共同满足各种经济体对资金的多样化需求。

1. 直接融资的优缺点

直接融资的优点主要有：

（1）直接融资能使资金需求者获得使用上不受限制的长期资金来源。同时资金需求者能够根据自身需要发行不同期限、种类的证券来筹集资金，而不像间接融资的情况下，资金需求者只能选择接受金融机构规定的严格限制和监督。

（2）直接融资把资金供求双方直接置于市场机制的作用之下，并按市场确定的价格来进行资金交易，市场机制促使货币资金在社会监督之下把资金配置到最有效的投资项目中。从而引导资金的合理流动，推动资源的合理配置。

（3）直接融资有加速资本积累的杠杆作用。直接融资过程实际上就是资金（资本）的集中过程，它利用股票和债券，把闲置的资金集中起来，形成巨额资金，使那些需要巨额资金的部门、企业得以迅速发展，推动社会生产规模的扩大，从而推动资本的积累和国民经济的发展。

直接融资的缺点主要有：

（1）进入门槛较高。各国证券法都规定了进入金融市场的条件，这些条件对于一些中小企业来说很难达标，因而很难利用该市场筹措资金。

（2）需要一定的专业知识。无论是发行证券还是投资证券都需要一定的专业知识作为储备。

（3）资金供给方承担了较多的风险：因为，直接融资中资金供给者缺乏对资金需求者有效的监督机制，购买证券的投资者对投资对象的财务、经营状况往往缺乏必要了解。

2. 间接融资的优缺点

间接融资的优点主要是：

（1）有助于减少信息成本与合约成本。间接融资中的金融机构是专业化的投资机构，拥有丰富的专业技能和良好的条件，可以方便快捷地获取所需资料，节约了社会成本。

（2）通过资产多样化降低风险。金融机构由于能聚集许多货币资金供给者的剩余资金，可以将资金投资于各种不同的资产和证券上，从而达到分散投资、规避风险的效果。

（3）实现期限转化，发挥短借长贷的作用。由于金融机构能比较精确地预测提款分布的概率，并持有少量足够的储备来应付这类提款。因此即使资金供给者仅仅提供短期存款，金融机构也能使借款者获得长期贷款，从而起到短借长贷的作用。

（4）金融机构发行的间接证券，其流动性比直接融资发行的直接证券高。虽然大部分间接融资证券的收益性要低于同类的直接融资证券，但其流动性方面的优势满足了许多谨慎投资者的需要。

间接融资的缺点在于，它割断了资金供需双方的联系，从而增加了资金借贷双方对金融机构的依赖程度。

三、金融市场的分类

金融市场是一个大系统，这一系统由许多具体的、相互独立但又有紧密关联的市场组成，可以用不同的划分标准进行分类。

（一）按照金融工具的期限划分为货币市场和资本市场

货币市场（Money Market），是交易期限在1年以内的短期金融工具交易市场，其作用是满足交易者对资金的流动性需求，包括银行短期信贷市场、银行同业拆借市场、商业票据市场、银行承兑汇票市场、可转让大额定期存单市场等。

资本市场（Capital Market），是交易期限在1年以上的长期金融工具交易市场，其作用是满足中长期的投资需求和政府弥补财政赤字的资金需要，包括银行的长期信贷市场和长期有价证券交易市场，如股票、债券市场等。

（二）按照金融工具的性质分为债务市场与股权市场

资金赤字单位在金融市场上可以通过两种方式筹集资金。最普遍的一种方式是通过各种债务工具（Debt Instrument），如发行债券或申请抵押贷款，这种工具是一种契约性合同，标明在未来一定时间、一定利率，由借款者向贷款者支付一定的利息及偿还本金。到期日在1年以内的称为短期债务工具；到期日在10年或者更长的称为长期债务工具；到期日在1～10年之间的称为中期债务工具。

筹集资金的另一种方式是发行股权证书（Equities），如普通股，它代表一种对公司净资产的要求权以及公司资产的索偿权。股份公司定期向股东支付股利（Dividends）。由于股票无到期日，故称为长期证券。

（三）按照金融工具的交割期划分为现货市场和期货市场

现货市场（Spot Market），一般是指在成交后1～3个营业日内立即付款交割的市场。

期货市场（Futures Market），是指在成交日之后合约所规定的特定日期，如几周、几个月之后进行交割。较多采用期货交易形式的，主要是证券、外汇、黄金等市场。20世纪70年代以来，金融期货交易的形式越来越多样，其交易量已大大超过现货交易的数量。

（四）按照资金的融通范围划分为国内金融市场和国际金融市场

国内金融市场（Domestic Financial Market），其融资范围限于本国领土之内，双方当事人为本国的自然人与法人，以及依法享受国民待遇的外国自然人与法人。

国际金融市场（International Financial Market），其融资范围超越国界，其范围可以是整个世界，也可以是某一个地区，如中东地区、加勒比地区、东南亚地区，等等。双方当事人是不同国家和地区的自然人与法人。

四、金融市场的功能

金融市场通过组织金融资产及金融产品的交易，发挥着重要的经济功能。

（一）实现资金从储蓄向投资的转化，促进经济效率的提高

金融市场通过金融资产、金融产品的交易，促使储蓄转化为投资，从而促进经济效率的提高。金融市场这一功能的重要性，是因为有闲置资金的个体往往并不是有投资机会的个体。我们假设张某拥有1 000元的积蓄，如果没有金融市场，又找不到一个能赚钱的投资机会的话，则他将只能持有1 000元现金而没有任何额外收益。假设李某拥有一个需要1 000元资本、并能赚得年收益200元的投资机会。如果张某能与李某联系上，并将1 000元贷给他，就能获得年收益100元的利息，李某也能获得100元的投资收益。这样，二人的福利都得到了提高。但是，在缺乏金融市场的情况下，张某与李某的需求也许永远不会碰在一起，没有金融市场，很难实现资金从储蓄向投资的转化。因此，金融市场是促进经济效率提高的必要路径。

（二）降低交易的搜寻成本和信息成本

如上面的例子，张某与李某要联系到一起，就必须付出搜寻成本和信息成本。所谓搜寻成本是指寻找合适的交易对方所产生的成本。信息成本是在评价金融资产价值的过程中所发生的成本。如果没有金融市场，张某要寻找到正好需要1 000元投资、且能支付100元利息的贷出机会是相当困难的，即便张某很幸运，找到了李某，还要对李某进行资信评价，这也需要时间与成本。金融市场之所以能帮助降低搜寻成本和信息成本，是由于在金融市场上有专业的金融机构和咨询机构，这些中介机构拥有众多的市场信息，能够便利地帮助投资者找到投资机会，将资金供需双方联系在一起。而且，众多的中介机构之间的业务竞争，还可以使搜寻成本和信息成本大大降低。

（三）金融市场的定价机制能够引导资金合理流动，实现资源的有效配置

企业资产的内在价值——包括企业债务的价值和股东权益的价值——是多少，只有通过金融市场交易中买卖双方相互作用的过程才能“发现”。即必须以该企业有关

的金融资产由市场交易所形成的价格作为依据来估价，而不是简单地以会计报表的账面数字作为依据来计算。例如，没有微软公司股票的公开发行和交易，人们就不会发现微软公司的巨大价值，比尔·盖茨的个人财富也不会升入世界首位的序列。金融市场的这种定价功能有助于引导资金合理流动，实现资源的有效配置。因为，资金是按照金融资产的价格或者收益率的指引在不同部门之间流动的。价格信号的真实与否，决定了资源配置的有效与否。

（四）为金融资产提供充分的流动性

金融市场的存在可以帮助金融资产的持有者将资产出售、变现，因而发挥提供流动性的功能。如果没有金融市场，人们将不愿意持有金融资产；企业可能因为金融产品发行困难无法筹集到足够的资金，进而影响正常的生产和经营。

（五）实现风险分散和风险转换

金融市场的多种投资工具能够为投资者实现分散和转移投资风险的目的。这一功能更多地是通过衍生金融产品来实现。

（六）为金融间接调控体系的建立提供了基础

金融间接调控体系的建立必须依靠发达的金融市场传导中央银行的政策信号，借助于金融市场的价格变化引导各微观主体的行为。在中央银行货币政策工具中，以短期国债为主要交易工具的公开市场业务操作是最主要的手段，中央银行据以吞吐基础货币，影响商业银行的超额准备和同业拆借市场利率，进而影响金融机构的信用扩展能力。同时，发达的金融市场内部，由于套利的作用，各子市场之间存在高度的相关性，货币市场的变化将会迅速地在资本市场得到反映，通过资本市场的行市变化进一步扩大货币政策的影响范围。

第二节 收益与风险

金融市场的重要功能之一，就是为投资者提供风险分散和风险转移。但是，风险是不可能因此而消失的，风险与收益是一对孪生兄弟。在金融市场进行投资，首先要理解的概念就是收益与风险，因为它影响到投资者对资金资产的选择及风险分散的程度。本节对此进行回答，以此作为在金融市场进行投资的基础性知识。

一、收益的度量

风险与收益是任何投资决策时必须考虑的一对矛盾，因为风险与收益是对称的，高风险则高收益，低风险则低收益，或者说，所有的收益都是要经过风险调整的。因此，既然投资面临着未来的不确定性，因此，“收益”实际上就是投资者在投资之前对未来各种收益率的综合估计，即“预期收益率”。从数学角度看，预期收益率实际上是收益率这个随机变量的数学期望值，计算公式为：

$$E(r) = \sum_{i=1}^{n} r_i p_i \tag{4.1}$$

式中，$E(r)$表示某种资产的预期收益率，n 表示可能遇到的 n 种市场情况，ri 表示该资产在第 i 种市场情况下的收益率，P_i 表示第 i 种市场情况出现的概率，n 种市场情况出现的概率之和等于1。

二、风险的度量

风险是指未来收益的不确定性，可以用对预期收益率的偏离来反映。因此，引入数学上的方差概念，就可以对风险进行定量分析。方差的公式为：

$$\sigma^2 = \sum_{i=1}^{n} [r_i - E(r)]^2 P_i \tag{4.2}$$

在实践中，人们习惯于用方差的平方根，即标准差来衡量风险，即

$$\text{标准差} = \sigma = \sqrt{\sigma^2}$$

假设投资者要在 A、B、C 三种资产中选择一种资产进行投资。估计第二年每个资产的收益率可能有4种结果，每一个估计的结果都有一个确定的概率与之对应。如表4.1。根据以上公式可以计算出 A、B、C 三种资产的收益率与风险。

表 4.1　A、B、C 三种资产的收益分布情况表

结果＼收益情况＼资产	A		B		C	
	r_i	P_i	r_i	P_i	r_i	P_i
1	0.20	0.20	1.0	0.05	0.40	0.10
2	0.14	0.25	0.6	0.20	0.20	0.30
3	0.10	0.30	0.1	0.70	0.05	0.40
4	0.04	0.25	−1.0	0.05	0.00	0.20

根据公式 4.1，则有：

$$E(r_A)=0.20\times0.20+0.14\times0.25+0.10\times0.30+0.04\times0.25=11.5\%$$

$$E(r_B)=1.00\times0.05+0.6\times0.20+0.10\times0.7+(-1.00)\times0.05=19\%$$

$$E(r_C)=0.40\times0.10+0.20\times0.30+0.05\times0.40+0.00\times0.20=12\%$$

知道了期望收益率，就可以用收益率与期望收益率的偏离程度来计算收益的风险。根据公式 4.2，有

$$\sigma_A=[(0.20-0.115)^2\times0.20+(0.14-0.115)^2\times0.25+(0.10-0.115)^2\times0.30+(0.04-0.115)^2\times0.25]^{\frac{1}{2}}=5.55\%$$

$$\sigma_B=[(1.00-0.19)^2\times0.05+(0.6-0.19)^2\times0.20+(0.10-0.19)^2\times0.7+(-1.00-0.19)^2\times0.05]^{\frac{1}{2}}=32.39\%$$

$$\sigma_C=[(0.40-0.12)^2\times0.10+(0.2-0.12)^2\times0.30+(0.05-0.12)^2\times0.40+(0.00-0.12)^2\times0.20]^{\frac{1}{2}}=12.08\%$$

那么，投资者如何在以上三种资产中进行选择呢？这里要引入变异系数的概念，所谓变异系数（Coefficient of Variance，简称 CV），是指：标准差与期望值（或平均值）之比，用于表示资产收益率波动的相对程度，即获得单位预期收益率应该承担的风险大小的指标，该值越小越好。

$$\text{变异系数}=CV=\frac{\text{标准差}}{\text{预期收益率}}=\frac{\sigma}{E(R)} \tag{4.3}$$

根据公式 4.3，上述三种资产的变异系数分别为：0.48、1.70 和 1.01，因此，假定投资者是风险厌恶的，根据收益与风险的关系，应选择资产 A 进行投资。

三、资产组合的收益与风险

金融学的一个基本假设是投资者是不喜欢风险的，而降低风险的一种有效方法就是构建多样化投资的资产组合，或者说“不把所有的鸡蛋放在一只篮子里”。

资产组合的预期收益率 $E(r_p)$ 是资产组合中所有资产预期收益率的加权平均值，其计算公式如下：

$$E(r_p)=\sum_{j=1}^{m}E(r_j)w_j \tag{4.4}$$

式中，$E(r_j)$表示第 j 种资产的预期收益率；w_j 表示第 j 种资产在资产组合中所占的比重；m 是资产组合中的资产种类数。

但是，资产组合的风险并不是单个资产风险的简单加权平均，它不仅与单个资产的风险有关，还与各种资产之间的相关性有关。因为多种资产的收益率之间可能存在不同的相关关系：可能是正相关，可能是负相关，也可能不相关。正相关关系越强，通过组合投资降低风险的程度就越低；负相关关系越强，通过组合投资降低风险的程度就越高。

表达变量之间关系，在统计中采用协方差与相关系数。这样，资产组合收益率的风险计算公式为：

$$\sigma_P=\left[\sum_{i=1}^{n}w_i^2\sigma_i^2+2\sum w_iw_j\sigma_i\sigma_j\rho_{i,j}\right]^{\frac{1}{2}}\quad(0\leqslant i<j\leqslant n) \tag{4.5}$$

式中，σ_P 表示资产组合的风险度；ρ_{ij}表示第 j 种资产收益率和第 i 种资产收益率之间的相关系数，其取值在［-1，1］之间。

以两种资产的组合为例，资产组合的风险为：

$$\sigma_P=[w_1^2\sigma_1^2+w_2^2\sigma_2^2+2w_1w_2\sigma_1\sigma_2\rho_{1,2}]^{\frac{1}{2}} \tag{4.6}$$

当两种资产收益率之间为完全正相关，即相关系数为 +1 时，组合投资分散风险的效果最差。资产组合的风险是：

$$\sigma_P=w_1\sigma_1+w_2\sigma_2 \tag{4.7}$$

当两种资产收益率之间为完全负相关，即相关系数为 -1 时，组合投资分散风险的效果最好，此时，资产组合的风险是：

$$\sigma_P = w_1\sigma_1 - w_2\sigma_2 \tag{4.8}$$

当两种资产收益率之间完全不相关时，即相关系数为零时，资产组合的风险是：

$$\sigma_P = [w_1^2\sigma_1^2 + w_2^2\sigma_2^2]^{\frac{1}{2}} \tag{4.9}$$

在上例中，如果投资者要在 A、B、C 三种资产中选任意两种资产建立一个组合，假定 $\rho_{AB}=0.1$，$\rho_{BC}=0.6$，$\rho_{AC}=0.0$，在每种资产上的投资比例分别为50%，则这些可能的组合投资的期望收益率与风险分别是：

$$E(r_{p(AB)}) = 0.12 \times 0.50 + 0.19 \times 0.50 = 15.5\%$$

$$E(r_{p(AC)}) = 0.12 \times 0.50 + 0.12 \times 0.50 = 12\%$$

$$E(r_{p(BC)}) = 0.19 \times 0.50 + 0.12 \times 0.50 = 15.5\%$$

$$\sigma_{P(AB)} = (0.5^2 \times 0.0583^2 + 0.5^2 \times 0.3239^2 + 2 \times 0.5 \times 0.5 \times 0.0583 \times 0.3239 \times 0.1)^{\frac{1}{2}} = 16.7\%$$

$$\sigma_{P(AC)} = (0.5^2 \times 0.0583^2 + 0.5^2 \times 0.1208^2 + 2 \times 0.5 \times 0.5 \times 0.0583 \times 0.1208 \times 0.0)^{\frac{1}{2}} = 6.7\%$$

$$\sigma_{P(BC)} = (0.5^2 \times 0.3239^2 + 0.5^2 \times 0.1208^2 + 2 \times 0.5 \times 0.5 \times 0.3239 \times 0.1208 \times 0.6)^{\frac{1}{2}} = 20.4\%$$

根据前述变异系数的公式，以上三个组合的变异系数分别为：1.077、0.558 和 1.316，因此，由 A 与 C 构成的资产组合效果最好。

第三节 货币市场

货币市场是期限在 1 年以内的短期金融资产交易的市场。这是一个典型的以机构投资者为主的融资市场。货币市场一般没有确定的交易场所，货币市场的交易主要通过计算机网络进行。货币市场可以按照金融产品的不同划分为票据市场、回购市场、大额存单市场、短期债券市场、银行同业拆借市场等。

一、票据市场

票据发行与流通的市场统称为票据市场，包括票据发行和买卖市场、承兑市场和票据贴现市场。

1. 商业票据市场的起源

票据可分为两大类：一类是传统的商业票据，如第二章所述，它是最古老的金融工具，源于商业信用，产生于商品交易的延期支付中。通常把这种有商品交易背景的票据称为真实（Real）票据；另一类是没有交易背景而只是单纯以融资为目的而发行的票据，称为融通票据（Financial Paper）或商业票据（Commercial Paper，简称CP）。是由一些资信等级较高的大型工商企业及金融公司发行的一种短期无担保的期票。

通常所说的票据市场大多指后一种意义的票据发行、流动的市场。在发达国家的商业票据市场上，目前大量流通的是融通票据，其期限通常在1年以内，购买者多为商业银行、投资银行、共同基金等金融机构。

商业票据的发行始于20世纪70年代，其初衷是为公司筹集短期的季节性资金和运营资金，从根本上来说，它为高等级公司提供了一种较银行贷款便宜的筹资途径。80年代，商业票据被当做过渡性融资（bridge financing）的一种方式，例如，假定某公司需要一笔长期资金来建立一座工厂或购买机器设备，该公司不必要马上开始筹集所需长期资金，而是可以选择推迟发行债券时间，直到资本市场中有利的融资条件出现。通过发行CP筹集到的资金一般使用到长期债券开始发行。商业票据也可以作为过渡性融资为企业并购提供资金，从而促进了该市场的发展。

2. 商业票据贴现市场

票据流通的一种主要方式是贴现。贴现（Discount），是票据持有者将未到期的票据卖给银行、银行按票据面额扣除利息后将净款付给票据持有人的行为。贴现中依据的利率称为贴现率（Discount Rates）。例如，有人欲将3个月后到期、面额为50 000元的商业票据出售给银行，银行按照8%的年率计算，贴息为1 000元（$50\ 000 \times 8\% \div 4$）；银行支付给持票人的金额则是49 000元（$50\ 000 - 1\ 000$）。

在票据贴现市场上，充当买方的一般是商业银行、贴现公司、货币市场基金等专门从事短期借贷活动的金融机构。由于贴现市场已成为短期资金融通的一种典型方式，因此，几乎所有短期金融工具都是通过贴现方式发行与交易的，比如，商业票据、银行承兑汇票及国库券等。所以，这一市场不仅是企业融通短期资金的场所，也成为中央银行进行公开市场业务的场所。

世界上最著名的贴现市场是英国的伦敦贴现市场。伦敦贴现市场是世界上最古老的贴现市场，产生于票据经纪业务非常发达的18世纪末19世纪初。目前伦敦贴现市场的交易品种已经远远超过传统意义的商业票据，大量的交易品种是融通票据、银行承兑汇票、国库券。在这个市场上，主要的金融机构是贴现行、英格兰银行、清算银行、商人银行、承兑行和证券经纪商。

二、回购市场

回购市场是指对回购协议进行交易的短期资金市场。

回购协议（Repurchase Agreement），是指在货币市场上买卖证券的同时签订一个协议，由卖方承诺在日后将证券如数买回，买方保证在日后将买入的证券回售给卖方。这一交易将现货交易和远期交易相结合，达到融通短期资金的目的。它实际上是一种以证券为抵押品的短期资金融通。参与回购交易的资金需求者主要是商业银行与证券经纪人。一些存在资金短期闲置的非金融行业、政府机构和证券公司是回购市场上资金的主要供给者。

回购交易从交易的主动性出发，分为正回购与逆回购。正回购，即通常意义上的回购概念，是指资金需求者在出售证券的同时签订一个协议，承诺日后将其售出的证券如数购回的交易。相对应地，逆回购，是指资金供应者在买入证券的同时签订一个协议，承诺日后按规定价格再将证券如数回售给对方的交易。

回购市场，既是机构投资者进行短期资金融通的市场，也是中央银行进行公开市场操作的主要场所。

与其他货币市场相比，我国的回购市场比较活跃。回购交易的抵押品均是政府债券，目前上海交易所国债回购交易品种共有 9 种：1 天、2 天、3 天、4 天、7 天、14 天、28 天、91 天和 182 天等品种。

三、大额可转让存单市场

大额存单（Certificates of Deposit，CDs），是由商业银行发行的一种金融产品，是存款人在银行的存款证明。可转让存单最早产生于 20 世纪 60 年代的美国。由于美国政府对银行支付的存款利率规定上限，导致商业银行的存款利率往往低于市场利率，在这种情况下，各大企业纷纷把闲置的资金从银行账户取出转而投资于国库券、商业票据等短期证券，从而使商业银行的存款大为减少，形成了所谓存款非中介化——“脱媒”现象。为了吸引客户，商业银行纷纷推出可转让大额存单。后来，英国、日本等国家的银行也先后开办了此项业务。

可转让大额存单是存款凭证的一种，其特点主要有：第一，不记名，不挂失，不提前支取。但是可以在市场上流通转让。第二，存款金额为整数，且金额一般较大。在美国，可转让大额存单最低面额是 10 万美元，在市场上交易的最低单位为 100 万美元。我国香港的可转让大额存单最低面额为 10 万港元。第三，可转让存单主要是短期的，大多在 1 年以内，最短的仅为 14 天。

存单市场的主要参与者为货币市场基金、商业银行、政府和其他非金融机构。

四、国库券市场

国库券（Treasury Bill），是一种短期政府债券，期限大致有 3 个月、6 个月、9 个月和 12 个月，由于有政府信誉支持，风险最小、流动性最强。

国库券通常以折价的方式发行的，到期时按照票面金额还本，票面金额和发行价格的差额就是国库券持有者的利息收入。例如，投资者以 960 元的价格购买一张 90 天到期、面值为 1 000 元的国库券，40 元就是政府支付给投资者的利息，贴现率为 16% $\left(\frac{40}{1\ 000}\times\frac{360}{90}=16\%\right)$。注意，这个贴现率与投资者的实际收益率是不一样的，因为投资者的实际投资额是 960 元而不是 1 000 元，因此，其实际收益率应该是 16.67% $\left(\frac{40}{960}\times\frac{360}{90}=16.67\%\right)$。

国库券是定期发行的，如确定每季度一次或每月一次，美国 3 个月和 6 个月的国库券是每周发行的。一般采用拍卖方式发行，拍卖方式有两种：单一价格拍卖和多价格拍卖。单一价格拍卖方式就是在拍卖中，所有中标者付出的价格相同。在多价格拍卖方式中，存在竞争性出价和非竞争性出价两种出价方式。在竞争性出价方式中，拟购买国库券者要将其拟购买的数量和愿意支付的价格在规定时间之前报至中央银行，再由中央银行汇总后按出价的高低排序，进行售卖，直至足额完成为止。大经纪人、商业银行、保险公司、证券公司多采用这种方式。在非竞争性出价方式中，拟购买国库券者以竞争性出价方式竞出的平均价格购买。通常小额投资者采用这种方式。

国库券市场的流动性在货币市场中是最高的，几乎所有的金融机构都参与这个市场的交易。在众多的参与者中，中央银行公开参与市场交易，许多国家的中央银行选择国库券市场开展公开市场业务。

五、银行同业拆借市场

银行同业拆借市场（Inter-bank Market），是指银行等金融机构之间短期资金借贷市场，市场的参与者为商业银行以及其他各类金融机构。银行同业拆借市场最早产生于美国银行间买卖超额准备金而形成的市场。目前该市场所进行的短期资金融通已经不仅仅限于金融机构弥补或调剂准备金头寸，或限于一日或几日的临时性资金调剂。

银行同业拆借市场当今已发展成为各金融机构弥补流动性不足和进行有效的资产负债管理的重要场所。

归纳起来，银行同业拆借市场具有以下特点：

（1）融资期限的短期性。一般是 1 天、2 天或 7 天，最短也可能是几个小时，或隔夜拆借，最长不过 1 年。

（2）交易的同业性。银行同业拆借市场有着严格的市场准入条件。一般在金融机构或某类金融机构之间进行，而非金融机构包括工商企业、政府部门及个人或非指定的金融机构，不能进入拆借市场。

（3）交易金额的大宗性。银行同业拆借金额较大，且一般不需要担保或抵押，完全是一种协议和信用交易关系。双方都以自己的信用担保，并严格遵守交易协议。

（4）拆借利率的参考性。银行同业拆借市场的利率是一种市场化很高的利率，能够充分灵敏地反映资金市场供求的状况及变化，从而成为货币市场的参考利率。如，伦敦银行同业拆借利率（London Inter-bank Offered Rate，即 LIBOR）作为伦敦金融市场上借贷活动的基础利率始于 20 世纪 60 年代，后来在国际信贷业务中广泛使用，成为国际金融市场上的关键利率。目前，许多国家和地区的金融市场及海外金融中心均以此利率为基础确定自己的利率。

（5）银行同业拆借市场是交易简便的无形市场。银行同业拆借市场的交易主要采取电话协商的方式进行，是一种无形市场；达成协议后，就可以通过各自在中央银行的存款账户自动划账清算；或者向资金交易中心提出供求和进行报价，由资金交易中心进行撮合成交，并进行资金划账。交易手续如图 4.3 所示。

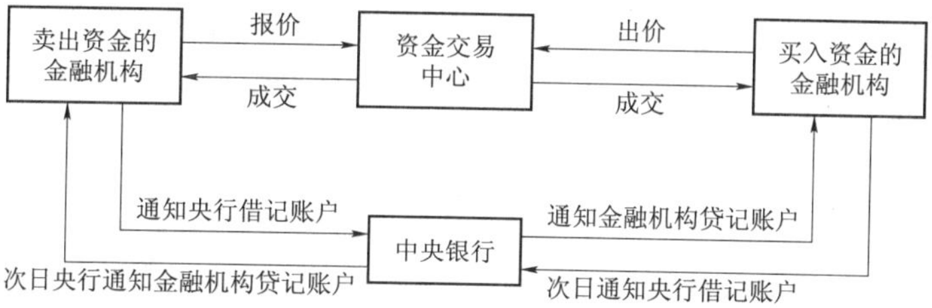

图 4.3 银行同业拆借交易简图

我国银行同业拆借市场是 1996 年 1 月联网试运行的，其交易方式主要有信用拆借和回购两种方式，参与交易的机构是商业银行、证券公司、财务公司、基金、保险公司等。该市场也成为中国人民银行进行公开市场操作的场所。

第四节 证券市场

资本市场是融资期限在1年以上的长期资金交易市场。其交易对象主要是政府的中、长期债券、公司债券和股票，以及直接从银行获得的中长期贷款。因此，资本市场主要分为证券市场和银行中长期信贷市场。本节主要介绍证券市场。

证券市场按照其功能可以划分为一级市场和二级市场。无论是股票市场还是债券市场均存在这样的划分。

一、一级市场

（一）一级市场的含义

一级市场（Primary Market），也称为“初级市场”，是组织证券发行的市场。凡新公司成立发行股票、老公司增资补充发行股票、政府及工商企业发行债券等，均构成一级市场活动的内容。由于一级市场的每一笔交易都直接导致资金从盈余部门转向赤字部门，并将最终引起赤字部门的消费支出和资本支出的增加，因此，一级市场发挥着将储蓄转化为投资的融资功能。

在一级市场上，需要筹资的企业或政府，或者自己直接，或者借助中介机构的帮助发行证券。由于中介机构有丰富的经验和大量信息，绝大多数发行均通过它们完成。中介机构包括投资银行、证券公司、律师事务所、会计师事务所等。其中投资银行或证券公司的作用尤其重要。它们的作用体现在证券发行的全过程之中：帮助筹资人设计筹资方案，包括确定发行价格、发行数量、发行时间；帮助寻找律师事务所及会计师事务所；帮助编制有关文件；帮助推销证券等。

（二）一级市场的发行方式

一级市场新证券发行的方式主要有两种：公募与私募。

1. 公募

公募（Public Offering），又称公开发行，是指发行人公开向投资者推销证券的发行方式。在公募发行情况下，发行人必须遵守有关事实全部公开的原则，向有关管理部门和市场公布其各种财务报表及资料，经主管部门批准注册后方可发行；公募须得到投资银行或其他金融机构的协助。投资银行最重要的业务即是为股份公司的首次公开发行（Initial Public Offering，简称 IPO）提供服务。投资银行承销证券有三种典型的方式：

（1）包销，是指投资银行首先以较低的价格将发行人拟发行的证券一次性全部购买下来，然后在市场上按较高的价格将证券销售给投资者。在包销方式下，投资银行冒很大的风险，当然也可能有更大的盈利机会。

（2）代销，是指投资银行与发行人签订代销合同，支付一定的佣金，委托投资银行代为销售。在代销方式下，投资银行只充当代理人的角色，收取佣金，证券销售的风险由发行人承担。

（3）助销，又称余额包销，指投资银行全力进行销售，尽可能将证券销售出去，未销售出去的余额由投资银行自己买进。这种方式能够保证证券全部销售出去，从而减少了发行公司的风险。

2. 私募

私募（Private Offering），又称证券直接发行，指发行人只对特定的投资人推销证券的发行方式。私募的发行范围小，一般以少数与发行人或经办人有密切关系的投资人为发行对象。私募通常在以下几种情况下使用：

（1）以发起方式设立公司。采用发起方式设立公司时，由发起人全额出资，无需发行证券。

（2）内部配股。即股份公司按照股票面值向原有股东分配该公司新股认股权。

（3）私人配股。即股份公司将新股票分售给除股东以外的本公司职工、往来客户等与公司有特殊关系的第三者。

二、二级市场

二级市场（Secondary Market），即证券流通市场，是对已经发行的证券进行交易的市场，它为已经发行的证券提供了流通的场所。股票二级市场的主要场所是证券交易所，但也存在场外交易市场。债券二级市场则主要以场外市场为主。

一级市场与二级市场有着相互依存的关系。一级市场是二级市场存在的前提，没有证券发行，自然谈不上证券的再买卖；二级市场为一级市场提供流动性，从而促进一级市场的发展，否则，新发行的证券就会由于缺乏流动性而难以推销，从而导致一级市场萎缩以至无法存在。

二级市场主要可以划分为：场内交易市场（证券交易所）和场外交易市场（也称柜台交易市场或店头市场）。此外，还有第三市场和第四市场。

（一）证券交易所

证券交易所是集中交易已发行证券的场所，它是证券交易市场的核心。目前，发达国家或经济高速发展的发展中国家和地区普遍设有证券交易所。例如，美国有2家全国性的证券交易所——纽约证券交易所（New York Stock Exchange，NYSE）和美国证券交易所（American Stock Exchange，AMEX），加上7家地区性证券交易所，其中，纽约证券交易所是世界上最大的证券交易所。1792年5月17日，24名证券交易商聚集在华尔街的一棵梧桐树下，组成了一个临时交易行进行证券交易，并达成了“美国梧桐树”协议，这个临时的证券交易行就是纽约证券交易所的前身。英国有7家证券交易所，其中，最大的是伦敦证券交易所，也是世界上最早的证券交易所，成立于1773年。日本有8家证券交易所，其中东京证券交易所的业务量占全国的85%。我国上海证券交易所和深圳证券交易所分别成立于1990年和1991年。

1. 证券交易所的成员构成

交易所为买卖双方提供了一个集中进行交易的平台，并对证券交易进行严格监管。但是，并不是任何人都能够进入证券交易所从事交易的，能进入的只是取得交易所会员资格的经纪人和交易商，这些在证券交易所内活动的参与者按其在交易市场上活动的性质可以分为四类。这里主要是依据纽约证券交易所内的参与者而进行的划分，具体到每个市场是有区别的。

（1）佣金经纪人（Commission Broker），他们在证券交易所内专门负责接收和执行由本公司从场外营业柜台传来的客户委托。即代理客户进行证券买卖，充当交易双方的中介，并从中收取佣金。

（2）场内经纪人（Floor Broker），专门负责帮助手中委托过多而忙不过来的佣金经纪人执行委托，并从中获取佣金。

（3）场内交易商（Floor Trader），是在交易所内为自己买卖证券，赚取差价的证券交易商。证券交易商的自营业务客观上起到了活跃证券市场、维护交易连续性的作用，但其双刃剑的特征也很明显，因为证券交易商资金雄厚，又有信息优势，因此极易操纵市场，造成股票价格的非正常波动。

（4）特种交易商（Specialist）。根据美国“特种交易商制度”的规定，交易所内每支股票的交易均由一个特种交易商负责，一个特种交易商可以同时负责几支股票的交易，但是，一支股票的交易只能由一个特种交易商负责。他们有两个基本的职责：一是保管和执行各经纪人送来的条件委托，并收取佣金。二是随时准备以自己的账户买进或卖出他所负责的一支或数支股票，以维护市场的公正和有序。因此，特种交易商在证券交易所中起到做市商（Market-maker）的作用。这种由“做市商”参与并组织的市场交易制度，称为“做市商制度”。在“做市商制度”下，证券的买卖双方无须等待对方的出现，只要有“做市商”出面承担另一方的责任，交易便可完成。

2. 证券交易所的交易机制

一般客户如果有买卖上市证券的需要，首先需在经纪人处开设账户，取得委托买卖证券的资格。当他认为需要以怎样的价格买卖哪种证券时，向经纪人发出指令，经纪人将客户的指令传递给他在交易所的场内交易员，交易员则按指令要求进行交易，成交之后，由电脑自动进行证券的交割与过户。交割是指买方付款取货与卖方交货收款的手续。过户手续仅对股票购买人而言。如为记名股票，买方须到发行股票的公司或委托部门办理过户手续，方可成为该公司股东。

投资者发出的委托指令通常有三种：市价委托、限价委托和止损委托。

（1）市价委托，是委托人（投资者）不规定价格，而是要求经纪人在规定的时间期限内，按照市场上的最优价格进行交易。市价委托由于不对价格作任何限制而可以迅速被执行，其目的在于迅速捕捉有利的交易机会。在一般情况下，市价委托在下跌的市场中的作用要比其在上升的市场中的作用更大，因为股票价格下跌的速度要比上升的速度快得多。因此卖出市价委托的数量要大于买进市价委托的数量。

（2）限价委托，是指示经纪人在某一特定价位或者在比该价位更为有利的价位上买卖证券。比如，委托人可能指示其经纪人，要求他在每股价格达到 30 元之上时，把手中的股票卖出去；或者指示他在每股价格达到 15 元之下时买入股票。限价委托的优点是能够按照比现有市价低的价格买进，按照比现有市价高的价格卖出。这一优点是由限价委托与市场价格之间的关系决定的，买进限价委托的价格通常在现有的市场价格之下，而卖出限价委托的价格通常则在现有的市场价格之上。

（3）止损委托，是指示经纪人当价格朝不利的方向波动达到某一临界点时就立即买卖证券。例如，委托人可能指示他的经纪人，当价格下降到每股 10 元时，就把手中的股票卖出去，以避免进一步的损失；或者指示他在每股价格上升至 15 元时买入，以确保不失去购买机会。

限价委托与止损委托都是条件委托，即只有在股票价格达到一定范围时才会被执行。

交易所内的交易是通过竞价成交的。所谓竞价成交，是指在对同一种证券有不止一个买方和卖方时，买方交易员和卖方交易员分别从当时成交价逐步向上或向下报价；当任一买方交易员与任一卖方交易员的报价相等时，则这笔买卖即拍板成交。

（二）场外交易市场

场外交易市场，又称为柜台市场或店头市场（OTC，Over-the-counter），是由自营商通过计算机、电话、电传等通信工具建立起来的买卖证券的无形交易网络。自营商是场外市场活动的中心，自营商持续地报出某种证券的买入价和卖出价，并随时准备以买方或者卖方的身份出现在交易之中。任何愿意接受其报价的投资者都可以直接和他们进行交易，也可以通过经纪商和他们进行联系。所以，与场内交易相比，场外交易在证券品种和交易数额方面具有灵活性。

场外交易市场的特点是：

（1）无集中交易场所，交易通过信息网络进行。

（2）上市门槛低。无上市标准，任何证券均可交易，且不必公开披露发行公司的财务状况。

（3）证券交易可以通过交易商或经纪人，也可以由客户直接进行。

（4）证券交易一般由双方协商议定价格，不同于证券交易所采取的竞价制度。场外交易市场上证券成交价格的确定采取的是议价制，即成交价格是自营商之间以及自营商与客户之间直接协商的结果。因此，也形成了两种不同的价格：批发价格和零售价格。证券商之间进行证券买卖的成交价格称为批发价格；在批发价格的基础上加一定的差价再卖给客户的价格称为零售价格。一般情况下，交易比较活跃的证券批发价格和零售价格之间的差价比较小，而交易不太活跃的证券的差价则比较大。差价的大小，反映了市场对证券流动性溢价的预期。但差价最大不得超过买卖价格的5%。

因此，场外交易市场与证券交易所相比，上市的条件宽松、准入门槛低、管制也比较松，很多不符合交易所上市条件的公司，都选择在场外交易市场进行交易。正由于这些特点，传统的场外交易市场中也存在着一些缺点，如信息不完善、组织不严密、价格起伏较大、易产生投机行为等。但随着1971年美国全国证券交易商协会自动报价系统（NASDAQ，National Association of Securities Dealers Automated Quotations）的推出，场外交易市场由分散报价、分散成交变为统一报价、分散成交，从而有效地控制了投机行为的发生。

美国在20世纪70年代以来，还形成了两个具有特殊性质的市场：第三市场和第四市场。这两个市场严格地说都是场外市场的一部分。既在正式的证券交易所内上市又在场外市场进行交易的证券所形成的市场，称为第三市场。第四市场则是买卖双方直接进行证券交易的市场。它的出现主要是由于一些机构投资者为了避免高额佣金支出，希望避开经纪商而直接进行交易。现代计算机技术减少了投资者寻找交易机会的成本，从而使这一市场取得了很大的发展。

三、传统交易方式

最普遍和传统的证券交易方式主要有：现货交易和信用交易。

1. 现货交易

（1）现货交易的内涵及特点

现货交易（Spot Transaction），是指证券交易的买卖双方，在达成一笔交易后的1~3个营业日内进行交割的证券交易方式。交割，即卖出者交出证券，买入者付款，一手交货，一手交钱。现货交易是证券交易中最古老的交易方式。最初证券交易都是采用这种方式进行的。

现货交易有以下几个显著的特点：

第一，成交和交割基本上同时进行。第二，是实物交易，即卖方必须实实在在地向买方转移证券，没有对冲。第三，在交割时，购买者必须支付现款。由于在早期的证券交易中大量使用现金，所以，现货交易又被称为现金现货交易。第四，交易技术简单，易于操作。

（2）现货交易规则

在实际操作中，现货交易机制表现为“T+N”制，这里的T表示交易日，N表示交割日，T+0就是即时清算交割，T+1就是隔日交割，T+2就是第二个营业日交割，T+3就是第三个营业日交割。一般T+0的交易可以在完成上一笔后操作下笔交易，而T+1就要等待第二天再交易。有的国家甚至允许成交后四、五天内完成交割。究竟成交后几日交割，一般都是按照证券交易的规定或惯例办理，各国不尽相同。

在我国，1995年元旦前，沪深两市实行的是T+0的交割模式，由于投机猖獗，市场多动荡，于是在1995年元旦后，沪深两市改行T+1交割模式。目前，香港交易所内所有交易均采用T+2交割制度。在国际上，1987年世界性股灾后，为了降低证券市场的风险、提高安全系数，30国集团提出了证券交易交割制度的国际标准——T+3。它们认定，T+3是较为理想而适中的交割模式，它们倡导并希望世界各地股市都能采用这一“国际标准”。1995年5月17日，美国证券交易委员会正式将证券交易交割制度从原先的T+5改为现行的T+3。日本股票交易现行交割制度为T+3。总之，交割期短于2个交易日（即T+2）的较少见，同时，交割期长于5个交易日（即T+5）的也不多见。相比之下，唯有T+3模式大受各国证交所欢迎并广泛流行。

2. 信用交易

信用交易，又称“保证金交易”（Margin Trading），是指客户按照法律规定在买卖证券时，只向证券公司交付一定比例的保证金，由证券公司提供融资或者融券进行交易。客户在采用这种方式买卖证券时，必须在证券公司处开立保证金账户，并存入一定数量的保证金，其余应付证券或应付价款不足时，由券商代垫，因而，又被称为“垫头交易”。我国也称为“融资融券”业务。在发达国家的证券市场中信用交易是一个普遍现象。

信用交易有两种形式：一种是买空或保证金买长交易；另一种是卖空或保证金卖短交易。

买空或保证金买长交易，是指投资者资金不足而向证券商借入资金后买入证券的交易。买空交易一般发生在投资者预期某种证券价格将上涨的情况下，投资者在资金不足的情况下可以仅支付一部分保证金，其余部分则由证券商垫付，等待价格涨到一定程度时再卖出该证券，归还证券商垫款及相应的利息。由于投资者主要以借入资金买进证券，而且要将买入的证券作为抵押物放在证券商手中，投资者手中既无足够的资金也不持有证券，所以，这种交易方式称为买空交易。

卖空或保证金卖短交易，是指投资者手中没有证券或证券不足而向证券商借入证券后再卖出的交易。卖空交易一般发生投资者预期某种证券价格将下跌的情况下，投资者可以在支付一部分保证金后向证券公司借入证券以便卖出，等价格跌到一定程度后再买回同样证券归还券商，以牟取价差。由于投资者手里没有真正的证券，交易过程是先卖出后买回，而且，卖出证券所得收益存在证券商处作为借入证券的抵押品，因此，这种交易方式称为卖空。如果委托卖出的证券价格上涨时，证券商要向卖空客户追收增加的保证金，否则将以抵押金购回证券平仓。如果委托证券跌到客户预期的价格时，客户买回证券，并归还给证券商。

第五节　金融衍生工具市场

金融衍生工具从 20 世纪 70 年代产生以来得到了迅速的发展，目前已成为金融交易的主流，世界上几乎所有的大型银行和非银行金融机构都在积极地从事金融衍生工具的创造和交易。

金融衍生工具（Financial Derivatives），是从原生金融工具中派生出自身价值的金融商品，其价值取决于作为合约标的物的原生金融工具或指数的变动状况。原生金融产品主要包括外汇、债券、股票、货币、存单等金融资产以及外汇汇率、债务工具的价格、股票价格或股票指数、利率等金融资产价格。最常见的金融衍生工具有远期、期货、期权和互换这四种类型。金融衍生工具主要有三大特点：（1）高杠杆性。金融衍生工具的交易只需缴存一定比例的押金或保证金，便可得到相关资产的管理权，通常无需支付相关资产的全部价值。(2) 虚拟性。当金融衍生工具的原生商品是实物或货币时，投资于金融衍生工具取得的收益并非来自于相应的原生商品的增值，而是来自于这些商品的价格变化；当原生商品是股票、债券等虚拟资本时，相应的衍生工具则更具有双重虚拟性。(3) 高风险性。金融衍生工具具有双刃剑作用，一方面，它使规避形形色色的金融风险有了灵活方便、极具针对性且交易成本日趋降低的避险手段；另一方面，由于实施保证金制度，使其投机成分浓厚，一旦失败将给投资者带来灾难性的打击。如 1995 年，英国老牌巴林银行，竟然由于它的一个分支机构的职员进行衍生工具投机失败而宣告破产。

一、金融远期合约

(一) 金融远期合约的定义

金融远期合约 (Forward Contracts) 是最基础的金融衍生产品。它是交易双方在场外市场上通过协商，按约定价格（称为“远期价格”）在约定的未来日期（交易日）买卖某种标的金融资产（或金融变量）的合约。

在远期合约中，双方约定买卖的资产称为标的资产，约定的价格称为协议价格。同意以约定的价格卖出标的资产的一方，称为空头；同意以约定价格买入标的资产的一方，称为多头。

远期合约通常是在两个金融机构之间或金融机构与其客户之间签署的。由于采用了一对一交易的方式，交易事项可以协商确定，较为灵活，金融机构或大型工商企业通常利用远期交易作为风险管理手段。

目前，远期合约主要有外汇远期和利率远期两类，分别用来防范汇率波动和利率波动的风险。

(二) 远期合约交易的特点

金融远期合约的特点为：

(1) 未规范化、标准化，一般在场外交易，不易流动。

(2) 买卖双方易发生违约问题，从合约签订之日到交割时价格可能波动很大导致一方损失可能很大，因而，违约风险较大。

(3) 在合约到期之前并无现金流。

(4) 合约到期必须交割，不可实行反向对冲操作来平仓。

(5) 远期合约的买卖双方可能形成的收益或损失都是“无限大”。在远期合约的有效期内，合约的价值随相关资产市场价格波动而变化。若合约到期日以现金结清时，当市场价格高于合约约定的协议价格时，应由卖方向买方支付价差；当市场价格低于合约约定的协议价格时，则由买方向卖方支付价差。因此，远期合约的买卖双方可能形成的收益或损失都是“无限大”的，如图 4.4 所示。

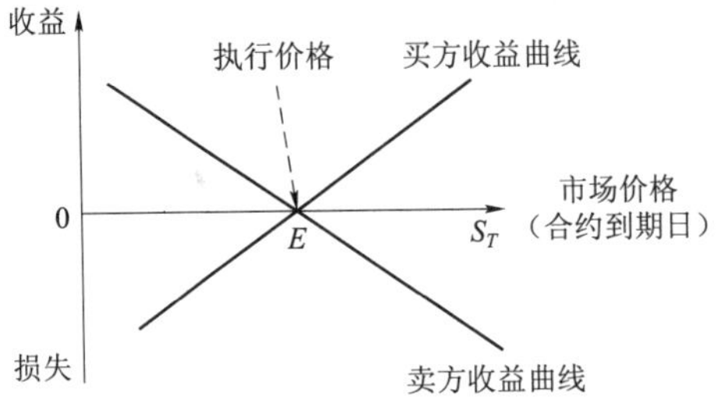

图 4.4　远期合约的损益图

二、金融期货

（一）金融期货合约的定义

金融期货合约（Futures Contracts）与远期合约十分相似，它也是交易双方按约定价格在未来某一日期完成相关资产交易行为的一种方式，其收益曲线与远期合约一致。

期货合约与远期合约的区别主要有以下几点：

（1）远期合约是交易双方之间直接订立的合约，是在场外进行的交易；而期货合约是合约买卖双方分别与期货交易所订立的合约，是在有组织的交易所交易。

（2）远期合约的交易双方可以按各自的愿望对合约条件进行磋商；而期货合约的内容，如相关资产的种类、数量、价格、交割时间和地点等，都是标准化的。

（3）远期合约中买卖双方都面临对方违约的风险。但是期货合约的交割是由交易所的清算所保证的，不存在违约风险。

（4）远期合约交割日之前通常没有现金的支付。但是期货合约需要交易商在交易发生时必须缴纳保证金，以保证交易商能够履行他在合约中的义务。

（5）远期合约到期时大多进行实际交割，而期货合约的实际交割率很低，一般在到期前进行对冲了结。

无论是远期合约还是期货合约，都为交易人提供了一种工具，可用来规避因一段时期内价格波动带来的风险；同时也为投机人利用价格波动取得投机收入提供了手段。

（二）金融期货交易的功能

金融期货交易与商品期货交易一样，具有套期保值、投机和价格发现等功能。

（1）套期保值

所谓套期保值（Hedge），是指投资者在现货市场和期货市场对同一种类的金融资产同时进行数量相等但方向相反的买卖活动，即在买进或卖出金融资产现货的同时，在期货市场上卖出或买进同等数量的该种金融资产期货，使两个市场的盈亏大致抵消，以达到防范价格波动风险目的的一种投资行为。因此，套期保值实际上是在“现”与“期”之间、近期和远期之间建立一种对冲机制，以使价格风险降低到最低限度。

套期之所以能够保值，是因为同一种特定资产的期货和现货的主要差异在于交货日期前后不一，而它们的价格，则受相同的经济因素和非经济因素影响和制约，而且，期货合约到期必须进行实货交割的规定性，使现货价格与期货价格还具有趋合性，即当期货合约临近到期日时，两者价格的差异接近于零，否则就有套利的机会，因而，在到期日前，期货和现货价格具有高度的相关性。在相关的两个市场中，反向操作，必然有相互冲销的效果。

（2）价格发现

价格发现功能，也称价格形成功能，是指在交易所内对多种金融期货商品合约进行交易的结果能够形成这种金融商品的期货价格体系。期货市场发现的金融资产价格具有两个特点：（1）公正性，由于期货交易是集中在交易所进行的，而交易所作为一种有组织、规范化的统一市场，集中了大量的买者和卖者，通过公开、公平、公正的竞争形成价格。它基本上反映了真实的供求关系和变化趋势。（2）预期性，与现货市场相比，期货市场价格对未来市场供求关系变动有预测作用，它可以把国内市场价格与国际市场价格有机地结合在一起。期货市场大大改进了价格信息质量，使远期供求关系得到显示和调整，期货市场信息是企业经营决策和国家宏观调控的重要依据。

（三）金融期货的种类

金融期货主要包括外汇期货、利率期货和股票指数期货三个品种。

1. 外汇期货

外汇期货是为了规避外汇汇率波动风险而产生和发展起来的最早的金融期货。由于期货合约是高度标准化的合约，所以对于不同的外汇币种，合约条款中都规定了不同的交易单位、最小变动价位、每日波动限制等。外汇期货合约可以在到期时以实际的外币进行交割，也可以在到期前冲销合约。

例如，假定在6月1日，某公司有100万暂时闲置的欧元，可进行3个月的短期投资。当时美元的存款利率高于欧元，所以，该公司打算把欧元换成美元进行存款。但是，它又担心3个月后美元贬值，反而得不偿失，则它可以利用期货市场来套期保值。该公司可以在现货市场上买进100万欧元的美元，并把它进行3个月的存款。同时，在期货市场上卖出金额大致相当的9月份美元期货。这样，一旦3个月后美元真的贬值，那么它的期货价格也将下降，该公司就可以在现汇市场上卖出美元的同时，在期货市场上买进与先前卖出数量相同的9月份美元期货，从而消除其美元期货的多头地位，并获得差价，以此来弥补它在现货市场上的损失。

2. 利率期货

利率期货合约交易的是附有利率的金融凭证，可以用来防范利率风险。按照金融凭证的期限，可将利率期货分为国库券期货、欧洲美元期货、定期存单期货等短期利率期货，以及中长期国债期货、美国国民抵押协会抵押证券和市政公债等中长期利率期货。

3. 股票指数期货

要理解什么是股票指数期货，先要知道什么是股票指数。股票指数是反映股票市场总体价格走势的一种指标，与我们所熟知的各种物价指数非常相似。目前世界上比较有影响的几种股价指数有：美国的道琼斯平均股价指数、纽约证交所股价指数、标准普尔股价指数、英国的“金融时报”指数、日本的日经平均股价指数、中国香港的恒生指数、新加坡的海峡指数等。

股票指数期货是一种典型的“数字游戏”，因为，它买卖的不是任何一种具体的商品或金融资产，而是根本无法实际交割的“数字”，股票指数期货合约到期只能以现金方式交收而不能以实物交割，这是股票指数期货的突出特点。不同的市场针对不同的股票价格指数期货合约，规定了不同的交易单位、最小变价单位、每日价格最大波动幅度等条款。以标准普尔500指数期货为例，它的面值为某一指数乘以500美元，它有3月、6月、9月和12月四个到期月份。假定在5月的某一天，6月份到期的指数期货为530点，那么该期货合约的面值就为$530 \times 500 = 265\ 000$美元，它的最小波动幅度为0.05点，也就是$0.05 \times 500 = 25$美元。假定你预测在未来某一时期内，标准普尔指数将上涨，你就可以在现在买进1份6月份到期的股票指数期货，如果1个月后，标准普尔指数真的上涨了，那么它必然带动6月份到期的指数期货的上涨，假定该指数上涨到544点，此时你将先前买入的那份指数期货抛出，便可获得$(544 - 530) \times 500 = 7\ 000$美元。

股票指数期货合约同其他合约一样，可以转移股票价格风险，达到套期保值的目的，而且指数期货防范的是系统性的股票市场风险。所谓系统性风险，是指整个股票市场的总体价格波动，而不是指单个股票的涨落所带来的风险。当然，投机者也可运用股票指数期货，以较少的资金获取更多的投机收益。

三、期权

（一）期权的定义及其种类

期权合约（Option）是一种单方面的权利义务关系。期权合约赋予其持有者（即期权的购买方）一种权利，使其可以（但不是必须）在未来约定的时间或约定的时期内，按照约定的价格向期权合约的出售者买进或卖出一定数量的相关资产。合约的持有者为获得这一权利，需要支付一定的期权费（Premium，或称保险费）。

从期权的定义可以看出，期权合同至少包括四个要素：期权的有效期、期权的执行价格、期权的数量以及期权的标的物。

期权可以按照不同的标准划分为以下几类：

1. 按期权所赋予的权利不同分为看涨期权和看跌期权

看涨期权（Call Option），也称买权，它使期权持有者拥有在规定的时间以执行价格从期权出售者手中买入一定数量的金融资产的权利。看跌期权（Put Option），又称卖权，它使期权持有者拥有在规定的时间以执行价格向期权出售者卖出一定数量的金融资产的权利。

2. 按期权的执行时间不同划分为欧式期权和美式期权

欧式期权（European Option）只允许期权持有者在到期日当天行使期权，而美式期权（American Option）则允许期权持有者在到期日之前的任一营业日行使期权。可以看出，美式期权为期权持有者提供了更多的机会，因此它的持有者往往须支付更高的期权费。

3. 按交易地点的不同划分为交易所期权和柜台期权

交易所期权是一种标准化的期权，在证券交易所大厅中以集中的方式进行交易，如芝加哥商品交易所、伦敦国际金融期货交易所、费城股票交易所交易的期权。而柜台期权是期权的出售者为满足某一购买者特定的需求而产生的，没有具体交易地点。交易所期权与柜台期权之间在合约条款、保证金制度、对冲方式等方面存在诸多差异，两者也各有优势。

4. 根据期权合约的执行价格与标的资产的市场价格的关系可划分为正利期权、

无利期权和负利期权

为简单起见，我们用 E 表示执行价格，用 S 表示标的资产的市场价格。当 $S>E$ 时，看涨期权的持有者行使期权可以获得一个正的收益，而看跌期权的持有者若行使期权则会有亏损。因此，当 $S>E$ 时，看涨期权是正利期权（in the Money），看跌期权是负利期权（out of Money）。同理，当 $S<E$ 时，看跌期权是正利期权，看涨期权是负利期权。当 $S=E$ 时，无论是看涨期权，还是看跌期权，均为无利期权（at the Money），因为，当期权的执行价格等于标的资产的市场价格时，就合约本身而言（不考虑期权费），当它们被执行时，既不赚钱，也不赔钱。

5. 按期权标的资产的不同划分为股票期权、外汇期权、利率期权、指数期权和期货期权等

（二）期权交易双方的可能盈亏

期权这种衍生金融工具的最大吸引力，在于可以使期权买方将风险锁定在一定范围之内。因为，期权合约的买卖双方的权利与义务是不对称的。期权的购买者有权要求进行交易，但是并无一定要进行交易的义务；期权的出售者则只有在期权购买者的要求下进行交易的义务，而没有要求后者进行交易的权利。这种权利与义务的不对称导致的直接结果是，他们各自所承担的风险及可能的盈亏也是不对称的。

对于看涨期权的买方来说，当市场价格高于执行价格时，他会行使买权，取得收益；当市场价格低于执行价格时，他会放弃权利，所亏损的不过限于期权费。对于看跌期权的买方来说，当市场价格低于执行价格时，他会行使卖权，取得收益，反之则放弃权利，所亏损的也仅限于期权费。因此，期权对于买方来说，可以实现有限的损失和无限的收益。如图 4.5 所示。

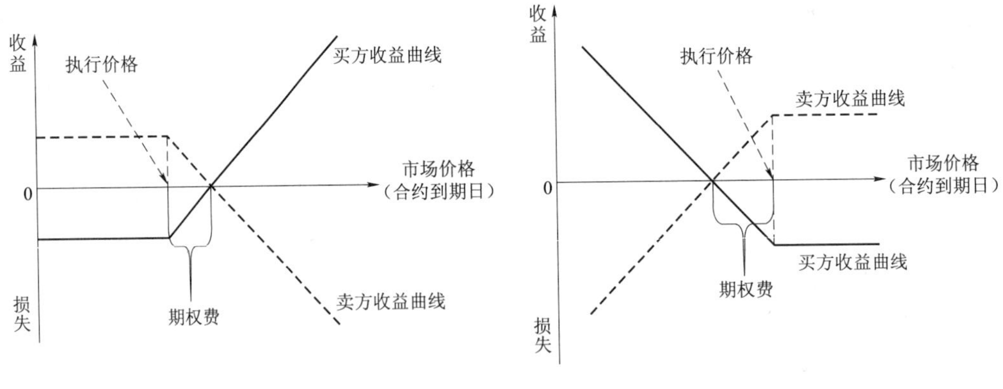

图 4.5 看涨期权和看跌期权双方可能的损益

图 4.5 告诉我们：

（1）期权持有者最大的损失就是期权费。对应地，期权出售者最大的收益也是期权费。

（2）对于期权的持有者来说，其潜在的收益是无穷大的。相反地，对期权出售者而言，其潜在的损失也是无穷大的。

（3）无论对看涨期权的持有者还是对看涨期权的出售者来说，盈亏平衡点都出现在 $S=E+C$ 这一点上（设 C 为看涨期权的期权费）。同理，对于看跌期权的买卖双方而言，其盈亏平衡点在 $S=E-P$ 这一点上（设 P 为看跌期权的期权费）。

（4）期权持有者与出售者的收益和等于零。即期权本身是一个零和博弈。期权市场作为一个整体，没有净收益或损失。

（三）期权交易的用途

期权合约，一方面可以用来进行套期保值，使期权持有者的风险被限制在一定范围内；另一方面还可用来投机，以小博大，赚取投机利润。

以股票期权为例，假设目前 A 公司的股票价格为每股 20 元，投资者估计它会上涨，所以打算买进 1 000 股，但是，又担心股价下跌而损失惨重。此时，投资者可以在买进 1 000 股股票的同时买进 1 000 股看跌期权。假定该期权允许投资者在 3 个月内以每股 20 元的价格出售 1 000 股 A 公司的股票，且期权费为每股 5 元，则投资者共需支付期权费 5 000 元。若 3 个月内 A 公司的股价果真上涨至每股 30 元，则投资者在现货市场上的盈利为 $1\,000\times(30-20)=10\,000$ 元，同时放弃行使看跌期权，损失 5 000 元的期权费，净盈利为 5 000 元。若 3 个月内 A 公司的股价降至每股 10 元，则投资者行使看跌期权，以每股 20 元卖出股票，与原来的股票买入价持平，同时净损失 5 000 元的期权费。而且，无论股价下降多少，投资者的损失都不会超过 5 000 元。

从这个例子可以看出，利用期权交易进行套期保值有着其他交易手段难以比拟的优点，它既可以规避标的资产的不利价格变动风险，又可以对标的资产出现的有利价格有效地加以利用。在其他衍生工具中，如远期合约或期货合约，在规避风险的同时，交易者也将失去标的资产有利价格变动所可能带来的好处。例如，在上例中，若投资者签订的是卖出远期合约，则股价上涨到每股 30 元时，投资者仍须以每股 20 元的协议价格出售股票。因此，虽然股票下降的风险转移了，但是交易的机会成本却可能是很高的，因为，在股票上涨的情况下，投资者仍须执行远期合约。

利用期权交易进行投机的最大好处，在于能够以小博大，通过承担有限的风险来赚取巨额的利润。假定投资者在 A 公司的股价为每股 30 元时，预计该股票会继续上涨很多，从而花5 000元购买了一笔看涨期权，该期权允许他在3个月内以每股25元的价格买入1 000股A公司的股票。假定3个月内，股价果真上涨到每股40元，则投资者行使其看涨期权，获利1 000元[（40 - 25）×1 000 - 5 000 = 10 000]，利润率高达200%（10 000/5 000）。反之，如果投资者不是利用期权进行投机，而是在开始的时候直接买进该股票，那么他投入5 000元只能买到约166股股票，从而获得仅为1 660元[（40 - 30）×166]，利润率仅为33%（1 660/5 000），所以，作为一种投机手段，期权交易也有其独特的优势。

专栏4

如果用期权来支付你的部分工资，你愿意吗？

如果某家公司雇佣你，并支付你薪水和股票期权，你应该接受吗？在你做决定之前，最好多打听一下相关事宜。现在，就让我们来仔细了解一下你应该注意些什么。许多公司提供自己公司股票的期权给其雇员，并把其看成是工资支付的一种替代品。公司的雇员们获得了看涨期权，该期权赋予雇员们一个能够以固定的价格购买该公司股票的权力。而协定价格通常就是该股票当时的市场价格。通常，期权的到期日从一年到十年不等。不过提供期权作为薪水支付一部分的做法存在一个小的陷阱，即拥有期权的雇员是不被允许将期权出售给第三方，他们必须在有效期内保有期权并决定是否对公司执行该项期权。

当然，公司股票的价格可能会暴涨，这样，期权就会为其持有者带来丰厚的收益。举个极端的例子，从2005年1月到2006年1月，微软的股价从每股2美元上升到116美元。如果某员工以协定价格为2美元持有1 000股微软股票期权的话，他通过行使该项期权就可以获得114 000美元的净收益。在期权这个博弈游戏中，尽管微软的员工是赢家，但是还是有很多输家。比如那些持有安然和世通公司股票期权的员工，他们在2001年公司破产的时候什么也拿不到。

那我们应该怎么办呢？如果获取期权的条件是工资降低的话，那么就等于我们在付费获取该期权，所以在我们做决定前一定要想清楚了。期权几乎就像彩票，但期权还规定了只有若干年后才能执行。期权只给了我们一个很小的获取较大的利益的机会，所以用自己工资的一部分来投资自己工作的公司是很有风险的。如果公司破产或自己被解雇的话，那我们持有的公司期权就会变得一文不值。所以，在把一份高薪工作转化成较低的薪水和期权之前，我们一定要慎重考虑。

四、互换

（一）互换的定义

“互换”（Swaps），也译作“掉期”、“调期”，是指交易双方达成协议，约定在未来某个时间以事先约定的方法交换两笔货币或资产的金融交易。因此，从本质上说，互换是远期合约的一种延伸。互换交易在国际金融市场上，主要用来降低长期资金筹措成本，并对利率和汇率等风险进行防范，因此，互换交易既是融资工具的创新，也是金融风险管理的新手段。

互换交易是基于不同投资者在不同资金市场上有不同的比较优势的情况而产生的，是交易双方比较利益驱动的结果。较高信用级别的机构与较低信用级别的机构在筹集固定利率资金上的利差，比筹集浮动利率资金时的利差要大。这表明，信用级别较低的借款人在浮动利率市场上筹资比信用级别较高的借款人具有一定的比较优势，相应地，信用级别较高的借款人在固定利率市场上筹资比信用级别较低的借款人具有一定的比较优势。因此，如果各借款人都在其具有比较优势的市场上筹资，然后再相互交换其相应的利息支付，那么双方都能降低融资成本。

（二）互换的种类及交易原理

按照基础资产的种类，互换交易可分为利率互换和货币互换两种基本类型。

1. 利率互换

利率互换（Interest Rate Swaps）是互换交易中发展最早、又最为普遍的互换。简单地说，利率互换是指参与互换的合约双方（甲方和乙方），在合约中约定一笔名义上的本金数额，然后一方按期根据本金额和某一固定利率计算的金额向对方支付，另一方按期根据本金额和浮动利率计算的金额向对方支付。换句话说，利率互换是指交易双方在债务币种相同的情况下，互相交换不同形式利率的一种合约。当然，在实际操作中，利率互换的交易双方只需由一方向另一方支付两种利息的差额即可，即若固定利率利息大于浮动利率利息，则由固定利率支付方对浮动利率支付方支付利差；若固定利率利息小于浮动利率利息，则由浮动利率支付方对固定利率支付方支付利差。

在利率互换中，浮动利率是以伦敦银行同业拆借利率（LIBOR）为基准，参与交易的各方根据各自的情况在 LIBOR 之上附加一定的加息率作为浮动利率。在利率互换中，由于固定利率借款与浮动利率借款的本金数目是相同的，所以本金不用交易，只是互换不同形式的利率。下面举例加以说明。

假设有甲、乙两家公司，都想借入一笔5年期、金额为1 000万美元的资金。他们各自在浮动利率资金市场和固定利率资金市场融资的利率见表4.2所示。

表4.2　　甲、乙两公司筹资成本比较

借款方	固定利率	浮动利率
甲公司	9.00%	LIBOR +0.30%
乙公司	10.50%	LIBOR +1.00%
成本差异	1.50%	0.70%

显然，根据表4.2，甲公司的信用级别较高，在固定利率资金市场、浮动利率资金市场融资都具有绝对优势。但是从二者在不同市场融资成本差异来看，甲公司在固定利率市场上的筹资成本比乙公司节约1.5%，而它在浮动利率市场上只比乙公司节约0.70%，所以，甲公司在固定利率市场融资有比较优势；相应地，乙公司在固定利率市场上的筹资成本比甲公司高1.5%，而它在浮动利率市场上仅比甲公司高0.7%，所以，乙公司在浮动利率资金市场有比较优势。现在假设：甲公司需要浮动利率借款，乙公司需要固定利率借款，那么互换交易就可以形成。

在这笔互换交易中，约定：甲公司筹借固定利率贷款，换给乙公司使用，乙公司筹借浮动利率借款，换给甲公司使用。因此，在互换合约执行阶段，甲公司定期向乙公司支付浮动利率，假设约定的互换利率为LIBOR，即甲公司定期向乙公司支付LIBOR的利息，同时，乙公司定期向甲公司支付固定利率，假设约定的互换利率9.20%，即乙公司定期向甲公司支付9.20%的利息。交易的流程如图4.6所示：

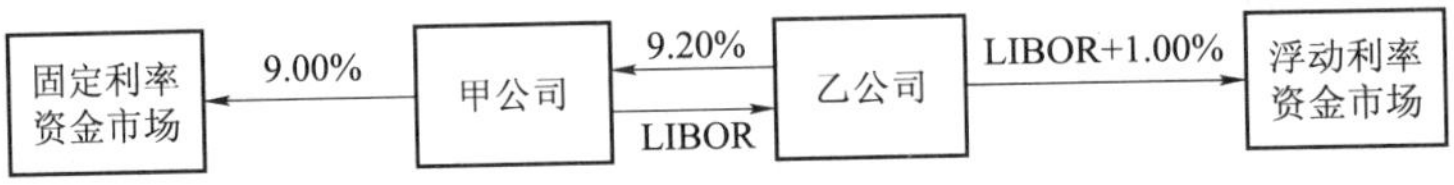

图4.6　互换交易流程示意图

从图4.6中我们可以看到，甲公司的现金流有三笔，年利息成本分别是：支付给固定利率资金市场贷款人9.00%；支付给乙公司LIBOR；从乙公司收到9.20%。所以，甲公司的资金成本是LIBOR -0.20%，而甲公司如果自己直接筹借浮动利率资金，其成本是LIBOR +03%，互换交易使甲公司实现了0.5%的成本节约。乙公司的现金流也有三笔，年利息成本分别是：支付给浮动利率资金市场贷款人LIBOR +1.00%；支付给甲公司9.20%；从甲公司收到LIBOR。由此，乙公司的筹资成本是固定利率10.20%，而乙公司如果自己直接筹借固定利率资金，其成本是10.5%，互换交易使乙公司实现了 0.3% 的成本节约。也就是说互换合约给双方带来的收益之和为 0.8%，恰好等于固定利率成本差异与浮动利率成本差异之差。

2. 货币互换

货币互换（Currency Swaps）也是常见的互换，是指交易双方按照既定的汇率交换两种货币，并约定在将来一定期限内按照该汇率相互购回原来的货币。在货币互换中，本金和利息一起交换，这一点不同于利率互换。货币互换也是由不同信用级别的机构在不同的市场有不同的比较优势而产生的。下面举例加以说明：

假设：A 为美国公司，B 为日本公司。在汇率为 1 美元 =120 日元的情况下，A 公司需要筹借 1.2 亿日元贷款，B 公司需要筹借 100 万美元贷款，A、B 公司在美元资金市场和日元资金市场上筹资的成本见表 4.3 所示。

表 4.3　　A、B 公司筹资成本比较

借款方	美元借款利率	日元借款利率
A 公司	8.50%	6.00%
B 公司	10.50%	6.50%
成本差异	2.00%	0.50%

从表 4.3 中可以看出，A 公司的信用级别要高于 B 公司，A 公司在美元资金市场和日元资金市场都有绝对优势。但是，与利率互换同样的道理，我们会发现 A 公司在美元资金市场上有比较优势，B 公司在日元资金市场上有比较优势。假定由于某种原因，A 公司需要日元资金，B 公司需要美元资金，那么，它们之间的货币互换交易就可以成立了：根据互换协议，A 公司筹借 100 万美元资金，然后换给 B 公司使用，B 公司筹借 1.2 亿日元资金，然后换给 A 公司使用。这是本金互换阶段，如图 4.7 所示。

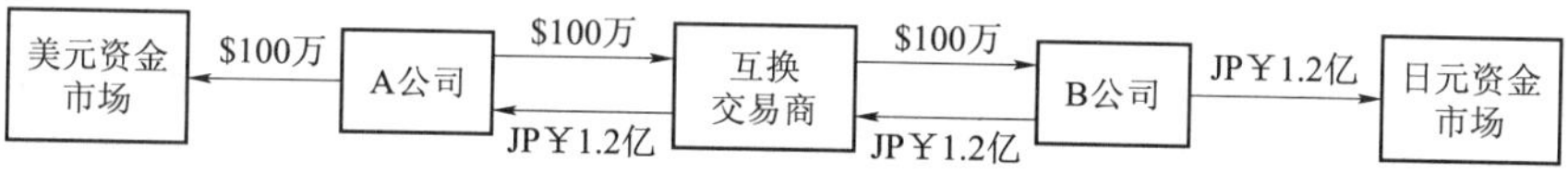

图 4.7　本金互换阶段示意图

关于利率互换条款，假设 A、B 公司在互换交易商的安排下按图 4.8 所示进行交换，A 公司将美元资金按利率 8.50% 换给互换交易商，作为互换条件，互换交易商为 A 公司筹借日元资金，利率为 5.2%，这样，比 A 公司直接借入日元资金要节约 0.8% 的成本；B 公司将日元资金按利率 6.5% 换给互换交易商，作为互换条件，互换交易商为B公司筹借美元资金，利率为10.00%，比B公司直接借入美元资金要节约0.5%的成本；互换交易商安排这笔互换交易也有赚取了佣金：它在美元借款上盈利1.50%，在日元借款上亏损1.30%，其净利为0.20%。这样，互换交易中，三方盈利之和为1.50%。这与利率互换的原理是相同的。

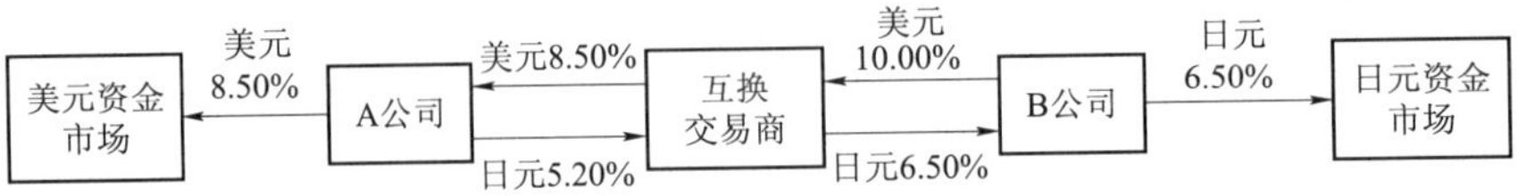

图4.8 货币互换的利息互换阶段示意图

除以上介绍的利率互换和货币互换这两种最基本的互换外，还有商品互换和股权互换。另外，由于创造互换的方法有许多，因而又存在许多基本互换类型的变异形式，如利率互换的变异形式，货币互换的变异形式等等，我们称其为衍生互换，在此不加论述。

案例分析

迎接金融期货的春天

2001年中国加入WTO，标志着全球化格局从此将因为中国这个最大的变量而发生改变。

2004年10月底，央行宣布加息0.27个百分点。这不是一次普通的加息，此举意义非凡，在对所有商业银行放宽贷款利率浮动区间后，放开贷款利率浮动上限，允许存款利率下浮。这表明，利率改革进一步迈向“贷款上不封顶，存款下不封底”的更大的灵活机制，金融机构的定价自主能力不断扩大。不知不觉中，利率市场化一百步走完九十步，也为期货市场的发展打开了想象空间。

2005年7月21日，中国政府进行了汇率制度改革，预示着人民币从此告别钉住单一美元的固定汇率制，进入了一个以市场供求为基础、参考一篮子货币进行调节、有管理的浮动汇率制，汇率形成机制发生了根本性的改变。此后，汇率和利率的联动机制将采取小步快走的市场化策略。汇率制度改革促进了中国经济增长模式的转变、金融业进一步开放以及由此导致的资源配置效率和劳动生产率的提高，成为中国经济持续增长的新动力。

2006年，中国资本市场又进行了一场具有革命性意义的股权分置改革，试图从制度层面再造资本市场，成为中国资本市场制度层面一次最为复杂和重要的变革。股改进程比预想的要快，股改效果比预想的要好。这场变革必将成为中国资本市场发展的分水岭，也是关乎整个中国金融市场稳定与发展的具有决定意义的里程碑。

随着后股权分置时代的提前到来，股指期货开始浮出水面。就如同股改之于中国证券市场一样，股指期货的推出也将是中国期货市场发展的分水岭。当金融衍生品市场发展的制度基础已得到清理，条件基本具备时，中国经济发展的内在压力对金融衍生品市场的呼唤便显得格外急促。

中国经济持续20多年保持9.4%以上的高速增长，使中国现在已经成为世界上第四大经济体，第三大贸易国，第一大外汇储备国。然而当前，我国进出口贸易面临着高出低进（出口大于进口，顺差持续扩大）和高进低出（高价进口原材料，低价出口产成品）的双重困境。过分依赖两头在外的加工贸易，虽然贸易所占份额很大，但从贸易中赚到的利润却是微薄的，这种经济增长模式并不适合于中国这样的经济大国。

近年来国际市场的石油、铁矿石、铜、铝、天然橡胶、大豆等原材料和农产品价格大幅上涨，但反观出口商品价格和CPI指数，二者并未呈现同步增长。这一方面说明中国经济结构的复杂性和多样性使得上游产品价格向中下游传导的机制失灵，另一方面也说明了中国经济具有很大的承受能力和消化能力。毋庸讳言，中国经济的这种增长模式是十分脆弱的，长此以往，中国经济增长的质量将严重受损。可以肯定地说，CPI指数已完全不足以反映中国经济的整体价格水平。人民币在国际市场上面临巨大升值压力的同时，在国内市场上，还面临着通货膨胀的巨大贬值压力。

汇率和利率的联动，已给企业和投资者带来现实的和潜在的汇率风险和利率风险。通过汇率衍生品和利率衍生品来化解金融风险就成为企业和投资者的必然选择。

尽管上海外汇交易中心和银行间国债交易市场已经建立，但还不足以满足企业和投资者避险的客观需求。我们注意到，境外人民币衍生品交易远比境内的外汇衍生品市场活跃得多，新加坡交易所（SGX）在2006年9月5日推出全球第一个中国内地股票为标的的股指期货——新加坡新华富时中国A50股票指数期货（The SGX FTSE Xinhua China A50 Index Futures）。

在国债交易市场方面，也形成了场外“倒逼”场内的态势。目前，场外的国债交易市场已经迫切需要恢复国债期货，以满足场外金融机构和投资者的流动性需求、避险性需求以及投资组合需求。更重要的是，利率市场化的一百步已经走完了九十步，但关键的一步还没有迈出，即基准利率的形成机制还没有完全实现。利率市场化的进程要求恢复国债期货，国债现货市场的发展需要恢复国债期货，机构投资者的壮大需要恢复国债期货。

思考题：你认为我国推出股票指数期货的必要性体现在哪些方面？有哪些风险？

复习思考题

1. 解释下列概念：

同业拆借、回购协议、贴现、包销、期权、看涨期权、看跌期权、期货、互换

2. 比较下列各组概念：

货币市场与资本市场、一级市场与二级市场、公募与私募、期货合约与远期合约

3. 什么是直接融资和间接融资？二者各有什么利弊？

4. 根据证券交易所和场外交易的交易机制比较分析各自的特点。

5. 试述金融市场发展在经济运行中的功能。

6. 假定项目A、B的收益率和方差如表4.4所示：

表4.4　　项目A、B的收益与方差表

	项目A	项目B
收益率	0.05	0.07
标准差	0.10	0.12

请计算项目A、B的变差系数，并回答一个风险厌恶者该如何进行项目选择。

7. 假设经济将会经历高增长、正常增长和萧条三种情况，对来年的股票市场回报率的预期收益分布如表4.5所示：

表4.5　　预期收益率的分布

经济状况	概率	预期收益
高增长	0.2	+30%
正常增长	0.7	+12%
萧条	0.1	-15%

（1）计算1 000元投资的预期值及其投资回报率。

（2）计算预期收益的标准差。

（3）如果无风险回报率为7%，股票投资的风险补偿是多少？

8. 期权的购买者与出售者各有何风险与收益？

9. 简述套期保值的基本原理。

第五章　金融中介体系

✓ 本章摘要

货币、信用和资金融通活动在很大程度上都要通过各种金融机构办理。本章介绍了主要的金融中介构成、功能、及金融中介存在的经济学基础。

✓ 本章关键词

金融中介　　信息不对称　　道德风险　　逆向选择

✓ 学完本章，你需要掌握

- 金融中介体系的基本构成
- 金融中介体系存在的经济学理由
- 现代金融中介体系的组成部分

第一节　金融中介体系概述

一、金融中介的涵义及功能

（一）金融中介的涵义

要讨论金融中介问题，首先就要对金融中介的内涵作出界定。一种观点认为：金融中介是从事金融合同和证券买卖活动的专业经济部门。另一种观点认为：金融中介的本质就是在储蓄—投资转化过程中，在最终借款人和最终贷款人之间充当第三者。他们指出，金融中介（银行、共同基金、保险公司等）是对金融契约和证券进行转化的机构。金融中介发行的金融债权对普通储户来说远远比直接由企业发行的债权更有吸引力。在充当资产转换媒介的过程中，金融中介购买由企业发行的股票、债券和其他债权等所谓的“一级证券”，并以存款单和保险单等所谓的“二级证券”形式向居民和其他部门出售金融债权。

一般地，金融中介（Financial Intermediaries）是指介于债权人或投资者和债务人或筹资者之间发挥融资媒介作用的机构。因此，金融中介包括的范围极广。在间接融资领域，与资金余缺双方进行金融交易的金融中介主要是商业银行；在直接融资领域，为筹资者和投资者双方牵线搭桥，提供策划、咨询、承销、经纪服务的金融中介，有投资银行、证券公司、证券经纪人、金融市场上的各种基金以及证券交易所；还有各种保险机构以及从事信托、金融租赁等金融机构，都在金融中介系统中发挥重要作用。

本章所分析的金融中介特指间接融资中的金融中介。

（二）金融中介的功能

现代金融中介机构包括以追求利润为目标、以经营货币资金为对象的存款货币银行和以调控货币供应量为目标的中央银行；它们在经济中发挥着以下特殊的功能：

1. 充当信用中介

信用中介职能是金融中介机构最基本的职能。这一职能是指金融中介机构通过自身信用活动充当经济行为主体之间货币借贷的中间人。金融中介机构通过吸收存款等形式集中一切闲置货币资金，再以贷款和投资的方式提供给需要货币资金的借款人。金融中介机构通过担当货币资金贷出者和借入者的中介人来实现资金融通，并从吸收资金的成本与发放贷款的利息、投资收益的差额中获取利差收入，形成其利润。

2. 充当支付中介

支付中介职能是指金融中介机构为客户办理与货币活动有关的技术性业务，如银行通过办理转账结算和现金收付业务，按照一个客户的支付命令或通知，把货币支付给另一个客户。因此，金融中介机构成为工商企业、机关团体和个人的货币保管者、出纳者和支付代理人。金融中介充当支付中介的功能有利于加速资本周转，促进生产和流通的顺利进行。

3. 创造金融工具

创造金融工具职能是指金融中介机构通过贷款和投资活动创造一系列金融工具，扩大信用规模的功能。例如，银行等金融中介机构根据经济发展的需要，不断创造出包括银行券、支票、银行本票、银行汇票在内的多种形式的金融工具，大大节省了货币流通费用，满足了流通过程对流通手段和支付手段的需要，有效地促进了经济发展。

4. 组织货币流通

各类金融中介机构的经营对象都是货币资金，由此决定了金融中介体系具有组织货币流通的功能。即通过对货币流通的管理和调节，促使货币供应量适应经济发展的需要，确保货币流通的稳定。这一功能主要由金融中介体系中的中央银行所充当。

二、现代金融中介经营模式

就传统来说，银行类金融机构与非银行类金融机构的主要区别，在于后者不能经营属于银行业务的存款业务。但是，对不同金融机构的业务经营所施加的限制性管理各国是不相同的。在德国、瑞士等实行全面经营型银行制度，几乎无所限制，银行可以经营包括存贷款业务和证券业务在内的各种金融业务；而在美国、英国、日本等国，在20世纪末之前，则长期是以一般银行业务与非银行业务分离、尤其是银行业与证券业分离为特点。近年来，在日趋激烈的竞争背景下，各种金融机构的业务不断交叉、重叠，金融机构分业经营的模式不断打破。

（一）20世纪30年代开始的分业经营与混业经营并存

20世纪30年代大危机以前，西方各国政府对银行经营活动限制极少，许多商业银行都可以综合经营多种业务，属全能型银行，人们称之为“混业经营”模式。但是在大危机中，生产倒退、股市暴跌，银行成批破产倒闭，酿成历史上最大一次的经济危机。不少西方经济学家归因于银行的混业经营，尤其是银行经营长期贷款与证券业务。据此，许多国家认定商业银行只宜于经营短期工商信贷业务，并以立法形式将商业银行类型和投资银行类型的业务范围作了明确划分。比如美国在1933年通过的《格拉斯—斯蒂格尔法》（Glass-Steagall Act）中规定：银行分为投资银行和商业银行，商业银行不得涉入属于投资银行经营的证券投资业务。对于这样的制度，人们称之为“分业经营”模式。随后，英国、日本等国家也相继实行了这种分业经营制度。

不过，德国、瑞士及北欧等国继续实行混业经营，商业银行可以不受任何限制地从事各种期限的存款、贷款以及全面的证券业务。

在很长一段时间内，关于“分业经营”模式与“混业经营”模式孰优孰劣的问题一直是经济学家们争论不休的话题。一般地，人们对分业经营模式的界定是：在分业经营模式下，商业银行局限于传统银行业务，不得进行证券承销、自营、保险和信托业务，而保险公司、投资银行、信托公司也都只能限于自身传统业务，不得交叉渗透；监管部门一般分别设立，对不同金融机构进行分业管理。而混业经营模式下，不同的金融机构业务可以交叉渗透，混业管理。

赞成“混业经营”的理由是：第一，商业银行通过全面、多样化业务的开展，可以深入了解客户情况，有利于做好存款、贷款工作；第二，借助于提供各种服务，有利于吸引更多的客户，增强银行竞争地位；第三，可以调剂银行各项业务盈亏，降低风险，有助于银行稳定经营，等等。反对“混业经营”模式的理由主要是：允许商业银行从事投资银行业务将使商业银行风险更大，金融体系更不稳定，甚至重蹈大危机时期的覆辙。

（二）20世纪70年代以来西方发达国家的“混业经营”趋势

尽管直至今日，关于“分业经营”与“混业经营”的争论还在继续，但是，20世纪70年代以来，“分业经营”模式已经逐步向“混业经营”模式转变却是一个不争的事实。

1. 商业银行大量进入长期抵押贷款市场

20世纪70年代开始，由于负债业务的结构发生变化，表现为银行定期存款比重的上升和金融债券的发行，使商业银行可以获得大量长期资金来进行更多的业务活动，特别是长期信贷和投资业务。从而突破了过去仅限于发放短期贷款的限制。

2. 商业银行大量开展中间业务与表外业务

在金融业的竞争日益激烈的条件下，商业银行面对其他金融机构的挑战，利润率不断降低，迫使它们不得不从事各种更为广泛的业务活动。因此，商业银行开发出了许多新的中间业务和表外业务，以获取手续费收入，恰似投资银行提供证券承销业务获得佣金收入一样。

3. 商业银行渗透到证券、保险等各个行业

自20世纪80年代以来，随着金融自由化的发展，商业银行已经通过多种途径渗透到证券、保险等各个行业，金融业之间的界限日趋模糊。

从1986年开始，英国重新允许商业银行进入投资银行领域。加拿大于1987年取消了银行、证券业分离制，1991年通过了银行、信托、保险通过子公司实现业务交叉的方案，1992年又允许银行通过子公司经营信托和保险业务，并允许设立大型复合金融机构。日本在20世纪80年代中期开始出现一些银行业和证券业混业经营、混业管理的情形。1993年4月，日本金融制度改革法出台，银行与证券业混业经营遂成定局，银行间的专业壁垒也被打破。在1997年的亚洲金融危机中，日本银行业遭到重创，但是，日本并没有回到原来的管制轨道上去，而是于1998年颁布了《金融体系改革一揽子法》，即被称为“东京大爆炸（Big Bang）”式的改革计划，允许各金融机构跨业经营各种金融业务。1999年10月，美国通过了《金融服务现代化法案》，废除了代表分业经营的《格拉斯—斯蒂格尔法》，允许银行、保险公司及证券业互相渗透并在彼此的市场上进行竞争。这标志着西方国家分业经营模式的最终结束，混业经营成为国际金融业发展的大趋势。

第二节　金融中介存在的经济学基础

近年来，理论和实证方面的大量研究证明金融、金融中介和经济增长之间存在密切的联系。在市场经济中，储蓄—投资的转化过程是围绕金融中介来展开的，金融中介从消费者（储蓄人）手中获得资金并将它借给需要资金进行投资的企业，金融中介成为经济增长的中心。从根本上来说，金融中介是储蓄—投资转化过程的基础性的制度安排。本节将对金融中介存在的理论基础进行分析。

一、交易成本与金融中介

交易成本是指从事交易所花费的时间和金钱。金融市场上从事交易的人们都面临着一个问题：因交易成本过高而使交易不能达成，即交易成本问题。

（一）交易成本影响金融结构

交易成本的存在，阻碍了许多小额储蓄者和借款者之间的直接融资，阻碍了金融市场正常作用的发挥。举一个例子就可以使我们对这个问题有比较清楚的认识。

假如你有 5 000 元准备投资，而且想投资于股票市场。由于你只有 5 000 元，你只能买少量的股票。股票经纪人会告诉你："你的购买量是如此小，你支付的佣金在你的购买价格中将占较大的比重。"如果你要购买债券，问题将会更严重，因为许多国家的债券交易都有一个最低购买量要求，比如是 10 000 元，而你没有那么多钱也就无法投资。事实上，经纪人可能对你的投资并不感兴趣，因为你的投资额太小，他认为不值得花时间去考虑。最终你失望了，你发现你不能将辛苦积累起来的钱投资于金融市场去赚取利润。但是，你也可能会得到些许安慰，因为你并不孤独，你并不是惟一被过高的交易成本所困扰的人。即使在美国，也只有大约 1/2 的个人拥有有价证券。

由于较高的交易成本，你还会面临另外一个难题，即投资本钱太小而使你不能进行分散投资，你不得不把"全部鸡蛋放在一个篮子里"，因而会暴露在极大的风险之下。

（二）金融中介可以降低交易成本

有什么办法能够降低交易成本，使资金在储蓄者和投资者之间顺畅融通呢？那就是利用银行等金融中介机构，它们有降低交易成本的特殊专长。金融中介存在的一个理由是，由于现实的金融资产交易需要交易费用，而且金融资产并不是可以无限细分的，个人投资者无法以有限的资本在众多的金融资产上进行分散投资；相比之下，金融中介汇总众多单人投资者的资本，有条件进行有效的分散投资并可节约交易费用，实现投资的规模经济。交易成本的存在部分地解释了金融中介存在的合理性。

1. 金融中介机构的规模经济

降低交易成本的方法之一就是把许多投资者的资金聚合起来，发挥规模经济（Economies of Scale）优势。规模经济存在的原因在于：在金融市场上，随着交易规模的扩大，总的交易成本只以较小的数额增加。比如，购买 10 000 元股票的总成本并不一定大于购买 50 元股票的总成本。

金融市场上存在规模经济的现象有利于解释为什么金融中介会存在和发展，并成为金融结构中最重要的组成部分。因为银行与其他金融中介机构正是这种能把许多闲散的小额资金聚合到一起，形成规模经济，降低交易成本的机构。而且，银行与其他金融机构在把聚合起来的巨额资金进行投资时，可进行多样化处理，从而还降低了投资风险。因此，对于小额储蓄者和借款者来说，通过商业银行等金融机构进行间接融资，无疑是有益的。

降低交易成本的金融中介机构还有投资基金。在上述的例子中，假设你不是在金融市场上直接购买股票，而是购买投资基金，那么，当投资基金把聚合起来形成巨大规模的资金再投资于股票和债券时，因购买量大而使交易成本大为降低，当投资基金把这些交易成本以管理费形式扣除以后，成本节约所带来的好处便落在个人投资者手中。另外，投资基金由于规模大，在购买股票和债券时还可进行多样化处理，降低了投资风险，这对于购买投资基金的个人来说，当然是有益的。

2. 金融中介机构降低交易成本的专门技术

银行与其他金融中介机构的存在，还在于它们拥有降低交易成本的专门技术。它们开发出了专门的计算机技术，能够以极低的交易成本提供多种便利的金融服务。交易成本的降低让银行和其他金融中介机构能为客户提供流动性服务，提供各种能让客户比较容易进行交易的服务。比如货币市场共同基金，它不仅向持有者支付较高的利息，还允许持有者签发便于交易的支票。

二、信息不对称与金融中介

随着现代金融市场中产品的日益丰富，以及计算机等现代工具的引入使得金融交易手段更加快捷便利，金融产品的非分割性和交易成本等外生因素在金融投资中的重要性日益降低。但是，金融中介并没有逐渐消失，它们在金融市场中的作用反而更加重要。

现代金融经济学认为，金融中介存在的最主要原因是金融市场上存在不对称信息（Asymmetric Information）。在非对称信息环境中，金融中介有三个基本的功能：在企业和投资者之间传递信息，代表投资者对企业经营活动进行监控，在一定程度上克服逆向选择和道德风险的发生。在一定条件下，这些功能将提高金融市场运行效率。

（一）完全信息的生产与出售所面临的问题

所谓信息不对称，就是指交易一方对交易另一方的了解不充分，双方处于不平等地位。在金融市场上，资金需求者和供给者之间普遍存在着信息不对称现象。通常，资金需求者对自己的投资生产计划比对方要了解得多，而潜在的资金供给者总是希望对资金使用情况和可能出现的收益了解得越详细越好，因为这可以部分或完全地避免由于信息不对称引起的逆向选择和道德风险（下面会有详细的分析）。由此我们想到，解决信息不对称问题的办法就是向资金供应者提供那些正在寻求资金的个人或公司的详细情况，比如成立一个信息生产公司，由该公司负责搜集有关金融资产的全部信息，然后将信息出售给资金的供应者，美国的标准普尔公司、穆迪公司就是这样的信息生产与销售公司。

然而，这种做法存在着以下一些问题，使得靠某一公司生产与销售信息来解决信息不对称问题成为不可能。

1. “搭便车问题”

金融市场上的搭便车问题（Free-rider Problem），是由信息不对称所引起的，它是指一些人不付费地利用他人付费所得到的信息。我们通过一个例子来说明为什么在信息出售过程中会出现搭便车问题。

比如，美国公民汤姆购买了标准普尔公司的信息，信息中包含了各发行公司的质量及证券好坏的情况。汤姆据此信息选定了一种优良证券，这种证券的购买价格低于其实际价值，从而可弥补购买信息的成本。由于证券买卖的公开性，其他投资者看到汤姆购买该证券且获利了，也会跟着购买这种证券。在从众心理的作用下购买的人越来越多，导致其价格上升，使其他投资者也分享了汤姆付费购买信息所得到的好处，这就是金融市场上的“搭便车”现象。而且，由于汤姆支付了信息费而搭便车的人没有付费，汤姆从该证券中的获利并没有那些搭便车人的获利大。即使汤姆的获利较大，他也没有得到应有的全部利益，购买信息带来的绝大部分利益都被那些搭便车的人抢走了。最后，汤姆认识到，他大可不必为首先得到信息而付出费用。因而，标准普尔公司所提供的信息是无法出售的。

2. “可信度问题”和“剽窃问题”

信息生产与出售中还存在着“可信度问题”和“剽窃问题”。信息公司投入一定成本，通过调查研究等手段获得了潜在投资者所关心的有关投资对象的信息，这些信息具有潜在的价值。但是，要实现信息的潜在价值并不容易，信息出售中会出现两个主要问题：第一，信息买方无法判断信息的真假和质量，即“可信度问题”(Reliability Problem)；第二，信息是一种准公共物品，信息买方可在购买并获得信息后转售给他人，这通常并不影响信息的价值，即所谓的“剽窃问题”(Appropriability Problem)。所以，即使信息具有真实价值，信息收集者本人也难以获得信息生产的全部回报，信息生产具有不经济性。

由上述的“搭便车问题”、“可信度问题”和“剽窃问题”可知，穆迪公司和标准普尔公司的信息实际上是卖不出去的。

（二）解决信息不对称的方法——成立金融中介

为了解决信息不对称问题，风险中立的信息生产者可以利用信息亲自进行投资。由于对自己信息的真实性有充分了解，并且信息能够被自己独自完全利用，信息不对称问题就迎刃而解了。但是，如果信息生产者是风险厌恶者（大多数投资者都是风险厌恶者），他不想亲自进行投资，不想承担可能涉及的过多风险。该如何解决这个难题呢？办法就是：成立一个金融中介。金融中介，尤其是银行，是公司信息的生产高手，能够分辨公司信贷风险的高低。银行从存款者那里获得资金，然后根据掌握的信息将资金发放给那些信誉好、效益好的企业。在此过程中，银行从存贷款利率差中获得收益，这种收益正是对银行信息生产的回报。

而且，银行贷款是非公开进行的，与证券市场上的公开交易不同，它具有一定的保密性，避免了其他人在信息上搭银行的便车。银行贷款的非公开性使其他投资者无法得到银行贷款信息，因而银行的贷款利率也不会被拉下以致难以补偿因生产公司信息而耗费的成本。由此可见，银行和其他金融机构正是凭借贷款的非公开交易这一方法成功地克服了信息不对称问题，有效地实现了社会资金的融通。

而且，由于金融中介掌握着多家借款者的私人信息，发送信息的成本较低，存在着规模经济的优势，所以，金融中介能够长期存在于金融市场之中。

三、逆向选择与金融中介

逆向选择（Adverse Selection）的本意是指人们做并不希望做的事情，而不做希望做的事情。逆向选择是由于事前的信息不对称所导致的。在金融市场上，逆向选择是指市场上那些最有可能造成不利（逆向）结果（即造成违约风险）的融资者，往往就是那些寻求资金最积极而且最有可能得到资金的人。简言之，违约风险高的人往往最积极地寻找资金，结果投资者或债权人往往将资金借给了最不想贷给的对象。比如，骗子往往最急切地想得到贷款，因为他们知道自己极有可能违约。面对这种情况，投资者会采取相应的保护措施，而这会提高融资的门槛和交易成本，并迫使那些风险较小（因而收益较低）的融资者退出市场，从而进一步提高了投资者的风险并迫使其采取更加严格的保护措施。双方重复博弈的结果，会不利于融资活动的良性发展，并有可能导致投融资市场规模的萎缩。

（一）逆向选择问题

1. 二手车问题

逆向选择的一个具体表现就是“二手车现象”。由于信息不对称，二手车的潜在购买者通常不能完全了解车的质量，他们不能判定哪些是运转良好的质量上等的二手车，即所谓的“桃”；哪些是会给他们带来麻烦的质量劣等的二手车，即所谓的“柠檬”。因此，买者愿意支付的价格必定是市场上平均质量的二手车的价格。对于质量上等的二手车来说，该价位低了；而对于质量劣等的二手车来说，该价位高了。因此，在这样的价位下，质量上等的二手车的车主因价格低而不愿意出售；质量劣等的二手车因价位高没有人愿意购买。于是，只有那些质量处于平均质量水平的二手车，才可能成交，而这样的成交量是很小的，故二手车市场成交量很小，交易清淡。

2. 证券市场上的“柠檬问题”

证券市场上也有类似二手车市场的“柠檬问题（Lemons Problem）”。证券的优劣依赖于公司经营状况的好坏，优良公司的证券，其预期收益率高且风险小，而不良公司的证券，其预期收益低且风险大。但是，证券的潜在购买者并不能识别证券的优劣，他们所愿意支付的证券价格只能是反映发行公司平均质量的证券的价格，这一价格低于优良公司证券的真实价值，高于不良公司证券的真实价值。因此，优良公司的所有者因购买者愿付的证券价格低于其实际价值，而不愿出售其证券；只有那些质量低劣的公司才愿意出售其证券，因为他知道购买者愿付的价格高于其实际价值。投资者也不是傻瓜，他们明白这种逆向选择，所以他们选择不在证券市场上直接投资。结果，与二手车市场一样，由于逆向选择的存在，证券市场交易规模小，证券市场的作用不能得到正常发挥。

（二）逆向选择的解决方法

从以下解决逆向选择问题的办法中，我们不难发现金融中介存在的重要性。

1. 由政府免费公开信息

如果交易双方都能完全了解所交易对象的质量，逆向选择问题就不存在了。那么如何才能做到这一点呢？即公开信息。如前所述，信息是不能出售的，那么就只能由政府出面组织来搜集所有公司的信息，并公开信息，免费提供给公众，以帮助投资者识别证券的优劣。这种方法从理论上讲似乎是可行的；但是，政府公开信息时，必然要发布关于公司的负面信息，会遭到所有公司的强烈反对，因而公开信息的做法在实践上是不可行的。

2. 政府管制要求公司披露真实信息

由政府对金融市场严加管制，鼓励公司披露真实信息，使投资者得以识别公司的优劣。这是美国及世界上大多数国家普遍采用的做法。在美国，证券交易委员会（SEC）是政府管制证券市场的机构，它要求在公开市场上销售证券的公司按照标准会计准则披露有关销售、资产和收益方面的信息。在其他国家也有类似的管理。

政府管制金融市场对于解决逆向选择问题是有效的，但是不能杜绝该类问题的发生。即使公司向公众提供了销售、资产和收益方面的信息，但要了解一个公司的质量仅靠它提供的这些信息是不够的，还需要了解更多的公司内幕。所以，公司仍然比投资者拥有更多的信息，仍然存在着信息不对称问题，逆向选择依然存在。另外，越是业绩差的公司就越具有一种动力把自己包装起来，公司对自己公布的信息加以包装以后，投资者就无法辨别公司的优劣了。因而，仅靠政府管制也是不能完全解决逆向选择问题的。

3. 成立银行等金融中介

公开信息行不通，政府管制又不能彻底解决信息不对称引起的逆向选择问题，那么有没有办法可以彻底避免逆向选择问题呢？我们先去二手车市场上寻找回答这一问题的线索和思路。

二手车市场的一个重要特征是大多数的二手车并不是在个人之间直接买卖转手，而是通过一个中介机构——二手车交易商来买卖。这些交易商买进二手车，再将它卖给其他人。二手车交易商成为鉴别二手车质量优劣的专家，他们能够生产信息，能够知道车的质量好坏，并在销售时提供某种形式的担保。这种担保让人们愿意购买二手车；二手车交易商也因能以低价买进、高价卖出而获得利润，这个利润正是二手车交易商生产信息的收益。可见，二手车买卖的中介机构有效地解决了逆向选择问题，也避免了其他人在信息上搭便车等问题。

二手车交易商的存在有效地解决了二手车市场中的逆向选择问题，金融中介机构在金融市场上也发挥着类似的作用。金融中介，尤其是银行，是生产公司信息的高手，能够分辨出公司信贷风险的高低。银行从存款者那里获得资金，然后根据掌握的信息将资金发放给那些信誉好、效益好的企业。在此过程中，银行从存贷款利率差中获得收益，这种收益正是对银行信息生产的回报。由此可见，银行和其他金融机构正是凭借贷款的非公开交易这一方法成功地克服了由信息不对称所导致的逆向选择问题，有效地实现了社会资金的融通。

四、道德风险与金融中介

信息不对称引起的另一个问题，是在交易发生后出现的道德风险。道德风险是指由于经营者或市场交易的参与人得到了第三方的保障，使其因自身决策或行为引起损失时不必承担完全责任，甚至可能得到某种补偿，这种情况将“激励”他们倾向于作出风险较大的决策，以博取更大的收益。金融市场上的道德风险，是指融资者在融入资金后，不按事先约定运用所融入的资金而去从事高风险的经济活动。

（一）道德风险的表现

1. 股票市场上的道德风险

在股票市场上，道德风险的产生源于所有者与代理人之间的矛盾。我们知道，股权是分享公司盈利和资产的要求权的凭证，拥有公司大部分股权的股东是公司的所有者或业主。当公司经理只拥有公司的一小部分股权时，经理就只是业主的代理人。公司所有权掌握在业主手里，而公司的控制权掌握在代理人手中。所有权与控制权的分离导致道德风险的产生：代理人和业主各自掌握的公司信息是不对称的，掌握控制权的代理人比掌握所有权的业主更加了解公司情况；由于仅持有很少的股权，代理人没有使公司利润最大化的动机，他可能会按照自己的利益而不是业主的利益来进行决策。由代理人问题引起的道德风险可以通过下面的例子清晰地加以说明。

假设，你的朋友张某邀请你以不参与管理股东的身份与他合伙开办一家冷饮店。这家冷饮店的投入资金为 10 000 元，其中，你的朋友投入 1 000 元，占股份的 10%，你出资 9 000 元，占股份的 90%。这样，你拥有 90% 的股份，是冷饮店的所有者（即业主）；而你的朋友张某只占 10% 的股份，是冷饮店的经理（即代理人），负责为你经营这家冷饮店。如果他勤奋工作，使冷饮店赚取了 50 000 元的利润；那么，张某将分得5 000元（50 000元的10%），而你将得到剩余的大部分，即45 000元。但是，如果张某认为这5 000元的报酬不值得他花如此多的精力去做一个好经理，那么他将不再勤奋工作，而是花更多的钱去装饰其办公室，甚至去海边度假。结果，冷饮店连一分钱的利润也没有，导致你损失45 000元（你本应得到的）。更为严重的是，当张某不诚实，将50 000元利润装进自己的腰包却告诉你冷饮店不盈利时，你的损失就更大。他得到了50 000元的利润，而你却分文未收。

因此，由于道德风险的存在，极大地抑制了通过发行股票筹集资金的活动。

2. 债券市场上的道德风险

道德风险在债券市场上依然存在。因为按照债权合同的规定，借款人只需向贷款人支付一个固定的款项，所获利润中超过这一数额的任何部分都由借款人所有。结果，借款人就有一种从事贷款人所不希望的高风险投资项目的冲动，道德风险由此产生。

再看上面的例子。假如因考虑到代理人问题，你决定不以股东的身份与你的朋友合作。同时，考虑到冷饮店生意是一个风险较低、盈利较稳定的项目，你决定以贷款的方式提供给张某9 000元，并签订了借贷合同，规定借款利率为10%。但是，在获得贷款之后，张某很可能因为冷饮店利润太低而不再投资冷饮店，他会将资金投资到其他项目，如投资医药设备。显然，投资医药设备是一个风险较大的项目，一旦获得成功，他将会赚取巨额利润，而你还是按照借贷合同获得900元的利息；一旦惨遭失败了，他仅仅是失去了最初投入的1 000元，而你将失去大部分甚至全部的本金和利息。

因此，由于道德风险的存在，使股票市场和债券市场的发展受到了抑制，直接融资的功能不能充分发挥出来。

（二）道德风险的解决办法

1. 由投资者对融资者进行监督

解决道德风险的办法之一是加强监督，即经常对公司进行审计，并检查经理的具体行动。加强监督的目的是让投资者对公司有更多的了解，以克服信息不对称引起的道德风险。但问题在于监督是有成本的，如果由大量的小贷款人直接监督借款人，成本会很高；而且同样会产生“搭便车问题”。

2. 政府对融资者的监管

既然加强监督不能解决道德风险问题，于是各国都公开加强政府管理以增加信息披露。比如，许多国家都以法律的形式要求公司使用标准的会计准则，以便人们更容易识别公司的盈利状况。各国还制定法律，对那些采取隐瞒、欺骗、欺诈行为的当事人严加惩罚。但这些法律措施的效力有限，违法者会试图制造假象和障碍，导致政府难以发现他们的违法行为。所以，加强政府管理也不能完全解决道德风险问题。

3. 成立金融中介并由其监管

虽然监管是有成本的，但银行监督却具有规模经济效应。银行相对于其他金融中介的另一个优势是：由于企业通常在银行开户，银行就可以通过观察企业的存款和取款情况来评定企业的金融状况，从而直接得到一些重要的信息。而且，银行是提供非公开交易性贷款的机构，别人无法得到银行的有关信息，也就搭不上银行监督的便车，所以银行能够获得贷款监督的全部好处。因此，可以通过银行来监督借款人的行动，以降低贷款的道德风险。银行监督转移了债券市场上的道德风险，银行对企业的监督体系使银行愿意向任何企业贷款，从而大多数工商企业的外部资金都主要是从银行贷来的，而不是通过证券市场筹集的。

另外，成立类似于风险资本公司这样的金融中介机构，有助于减少股票投资中的业主与代理人矛盾引起的道德风险。风险资本公司把合伙人的资金聚合起来，并运用这些资金向企业提供启动资金，而风险资本公司得到的是该企业的股份。风险资本公司派人进入企业的管理机构，成为企业的董事会成员，密切掌握企业的经营动向。得到风险资本启动的企业，其股份是不能卖给其他人的，而只能卖给风险资本公司。这样，其他投资者就无法搭风险资本公司监督企业活动的便车，从而使风险资本公司获得了监督活动的全部收益。风险资本公司的这种安排，有效地降低了股票投资中的道德风险。

可见，金融中介机构在降低道德风险方面具有不可替代的重要作用。

综上所述，金融市场上交易成本、信息不对称及其引起的逆向选择和道德风险的存在，严重阻碍了金融市场正常功能的发挥。银行与其他金融中介在一定程度上可以防范这些问题的发生，银行与其他金融中介合理存在的原因也正在于此。

第三节 金融中介体系的构成

市场经济国家的金融中介体系是一个由两级银行体系构成的金融体系；中央银行是整个金融中介体系的核心，商业银行和其他金融机构呈现多元化发展的趋势。

一、中央银行

中央银行（Central Bank），习惯上称为货币当局（Monetary Authority），是一个

国家金融体系的权威和监管者，具有对全国金融活动进行宏观调控的特殊功能。

中国的中央银行是中国人民银行。中国人民银行是 1948 年 12 月 1 日在华北银行、北海银行、西北农民银行的基础上合并组成的，其地址最初设在河北省石家庄市，并在当日首次发行了人民币。1984 年以前，中国人民银行既行使中央银行职能，又对企业单位和居民个人办理存贷款等业务。1983 年 9 月，国务院决定中国人民银行专门行使中央银行职能，同时成立中国工商银行，办理有关具体业务。

美国的中央银行是美国联邦储备系统，简称美联储，它是根据 1913 年的《联邦储备法案》创立的。

二、存款机构

存款机构，包括商业银行、储蓄银行、信用社等金融中介。存款机构发行支票，吸收储蓄存款和定期存款，以此获得的资金进行各种贷款或购买证券。

（一）商业银行

商业银行（Commercial Bank），也称存款货币银行（Deposit Money Bank），主要通过发行支票存款、储蓄存款和定期存款来筹措资金，并将其用于发放工商业贷款、消费贷款、抵押贷款及购买政府债券等业务。商业银行体系拥有最大的资产规模，提供全面的金融服务。

中国的商业银行包括国有商业银行与其他股份商业银行两大类。

处于中国金融中介体系中主体地位的是国有商业银行：中国工商银行、中国农业银行、中国银行和中国建设银行。它们成立之初是完全的国有性质，即国有独资商业银行。但是，进入 21 世纪以来，国有商业银行加快了改革的步伐，先后进行了股份制改革，使之成为国有控股的股份制商业银行。除此以外，中国还存在着一些股份制商业银行，如交通银行、中信银行、中国光大银行、华夏银行、中国民生银行、广东发展银行、深圳发展银行、招商银行、兴业银行、上海浦东发展银行等。

（二）互助储蓄银行（Mutual Savings Bank）

互助储蓄银行吸收储蓄存款（通常称为股份），并用来发放抵押贷款。它们具有“互助性”或“合作性”的公司结构：存款人拥有银行。这类机构在西方国家较为成熟。

20 世纪 80 年代中期，为配合国家住房制度改革，围绕房改领域开展业务，我国分别在烟台和蚌埠成立了住房储蓄银行，专门办理与房改配套的住房基金筹集、信贷、结算等政策性金融业务。但进入20世纪90年代，我国建立公积金制度后，住房储蓄银行的职能基本被住房公积金管理中心取代，原因是这两家银行的经营范围与其他商业银行已经没有什么不同以及我国特有的住房信贷市场环境，导致经营业绩寥寥。2000年，蚌埠住房储蓄银行与当地城市信用社合并。2003年，烟台住房储蓄银行改制更名为恒丰银行。2004年2月6日，首家中外共同投资的住房储蓄银行成立，这便是中德住房储蓄银行有限责任公司。中德住房储蓄银行由中国建设银行与德国施威比豪尔住房储蓄银行合资成立，注册资本15亿元人民币，建行持股75.1%，德国施威比豪尔住房储蓄银行持股24.9%，后者是欧洲最大、最成功的住房储蓄专业银行，其设在欧洲其他国家的合资银行均在所在国住房金融市场上占有领先地位。该行成立初期主要在天津开展业务，并将逐步向全国推广。

（三）信用联合社（Credit Union）

信用联合社是一类规模较小的金融中介，它是由消费者自发成立的合作组织，比如社团成员、某特定公司的职员等。它们向成员吸收存款（通常称为股份），然后再对其成员提供消费贷款。在美国，1980年后，银行管理法规也允许其签发支票存款，并提供除消费贷款以外的抵押贷款。

我国的农村合作金融产生于20世纪50年代初，当时刚刚获得解放的农民为了保护胜利的果实，为了摆脱农村高利贷的盘剥，解决生活、生产中对货币资金的需求，在政府的号召下自愿地组建起了农村信用合作社。农村信用合作社成立后，本着为社员服务、不以盈利最大化为目的。但由于种种历史和现实原因，农村信用合作社“合作”的特征逐步被淡化，“商业化”特征日益明显。类似的情况也出现在我国城市信用合作社。目前，这类机构大多改为“农村商业银行”和“城市商业银行”。

三、契约储蓄机构

契约储蓄机构，包括各种保险公司、养老基金及退休基金等，它们以合约的方式在一定期限内从合约持有者手中吸收资金，并主要投向资本市场——投资股票和长期债务工具。

（一）人寿保险公司

人寿保险公司（Life Insurance Companies），是最大的契约性储蓄机构，它兼有储蓄银行的性质，因为，人寿保险金就像流向储蓄机构的储蓄一样成为人寿保险公司的资金来源，人寿保险单的所有者拥有的实际上是一项固定面值的潜在资产。人寿保险公司主要提供投保人死亡后的经济补偿和生存养老等，主要投资对象为公司债券和股票、抵押资产。

（二）火灾和意外灾害保险公司

火灾和意外灾害保险公司（Fire and Casualty Insurance Companies），承保由于盗窃、火灾和意外事件等原因而给保户带来的损失。他们与人寿保险公司一样通过收取保费取得资金。但是，它们出现资金流失的可能性更大（比如发生较大的灾难时），因此它们所投资的资产更具有流动性。火灾和意外灾害保险公司最大的投资对象是政府债券，其次是公司债券和股票。

（三）私人养老保险基金和政府退休基金

退休时能够获得资金保障的愿望使得各种类型的养老保险基金和退休基金迅速增长。退休储蓄有两种方式：即通过个人的储蓄行为和雇主负责的养老金计划。雇主负责的养老金计划有其明显的优势：一是养老基金比个人能更有效地管理资金，他们可以分散化经营，减少交易成本；二是政府税收政策鼓励雇员和雇主执行养老金计划，因为养老金的支付是免税的。因此，主要的大公司和政府部门都为其雇员提供退休金计划。雇主从雇员的工资中扣除退休金并把它们划给养老基金或退休基金。

近年来，世界各国养老金制度改革的趋势是，减少政府养老基金的规模，扩大私人养老金的规模。养老基金一般投资于公司股票、公司债券及政府债券。随着人口老龄化程度的提高，养老基金汇聚了越来越大的社会财富，其投资活动对于投资基金行业以及金融市场的发展，都起着十分重要的作用。

四、投资性中介机构

投资性中介机构包括各类金融公司、共同基金及投资银行。

（一）金融公司

金融公司（Finance Companies），或称为财务公司，通过发行商业票据、股票或从银行借款获得资金，并向购买家具、汽车等耐用消费品的消费者和小企业发放贷款。

与商业银行不同，金融公司是大额借款小额贷款，商业票据市场的发展为财务公司带来的利益超过了银行，因此，金融公司在西方金融中介市场中占有一席之地，而商业银行的份额则下降。由于金融公司不公开吸收存款，所以管理当局除了信息披露要求并尽力防止欺骗外，几乎没有管理规则。

金融公司可以分为以下三种类型：

第一类，销售金融公司，是由一些大型零售商或制造商建立的、旨在以提供消费信贷的方式来促进企业产品销售的公司。例如，福特汽车信贷公司便是福特汽车公司为了促进汽车销售而建立的，它向购买福特汽车的消费者提供贷款。我国在2003年《汽车金融公司管理办法》及《汽车金融公司管理办法实施细则》出台后，到2005年6月，中国银监会先后批准了上汽通用、大众、丰田、福特、戴克共5家汽车金融公司，其中上汽通用、大众、丰田和福特信贷已经获准开业。从中长期的角度来看，随着我国金融体制改革的深入与汽车消费环境的发展，汽车金融公司会有越来越广阔的市场发展前景。

第二类，消费者金融公司，是专门发放小额消费者贷款的公司，它可以是一家独立的公司，也可以是银行的附属机构。由于贷款规模小，管理成本高，这些贷款的利率一般也比较高。其主要作用是为那些在其他渠道很难获得贷款的消费者提供资金。

第三类，商业金融公司，是主要向企业发放以应收账款、存货和设备为担保的抵押贷款的机构。这类金融公司在我国称为财务公司，财务公司利用其熟悉集团成员资金运用上的时间差和地域差的优势，有效地积聚闲散资金，及时解决某些成员单位暂时性资金短缺问题，保护企业集团整体利益不受损害。目前我国企业集团财务公司主要分布于机械、电子、汽车、石油、化工、建材、能源、交通等国民经济骨干行业和重点支柱产业。

（二）投资基金

投资基金，或称共同基金，是一种利益共享、风险共担的集合投资制度。投资基金集中投资者的资金，由基金托管人委托职业经理人管理，专门从事投资活动。投资基金一般由发起人发起设立，通过发行证券募集资金，基金的投资人不参与基金的管理和运作，只定期取得投资收益。基金管理人根据投资者的委托进行投资运作，赚取管理费收入。投资基金的特点是，组合投资、分散风险、专家理财。美国是目前投资基金业最发达的国家，投资基金已经成为最普遍的投资方式。

1. 契约型投资基金和公司型投资基金

投资基金根据其组织形式不同，可分为契约型投资基金和公司型投资基金。契约型投资基金也称信托型投资基金，是根据一定的信托契约原理，由基金发起人和基金管理人、基金托管人订立基金契约而组建的投资基金。由基金管理人（委托者）经营信托资产，银行或信托公司（受托者）保管信托资产，投资人（受益人）享有投资收益。契约型投资基金的主要特点是：（1）法律依据是信托法；（2）没有独立的法人资格；（3）投资者不作为股东，只依照信托契约分享收益、进行监督；（4）融资渠道只有发行受益凭证；（5）经营财产的依据是信托契约。

公司型投资基金是按照股份公司方式运营的。投资者购买公司股票成为公司股东，股东大会选出董事会成员，后者选出公司总经理。公司选择某一投资管理公司，委托管理本公司的资产。公司型投资基金涉及四方当事人：投资公司，是公司型基金的主体；管理公司，为投资公司经营资产；保管公司，为投资公司保管资产，一般由银行或信托公司担任；承销公司，负责推销和回购公司股票。

2. 开放式基金与封闭式基金

根据基金是否可赎回，投资基金分为开放式基金与封闭式基金。

封闭式基金（Close-end Fund），是指基金规模在发行前已经确定，在发行完毕后和规定的期限内，基金规模固定不变的投资基金；开放式基金（Open-end Fund）是指基金公司随时根据市场供求情况发行新份额或被投资人赎回，基金规模不断变化的投资基金。归纳起来，开放式基金与封闭式基金在以下方面存在着不同：第一，基金规模的可变性不同：封闭式基金均有明确的存续期，在此期限内已发行的基金单位不能被赎回；而开放式基金所发行的基金单位是可赎回的，而且投资者在基金的存续期内也可随时申购基金单位；第二，基金单位的买卖价格形成方式不同：封闭式基金因基金规模固定不变，其买卖价格主要由供求决定；而开放式基金由于其基金规模的可变性，其买卖价格是以基金单位的净资产值为基础计算的，可直接反映基金单位资产净值的高低；第三，基金的投资策略不同：由于封闭式基金不能随时被赎回，其募集的资金可全部用于投资，基金管理公司可以制定长期的投资策略，取得长期经营收益；而开放式基金则必须保留一部分现金，以便投资者随时赎回，而不能全部用于长期投资，一般投资于变现力强的资产。

专栏 5

对冲基金——百万富翁投资俱乐部

如果按照基金的资金募集方式和资金的来源划分，可以将基金分为公募基金和私募基金。公募基金是以公开发行证券筹集资金方式设立的基金。目前大多数基金属于公募基金。私募基金是以非公开发行证券方式募集资金所设立的基金。

私募基金面向特定的投资群体，满足对投资有特殊期望的客户需求。私募基金的投资者主要是一些大的投资机构和一些富人，美国的私募基金的合伙人要取得投资资格需要一定的条件，这些条件决定了只有富人才能参与私募基金。如索罗斯领导的量子基金的投资者都是超级大富翁，或是金融寡头，或是工业巨头。量子基金的投资者不足100人，每个投资者的投资额至少100万美元，多则1 000万美元。

对冲基金（Hedge Fund)，是私募基金的一种，是专门为追求高投资收益的投资人设计的基金。为了避开不同的法律规定，对冲基金存在两种规模形式：一种是最多有99个投资者，每个投资者至少出资100万美元；另一种是最多有499个投资者，每人最少出资500万美元。大一点的基金也可以接受机构投资者，比如，退休基金、共同基金或者保险公司，只要它们的净价值达到2 500万美元。因此，这事实上是一个百万富翁投资俱乐部。

从投资策略上看，对冲基金分为宏观基金与相对价值基金两大类。

宏观基金主要利用各国宏观经济的不稳定性进行环绕宏观经济不均衡波动的套利活动。当发现一国的宏观经济变量偏离均衡值时，便集中资金对目标国的股市、利率、汇率、实物进行大规模的反向操作。比较著名的宏观基金，是索罗斯领导的量子基金，它被认为是1997年泰国金融危机的导火索。如面对一国宏观经济过热，预期资产价格将下跌时，它们会大量卖空该国资产，一旦该国宏观经济形势逆转，资产价格将大幅贬值，宏观基金就大量买进从中获得巨额的收益。因此，宏观基金对全球金融体系的破坏性较大。

相对价值基金与宏观基金不同，它一般不冒较大的市场风险，只对密切关注的证券进行投资。由于证券的价格差异一般较小，如果不用杠杆效应的话，就无法取得高额收益。因此，相对价值基金更倾向于使用高杠杆操作。一种典型的操作思路是“多头—空头基金”，即卖空相对价格会下降的公司股票，然后用卖空所得购买预期相对价格会上升的公司股票。著名的相对价值基金，是美国的长期资本管理公司(LTCM)。

总之，不管运用什么策略，所有的基金经理都力图拿到大约等同于股票市场的回报（通过一种复杂的指数如标普500来进行测量的)，同时又与股票市场不相关。因此，即便单个基金风险很大——每年有10%的基金会倒闭——但投资于大量这些基金的组合仍可获得等同于股票市场平均的回报率而风险又很小。这就是为什么人们那么热衷于基金，为什么成功的基金经理薪酬如此之高。

（三）投资银行

投资银行（Investment Bank)，是专门对工商企业办理各项有关投资业务的银行。投资银行的名称，流行于欧洲大陆及美国等工业化国家，在英国称为商人银行(Merchant Bank)，在日本称为证券公司。投资银行虽然也以“银行”为名，但是，它与商业银行迥然不同，其资金来源主要依靠发行自己的股票和债券来筹集。投资银行的主要业务有：对工商企业的股票、债券进行直接投资；为工商企业代办发行或包销股票与债券、参与企业的创建、改组、收购、并购活动；包销本国政府和外国政府的债券；提供有关的咨询服务，等等。

在中国，没有直接以投资银行命名的投资银行。1995 年 8 月，依据《中外合资投资银行类机构管理办法》，中国建设银行与美国投资银行摩根斯坦利公司等五家金融机构合资组建了中国第一家中外合资投资银行——中国国际金融有限公司。此外，为数众多的证券公司也是中国金融中介体系中投资银行的主要构成部分。证券公司，又称券商，是由证券主管机关批准设立的以经营证券业务为主的非银行金融机构。其业务范围包括：代理证券发行业务；自营、代理证券买卖业务；代理证券还本付息和红利的支付；证券的代保管和签证；接受委托办理证券的登记和过户；证券抵押贷款；证券投资咨询业务等。

五、政策性金融中介机构

除了商业性金融中介机构外，许多国家还设立了政策性金融中介机构，专门为特定的部门或产业提供资金，促进该部门或产业的发展，这类机构被称为政策性专业银行。政策性银行系指那些多由政府创立、参股或保证的，不以营利为目的，专门为贯彻、配合政府社会经济政策或意图，在特定的业务领域内，直接或间接地从事政策性融资活动，充当政府发展经济、促进社会进步、进行宏观经济管理工具的金融机构。

（一）农业发展银行

农业受自然因素影响大，对资金的需求有强烈的季节性；农村地域广阔，农户分散，资本需求数额小、期限长；融资者的利息负担能力低，等等，这些都决定了经营农业信贷具有风险大、期限长、收益低等特点。因此，商业银行与其他金融机构一般都不愿意承做这方面的业务。为此，许多国家专门设立了以支持农业发展为主要职责的银行。如美国的联邦土地银行、法国的土地信贷银行、德国的农业抵押银行及日本的农林渔业金融公库等。

中国农业发展银行于 1994 年 11 月 18 日成立，总行设在北京。其主要资金来源是中国人民银行的再贷款，同时也发行少量的政策性金融债券。其业务范围主要是办理粮食、棉花、油料、猪肉等主要农副产品的国家专项储备和收购贷款，办理扶贫贷款和农业综合开发贷款，以及国家确定的小型农、林、牧、水基本建设和技术改造贷款。

（二）进出口银行

为促进一国商品的出口，许多国家还设立了专门的金融机构，其主要任务是通过提供优惠的出口信贷来增强本国企业的出口竞争力，为私人金融机构提供出口信贷保险及执行政府的对外援助计划等。如，美国进出口银行、德国开发银行、日本输出入银行等。

中国进出口银行于1994年7月1日成立，总行设在北京。其主要资金来源是发行政策性金融债券，同时也从国际金融市场筹措资金。其主要业务范围是：为机电产品和成套设备等资本性货物的出口提供出口信贷；办理与机电产品出口有关的各种贷款、混合贷款和转贷款等。

（三）开发银行

为促进一国经济的和谐增长和国力的增加，一个国家或地区通常设立开发银行提供相应的金融服务。如世界范围内的国际复兴开发银行，地区性的亚洲开发银行、非洲开发银行，一国国内的如日本开发银行等。

中国国家开发银行于1994年3月17日正式成立，总部设在北京。其主要资金来源是发行政策性金融债券。其资金运用领域主要是：制约经济发展的“瓶颈”项目；直接增强综合国力的支柱产业的重大项目；高新技术在经济领域应用的重大项目；跨地区的重大政策性项目等。

六、其他非银行金融机构

（一）信托投资公司

信托投资公司是一种以受托人的身份代人理财的金融机构。大多数的信托投资公司以经营资金和财产委托、代理资产保管、金融租赁、经济咨询、证券发行及投资为主要业务。金融信托投资机构也可以吸收一年期以上的信托存款。

在美国，广泛存在着一种金融机构组织——房地产投资信托（Real Estate Investment Trusts，简称REITs），是一种以发行受益凭证的方式汇集特定多数投资者的资金，由专门投资机构进行经营管理，并将投资综合收益按比例分配给投资者的一种信托基金制度。它是由房地产投资信托基金公司负责对外发行受益凭证（普通股票、商业票据和债券），向投资大众募集资金，之后将资金委托一家房地产开发公司负责投资标的的开发、管理及未来的出售，所获利润在扣除房地产管理费用和买卖佣金后，由受益凭证持有人分享。

中国的信托制度已有近百年的历史，经历过几次大起大落，并一度处于停顿状态。1979 年 10 月 4 日，中国第一家信托投资公司——中国国际信托投资公司经国务院批准成立，此后，从中央银行到各专业银行及行业主管部门、地方政府纷纷成立了各种形式的信托投资公司，到 1988 年达到最高峰时共有 1 000 多家。这些信托投资公司在增加资金流量、挖掘资金潜力、为经济部门提供金融服务等方面发挥了一定的作用。但由于缺乏法律规范和管理经验，从 1995 年以来，中银信托、中创、中农信、广国投等国有信托企业纷纷关闭破产，中国人民银行自 1999 年开始对信托业再次整顿，大多数信托公司或是改变企业性质，或是被撤并。2002 年 10 月 1 日，中国第一部《信托法》开始实施，这标志着中国通过立法确立了信托制度。

（二）金融租赁公司

现代金融租赁是指设备需求者（承租人）在需要添置技术设备而又缺乏资金时，由出租人代其购进或租进所需设备并出租给其使用，按期收取租金，待租赁期满，承租人可选择退回、续租或者以象征性的价款购买租进设备的一种把金融、贸易和技术更新结合起来的租赁方式。从事金融租赁的公司称为金融租赁公司。金融租赁是所有权与使用权相分离的一种新的经济活动方式，具有融资、透支、促销和管理的功能。

美国是租赁业产生最早、发展最快、规模最大的国家之一。1952 年，第一家融资租赁公司在美国成立，开启现代融资租赁业的发展进程，截止到 2000 年，据《世界租赁年鉴》统计，全世界租赁成交额 1978 年是 410 亿美元，1987 年是 1 038 亿美元，2000 年达到 5 000 亿美元，平均每年以 30% 的速度增长，成为仅次于银行信贷的第二大融资方式；从融资租赁在设备购买的市场渗透率（租赁交易总额占固定资产投资总额的比率）来看，美国为 30%，德国为 18%，日本为 8%，发达国家平均的市场渗透率在 15% ~30%；从融资租赁对经济增长的贡献来看，美国租赁业对 GDP 的贡献已超过 30%。而且，美国金融租赁公司呈现三分天下的局面。截止到 2000 年底，具有厂商背景的占 25%，具有银行背景（银行直接或通过其子公司、附属公司从事租赁业务）的占 35%，独立的租赁机构占 40%。

1981 年，中国国际信托投资公司组建了东方国际租赁有限公司和中国租赁有限公司。2000 年 7 月 25 日，中国人民银行颁布了《金融租赁公司管理办法》。经过近 20 多年的发展，到 2000 年，经外经贸部审批成立的中外合资租赁公司已有 42 家，经中国人民银行审批成立的金融租赁公司有 15 家，再加上近 200 家兼营融资租赁业务的非银行金融机构，金融租赁业已形成了一个遍布全国、沟通海内外的业务网络。

（三）典当行

典当行是主要以财物作为质押而有偿有期借贷融资的，具有浓厚商业色彩的金融经营机构，是中国乃至世界历史上最为古老的非银行性质的金融行业，也是现代银行业的雏形和源头。

1987 年，消失了 30 多年的典当业在我国温州、沈阳等地萌生，随后在全国兴起。1996 年 4 月，中国人民银行颁布了《典当行管理暂行办法》，并随即据此对全国的典当行进行了全面的清理整顿。2000 年下半年，中国人民银行与国家经贸委就典当行监管职责进行了交接，将原由中国人民银行监管的典当行作为一类特殊的工商企业，交由国家经贸委统一归口管理。2001 年 8 月，国家经贸委发布了《典当行管理办法》，对典当行进行了正式的法律界定。

在中国，除了上述金融机构以外，随着对外开放的推进，境内外资金融机构及境外内资金融机构也成为当代金融中介体系的不可缺少的组成部分。

案例分析

国外防范金融道德风险的经验

从国际上来看，20 世纪八九十年代，国际货币基金组织的 181 个成员国中的 134 个为金融道德风险所困扰，1991 年仅美国就有 127 家银行宣布破产。道德风险的频繁发生，使各国都加强了对道德风险的研究，并提出一系列切实可行的措施，有效地控制了金融风险，对维护金融稳定、保证金融安全发挥了积极作用。

美国

在美国，控制金融道德风险的传统手段有三种：第一，检查和监督；第二，资本监管要求以及基于风险的存款保险费率；第三，未投保的存款人和债权人的监督。但这三种方法在 20 世纪 80 年代后期，显得力不从心。一些强有力的做法开始试行，利用强大的司法系统加强了对责任人的处置，包括追究刑事责任和把一些责任人列为“不受金融业欢迎的人”，永远逐出金融系统。

在救助方面，美国有关部门逐步调整援救方式，特别是 1998 年后，对于援救的优惠逐步减少，援救的条件越来越严格，只对暂时出现流动性危机的银行提供支持，而对于已经陷入清偿性危机的银行，则不予支持，坚持严格的市场退出政策；对危机银行，不但要让其股东真正承担银行危机带来的损失，让他们真正感到切肤之痛，而且还要撤换其管理层，不能继续“让猴子照看香蕉”；对金融机构管理开始采用风险调整的保险金制度，并逐步实行非全额的存款保险，以增强存款人，特别是大额存款人的风险意识和对银行监督的积极性。

欧盟

欧盟国家防范和治理金融道德风险主要有两个层次，一是通过商业银行内部的道德风险防范机制来实施；二是通过中央银行或监管当局对商业银行道德风险的外部监管来实现。

商业银行内部控制道德风险的办法主要通过建立企业文化、合理有效的内控措施和充分发挥内部审计部门的控制作用来保证。欧盟中央银行对商业银行道德风险的监管，主要是通过对商业银行自身内控制度的可行性、有效性进行检查和评估，并督促商业银行不断完善内控制度来实现的。

欧盟中央银行对商业银行内控制度的监管，主要是评估商业银行由于组织结构、内控制度等相对于其发展战略、业务经营不足而出现的“结构性风险”。欧盟中央银行每年至少对商业银行的内控制度进行一次评估，其工作方式通常是：逐步分析商业银行的组织结构，同时，审查商业银行战略计划、财务预算和内控程序、制度规定等；与银行管理层、内审部门和外部审计进行会晤。由于获得的信息是非量化的，欧盟中央银行对内控机制只进行定性分析。

日本

日本在战后几十年，对于经营失败的金融机构，都是采取由金融机构和存款保险机构相助的做法。到了20世纪90年代中期，由于金融机构遭受重创，再也不愿或者无力响应监管当局的号召对经营失败的同业机构施以援助。在这种情况下，日本监管当局不得不放弃“金融机构不倒闭”的官方一贯立场，让部分经营失败的机构破产，开始从严格制度和处罚方面防范金融道德风险。

日本银行规定，只有满足下面四个条件时，才能向一家有问题的银行提供资金：一是发生系统性风险的可能性很大；二是没有其他替代方法，而且中央银行的援助是成功地解决问题所不可缺少的；三是所有有关责任方都已承担责任来避免发生道德风险；四是中央银行认为金融运行稳健性将会受到破坏。

思考题：你认为，西方国家防范金融道德风险的经验是什么？对我国金融制度建设有何启示？

复习思考题

1. 解释下列概念：

金融中介、存款货币银行、投资基金、信息不对称、逆向选择

2. 简述金融中介体系的一般构成。
3. 什么是契约型基金与公司型基金?
4. 简述金融中介的功能。
5. 比较开放式基金与封闭式基金的区别。
6. 与分业经营相比，混业经营有何优势?
7. 谈谈你对我国金融中介混业经营的看法。
8. 什么是“二手车”现象?
9. 如何理解交易成本对金融中介存在合理性的影响?
10. 如何理解道德风险对金融市场的影响?
11. 银行和其他金融机构是如何防范金融市场上的逆向选择的?

第六章　商业银行业务及管理

✓ 本章摘要

在各国的金融机构体系中，商业银行居于特别重要的地位。本章重点分析商业银行的组织结构、主要业务，银行的经营管理理论以及政府对商业银行的监管措施等。

✓ 本章关键词

商业银行　表内业务　表外业务　银行管理

✓ 学完本章，你需要掌握

- 商业银行的组织制度的种类
- 商业银行的主要资产负债业务
- 商业银行的表外业务
- 商业银行的经营管理理论及方法

第一节　商业银行的产生和组织制度

一、商业银行的产生

银行业是一个古老的行业。它的前身是货币兑换和银钱业。他们的主要业务是货币兑换、保管与汇兑业。早在公元前 2000 年的古巴比伦，以及古代的希腊和罗马，就有了货币银钱业和货币兑换商，他们主要聚集在寺庙周围，为各国的朝拜者兑换当地的货币，或替他们保管货币，并为往来于各地的客商提供异地支付服务。

随着货币保管业务和汇兑业务的发展，银钱业主手中积聚了大量的货币资金。在经营中，他们发现，存款人不会同时提取他们所托管的货币，因此，可以只将所收货币的一部分留在手中，以备日常的提款之需，其余的可以贷放出去，收取利息。为了获得更多的资金来发放贷款，他们开始向货币所有者支付利息，而不是向他们索要保管费，存贷款的利息差额成为银钱业主的利润来源。当他们这样做时，古代的银钱业也就慢慢开始向商业银行转变。

现代意义上的商业银行起源于文艺复兴时期的意大利。当时的意大利是欧洲各国商业贸易的中心。随着商业的发展，在威尼斯和其他几个城市出现了专门进行货币兑换的商人，他们除买卖外国货币外，还经营存款、贷款业务，并根据存款人的指令办理存款的过户。这些经营货币的商人常常坐在长板凳上进行交易，所以被称之为“Banco”——坐在长板凳上的人。英文的“bank”一词也从此而来。

早期的商业银行，由于规模小，风险大，所以，经营成本比较高，贷款利率也就比较高，不能满足工商企业发展的需要。1694 年，在政府的扶持下，英国成立了第一家股份制商业银行——英格兰银行。它规定的正式贴现率只有 4.5% ~6%，大大低于早期银行业的贷款利率，这意味着高利贷在金融领域的垄断地位遭到了动摇。到 18 世纪末 19 世纪初，各主要资本主义国家纷纷建立了规模巨大的股份制商业银行，这些银行由于资金雄厚、业务全面，有很强的规模经济效益，因而可以收取较低的利率，极大地促进了工商业的发展。与此同时，商业银行在整个经济体系中的地位和作用也日益提高，成为最重要的经济部门之一。

二、商业银行的组织制度

从历史上看，商业银行的组织制度主要有五种。

（一）单元银行制

单元银行制，指业务只由一个独立的银行机构经营而不设立分支机构的银行组织制度。目前只有美国还部分地存在这种模式。美国曾长时期实行完全的单元银行制度，不许银行跨州经营和分设机构，甚至在州内也不准设分支机构。这种制度安排与美国的政治制度直接相关。美国实行联邦制，设立银行既可向联邦政府注册，成为国民银行，也可向州政府注册，成为州银行。各州有很大的立法权。为了避免银行跨州经营和分设机构可能导致的资金流失和对本州银行生存形成的竞争压力，各州对跨州经营均给予立法禁止和限制。而联邦政府也认为这一举措对避免银行业垄断势力的出现大有好处。

随着经济的发展，地区经济联系的加强，以及金融业竞争的加剧，美国在 20 世纪 70 年代后就逐渐开始放松对银行分设机构的限制，1997 年后更是随着《跨州银行法案》的实施，银行设立分支机构已不存在实质性限制。只是由于历史原因，美国银行的分支机构仍然有限，银行数目众多仍是美国银行业的一大特点。

（二）总分行制

总分行制，又被称为分支行制，它是指银行在大城市设立总行，并在该市及国内外各地设立分支机构的制度。在这种制度下，分支行的业务和内部事务统一遵照总行的规章和指示办理。目前世界各国一般都采取这种银行组织制度，其中尤以英国、德国、日本等国为典型。比如，英国最大的四家清算银行（巴克莱银行、国民西敏士银行、米特兰银行和劳合银行）均各拥有3 000家以上分支机构。

一般认为，实行总分行制，有助于银行实现规模经济效益，有利于在一个较大的范围内实现分散经营，化解银行风险。另外，在总分行制下，银行业务相对集中于为数不多的几家银行，这对中央银行货币政策的实施和传导具有一定的积极作用。

（三）银行控股公司制

银行控股公司，也有银行持股公司之称（Bank Holding Companies），是指专以控制和收购银行股票为主业的公司。从立法角度看，控股公司拥有银行，但实际上控股公司往往是由银行设立并受银行操纵的组织。大银行通过控股公司把许多小银行，甚至一些企业置于自己的控制之下。

银行控股公司在美国最为流行，并且有着为数众多的、仅控制一家银行股票的控股公司。到1970年，美国1/3的银行都转变成了单一银行控股公司。目前，美国的银行控股公司可以直接或间接经办诸如各种放款、投资、信托、租赁、保险、咨询和信息服务等多种金融业务，并可获准在其他行业中设立与银行业务有密切关联的子公司，如金融公司、信用卡公司等。现在，几乎所有的大银行都属于银行控股公司。

（四）连锁银行制

连锁银行制，是指两家以上商业银行受控于同一个人或同一集团，但又不以股权公司的形式出现的银行制度。连锁银行的成员多是形式上保持独立的小银行，它们围绕在一家主要银行的周围，其中的主要银行为集团确立银行业务模式，并以它为核心，形成集团内部的各种联合。这种银行组织形式主要集中在美国西部。

（五）代理银行制

代理银行制，也称往来银行制，指银行相互间签订代理协议，委托对方银行代办指定业务的制度。被委托的银行为委托银行的代理行，相互间的关系为代理关系。通常，委托代理关系是相互的，双方互为代理行。在国际间，代理关系非常普遍。至于在各国国内，代理制度最为发达的是实行单一银行制度的美国。它一方面可以弥补分支机构不足的缺陷，另一方面，优势不同的银行相互代理，还可以起到优势互补的作用。例如，大银行与小银行之间签订代理协议后，大银行可以为小银行办理诸如汇票承兑、同业拆借等小银行不能直接经营或直接办理效果不好的业务活动，并可以为小银行提供诸如业务培训、客户拓展等服务，而小银行则可利用自身资金来源相对稳定、充裕的优势弥补大银行资金相对的不足，也可提供支票付款的服务。

第二节　商业银行的主要业务

要了解商业银行的主要业务，从它的资产负债表入手也许是最为方便的，就像我们要了解一家企业的经营情况，就分析其资产负债表一样。资产负债表的左方代表商业银行持有的各项资产（即资金运用）；右方代表商业银行的负债（即资金来源），它又分为银行负债和银行资本两大类。资产负债表的左右两边始终相等，即：资产总额 = 负债总额 + 银行资本，这是一个事后的会计恒等式，即银行资本始终为资产总额减去负债总额后的差额。一旦银行的负债超过资产，即银行资本为负值，也就意味着银行的破产。

下面，我们以一个简化的商业银行资产负债表为例，对商业银行的资产负债表逐项进行介绍。见表 6.1 所示。

表 6.1　　简化的商业银行资产负债表

资　　产	负债与资本
现金资产	存款
库存现金	活期存款
存款准备金	储蓄存款
同业存款	定期存款
在途资金	借款
贷款	向中央银行借款
工商贷款	同业拆借
消费者贷款	其他借入资金
不动产贷款	其他负债
银行间贷款	

续表

资　产	负债与资本
其他贷款	股东权益
投资	资本
政府债券	资本盈余
其他有价证券	未分配利润
其他资产	资本储备金

一、商业银行的负债业务

商业银行的负债业务是指形成其资金来源的业务。其全部资金来源包括自有资金和吸收的外来资金两部分。自有资金包括其成立时发行的股票所筹集的股份资本以及公积金和未分配利润。这一部分称为权益资本。一般来说，商业银行的资金来源中自有资金所占比重很小，大部分是吸收来的外来资金。外来资金渠道包括吸收存款和借款。其中，又以吸收存款为主。所以，在有的国家，商业银行又称存款银行或存款货币银行。

（一）吸收存款

吸收存款的业务是银行接受客户存入的货币款项，存款人可随时或按约定时间支取款项的一种信用业务。这是银行的传统业务，在负债业务中占最主要的地位。传统的分类方法是将存款分为活期存款、定期存款和储蓄存款三大类。当前实际生活中存款名目虽然繁多，但都无外乎是这三种存款的变种。

1. 活期存款

活期存款（Demand Deposit），是指存款人可以随时存取的存款。存入这种存款，主要是满足交易和支付用途的需要，使用时须使用银行规定的支票，因而，又有支票存款之称。企业、政府机构、个人、金融机构都能在金融机构开立活期存款账户。由于支付频繁，银行提供服务要付出较高的费用，所以，一般不对存户支付利息。

虽然活期存款随存随取，流动性很强，但存取错综交替之中总会在银行形成一笔相对稳定、数量可观的余额，是银行用于贷放的重要资金来源。

2. 储蓄存款

储蓄存款（Savings），主要是针对居民个人积蓄货币之需而开办的一种存款业务，这种存款通常由银行发给存户存折，以作为存款和提款的凭证；一般不能据此签发支票。储蓄存款的存户一般只限于个人和非盈利组织。近年来一些国家放松了对储蓄存款存户的管制，公司、企业也可在一定条件下开立储蓄账户。

储蓄存款定期居多，但无论定期、活期，都支付利息，只是利率高低不同。

3. 定期存款

定期存款（Time Deposit），指那些具有确定的到期期限的存款。由于定期存款期限较长，到期前一般不能提取，所以，银行给予的利息较高。

在商业银行所吸收的存款中，各类存款的比例结构曾发生过很大的变化。直至20世纪50年代，活期存款仍是商业银行吸收存款的最主要部分。而20世纪60年代后，以定期存款和储蓄存款为代表的定期性质的存款增长迅速，占据了商业银行存款的大部分。导致这种变化的原因有收入增长、通货膨胀、金融创新和支付技术进步等，而存款结构的变化也对银行的经营活动产生了一系列影响，如由于银行存款利息支付增加，银行不得不调整价格政策，对支票服务、账户维持等原来免费提供的银行服务开始酌情收费；在利息支出增加的压力下，银行的贷款政策也相应调整，能带来更多利息收入的中长期贷款比率有较大上升。

（二）存款业务的创新

除了以上传统的存款品种外，自20世纪60年代以来，商业银行通过创新一些负债工具，一方面规避政府的管制，另一方面也增加了银行的负债来源。具有代表性的负债业务主要有：

1. 大额可转让定期存单（CDs）

大额可转让定期存单（Negotiable Certificate of Deposits），是1961年由美国花旗银行推出的定期存款创新，不记名；存在存款起点的限制，起点为10万美元；不能提前支取，但可在二级市场流通转让；既可采用固定利率，也可采用浮动利率计算。

2. 可转让支付命令账户（NOW）

可转让支付命令账户（Negotiable Order of Withdrawal Account），是1972年由美国的储贷协会推出的新型存款账户。这种账户是储蓄账户，可以付息，但与一般储蓄账户不同，可以开出有支票作用但无支票名称的“可转让支付命令”。

3. 自动转账服务账户（ATS）

它是20世纪70年代的一种创新，针对联邦法律“不允许对活期存款付息”的规定，美国银行业发明了自动转账服务账户（Automatic Transfer Service，ATS）。在这种业务下，客户在银行开立两个账户：一个活期存款账户，一个储蓄存款账户，活期存款账户的余额永远是1美元，当客户开出支票后，银行即自动把支票金额从储蓄账户转到活期存款账户并进行付款。ATS可以使客户兼得活期账户和储蓄账户的双重优点，客户既可享受支票支付便利，又可利用储蓄账户获取利息收入。

4. 货币市场互助基金（MMMF）和货币市场存款账户（MMDA）

美国对定期存款支付的利率曾有最高限制。在市场利率上升的情况下，定期存款利率的限制就使得存款不如投资于其他有价证券有利，从而影响了银行的资金来源。为了规避这个限制，在20世纪70年代初创立了“货币市场互助基金”（Money Market Mutual Fund，MMMF），这种基金吸收小额投资，然后再在货币市场上投资于大额存单、银行承兑汇票及国库券等。由于是向基金投资而不是存款，所以，从基金得到的利润不受存款利率的限制。同时，还允许基金的投资者签发金额不低于500美元的支票。

20世纪80年代初，商业银行又开立了货币市场存款账户（Money Market Deposit Account，MMDA），这是处于银行内的MMMF。其特点是：第一，企业和个人均可开户，有存款限额规定，但起点不高，最低为2 500美元；第二，无利率上限的限制，利率按货币市场利率随时调整；第三，向第三者支付时，不论开支票还是电话通知，每月不超过6次。

5. 协定账户（NA）

协定账户是一种可在活期存款账户、NOW账户、MMMF账户之间自动转账的账户。客户与银行达成一种协议，授权银行可将款项存在活期存款账户、NOW账户或MMMF账户中的任一账户上。对活期存款账户和NOW账户规定一个最低金额，超过最低金额的款项由银行自动转到MMMF账户，以获取较高的投资收益；如果不足最低金额，则由银行自动将MMMF账户上的部分款项转到活期存款账户或NOW账户，补足余额，以满足支付需要。

（三）借款业务

商业银行的借款来源主要有以下几个渠道：

1. 从中央银行借款

中央银行是商业银行的最后贷款人。当商业银行资金不足时，可以向中央银行借款。一般来说，商业银行向中央银行借款，其主要目的在于缓解资金暂时不足的矛盾，而非用来盈利。

商业银行向中央银行借款主要有两种形式：（1）再贴现（Rediscount），即将自己办理贴现业务所买进的未到期票据，如商业票据、短期国库券等，再转卖给中央银行。（2）直接借款，即将所持有的合格票据、银行承兑汇票、政府公债等有价证券作为质押品从中央银行取得贷款。从中央银行借款的利率一般低于市场利率，但是，由于央行是“最后贷款人”，其贷款受货币政策的牵制，条件较为苛刻。

2. 同业拆借

它是指银行相互之间的资金融通。在同业拆借中，拆入资金的银行主要是用以解决自身临时性资金周转的需要，拆出的资金主要是银行在中央银行存款账户上的超额储备，因此，拆借的期限一般很短，有大量的隔日拆借。同业拆借一般是信用借款。

3. 从国际金融市场借款

近年来，发达国家的商业银行，在国家金融市场上广泛地通过发行大额定期存单、办理定期存款、出售商业票据、银行承兑票据及发行债券等方式筹集资金。但国际金融市场波动性大，其资金成本也较高，过于依赖此市场隐含着极大的风险。

4. 以回购协议借款

银行向企业借款通常采用证券回购方式。银行向资金提供者出售证券，并承诺在未来某一时期按原来议定的价格重新买回这些证券。买回与卖出之间的价差就是银行融资的利息成本。回购协议的期限都在一年以内，其中三个月内的居多。

5. 发行商业票据和金融债券

商业票据是一种短期债务工具，金融债券的期限一般较长。在金融市场效率不断提高的背景下，越来越多的西方商业银行开始利用这些渠道融资。

在过去的几十年，借款在商业银行负债中的比重有显著增加，这既是银行加强负债管理的结果，也是市场竞争压力使然。

二、商业银行的资产业务

商业银行的资产业务是指银行将通过负债所获取的货币资金加以运用的业务，是银行获取收益的主要途径。从商业银行的资产负债表中可以看出，银行的主要资产业务是贷款和证券投资，其主要资产形式是：

（一）现金资产

现金资产是银行资产中流动性最高的部分，因为它能直接满足对外支付的需要。这项资产通常并不给银行带来直接的收益，但它是银行维持正常经营所必需的。现金资产由库存现金、存款准备金、同业存款和在途资金组成。

1. 库存现金

它是指银行金库中的现钞和硬币，其主要用途是满足客户日常提款和银行本身的日常开支。库存现金的数量一般不多，过多的库存现金不仅会导致不必要的风险，而且会给银行带来不菲的管理成本，并影响银行资产的收益。

2. 存款准备金

存款准备金包括法定存款准备金和超额存款准备金。在实行中央银行制度的国家，为了确保商业银行的支付能力，也为了利于货币政策的实施，通常要求吸收存款的银行必须按一法定比率缴纳资金于中央银行。另外，为了银行间票据清算和银行自身安全的需要，商业银行通常会在央行存入超过法定比例的资金，这种超出法定要求的存款就是超额准备金存款。

3. 同业存款

同业存款是银行存放在其他商业银行的款项。银行出于代理或自身清算业务的需要，往往在其他银行还保有一定的存款余额，尤其是小银行往往在大银行存放大量资金，以换取包括支票收款、外汇交易、帮助购买债券等多种服务。

4. 在途资金

它是指在支票清算过程中，已记入银行的负债，但实际上银行还未收到的那部分资金。例如，当存款人将一张以 A 银行为付款人的支票存入 B 银行时，B 银行将在负债方记上该存款人相应金额的存款，但实际这笔资金尚需要一定的清算过程和时间才能够从 A 银行的账户转入 B 银行的账户，在这一清算过程完成之前，B 银行只能在其资产方中以“在途应收资金”形式加以体现。而收到后，或是增加 B 银行在央行准备金账户的存款，或是增加其同业存款。这项资产在银行界被称为“浮存”。

以上四项资产由于具有最强的流动性，它们共同构成商业银行的“一级准备”。

（二）贷款

贷款又称为放款，是银行将其所吸收资金，按一定的利率贷放给客户并按约定期限归还的业务。贷款是银行最重要的资产业务，因为，与贴现相比，贷款的风险虽然较大，但利率较高，同时，通过收放，可密切与工商企业的往来关系，从而有利于稳定吸收存款和拓宽业务领域。

1. 贷款种类

贷款种类可以从不同的角度进行划分，比较常见的类别有：

（1）按贷款期限划分为短期贷款、中期贷款和长期贷款。短期贷款的期限在 1 年以内。在西方国家，这类贷款经常不约定具体的偿还期限，银行在事先通知的情况下可以随时要求借款人归还，而借款人也可随时归还，因此也被称为“通知贷款”。中期贷款的期限一般在 1 年以上 5 年以内。5 年以上的贷款通常被称为长期贷款。中长期贷款主要用于不动产及设备投资领域。

（2）按贷款对象划分为工商业贷款、消费贷款、同业贷款等。其中工商业贷款是银行为工商企业的生产或销售需要而发放的贷款。发放这类贷款是商业银行的传统业务；消费贷款是指贷给个人用来购买消费品或支付劳务费用的贷款，主要是用于购买汽车、房屋等。同业贷款则是银行之间为调剂资金余缺而相互发放的贷款。

（3）按贷款有无抵押品划分为担保贷款和信用贷款。担保贷款又具体分为抵押贷款、质押贷款和保证贷款。抵押贷款和质押贷款需要借款人或第三方为贷款的偿还提供抵押物、质押物，一旦借款人不能履行债务责任，贷款银行可通过处置抵押物或质押物来挽回损失。保证贷款需要有第三方以其全部财产为借款人的偿还作出保证，如果借款人到期不能履行债务责任，由保证人代为履行。信用贷款是只凭借款人的信用而发放的贷款。在银行贷款总额中，信用贷款的比率一般很低。

2. 信贷原则

银行在办理信贷业务时都要遵循一些基本原则，这些原则对于贷款投向、条件、用途、方式和数额等起着制约作用。

西方商业银行最古老的信贷原则是真实票据论。其基本要求是贷款应以有真实交易背景的商业票据为根据。因为，银行以确实有商品买卖内容的票据作为担保发放贷款，债务人取得商品后直接出售或加工后出售，就可以按期归还银行贷款。但是，随着经济金融的进一步发展，这一原则日益显示出其不严谨性。因此，这一原则在西方国家早已不再作为银行经营的准则了。

之后，各国商业银行根据实际情况的变化，发展了多种多样的信贷原则。其中，比较流行的贷款信用分析方法有信贷“6C”原则（六个以英文字母为 C 开头的评估标准）。即（1）品德（Character），指借款人的作风、观念以及责任心等，借款人过去的还款记录是银行判断借款人品德的主要依据；（2）能力（Capacity），指借款人归还贷款的能力，包括借款企业的经营状况、企业负责人的才干和个人背景等；（3）资本（Capital），指借款者的自有资本，它是影响借款者偿债能力的重要因素；（4）担保（Collateral），指借款者提供的还款抵押品，银行必须考虑抵押品的价值、保管难易程度及变现能力等；（5）经营条件（Condition），指借款者所处的经营环境及其稳定性，包括竞争状况、劳资关系、行业前景及宏观经济和政治形势等；（6）连续性（Continuity），指借款人经营前景的长短。

（三）贴现

贴现（Discount），是银行买进未到期票据的业务。在西方商业银行的开始发展阶段，贴现是最重要的资产，现在在资产业务中仍占相当比重。办理贴现业务时，银行向客户收取一定的利息，称为贴现利息或折扣。具体程序是：银行根据票面金额及贴现率，计算出从贴现日到票据到期日这段时间的贴现利息，并从票面金额中扣除，余额部分支付给客户。票据到期时，银行持票据向票据载明的付款人索取票面金额的款项，同时银行保留向客户追索的权利。贴现的基本计算公式是：

贴现净额＝票面金额×（1－年贴现率×未到期天数/年计息日）

大部分国家的年计息日按360天计算，少数国家的年计息日为365天。

贴现业务形式上是票据买卖，实际上是信用业务。票据所反映的是，载明的付款人对持票人负责；在票据未贴现之前，他对持票的客户负责；在票据被贴现后，付款人对购入票据的银行负责。所以，票据的贴现实际是债权债务的转移，即银行通过贴现间接贷款给票据的付款人，只不过银行预先扣除了利息而已。

（四）投资

商业银行的投资业务是指银行购买有价证券的业务活动。

商业银行投资于有价证券的目的，一般是为了增加收益和增加资产的流动性。因此，证券投资的主要对象是信用可靠、风险较小、流动性较强的政府债券，如公债券、国库券等。因此，商业银行的证券类资产被称为“二级准备”。近年来，在美国商业银行的投资总额中约有60%以上是联邦政府债券。此外，一些财力雄厚、信誉较高的公司债券，也是商业银行投资的对象。至于投资于公司、企业的股票，在实施金融分业经营的国家，政府的管理是极其严格的：或严禁商业银行涉足此类活动，如禁止银行购买和持有股票；或给予苛刻的限制，比如，只允许银行以其自有资金及盈余的一个极小比例用于股票投资。至于在实施全能银行制度的国家中，虽无严格的管理，但不少国家在投资数量上也有限制性的规定，而且一般不允许银行对企业参股。

三、商业银行的资本

银行的总资产减去总负债后的余额，就是银行资本。它代表了商业银行股东的所有者权益，或者说银行所有者的净财富。当它等于零或者负值时，银行便资不抵债，只能宣告破产。因此，银行资本是商业银行所能承担的最大资产损失。

显然，商业银行的资本越充足，破产的可能性就越小。由于商业银行破产会直接损害存款人的利益，所以，各国的银行法一般都对商业银行有一个最低的资本要求。1988年《巴塞尔协议》统一了银行的资本定义和资本要求。

《巴塞尔协议》将银行资本分为核心资本与附属资本两大类。

（一）核心资本

核心资本（Core Capital），是最完全意义上的银行资本，它主要包括：

1. 股本

它包括已发行并完全缴足的普通股和永久性非累积优先股，但不包括累积优先股。非累积优先股，是指若股息因经营状况不佳无法支付，则将来不再补发的优先股。累积优先股则不同，逾期未付的股息必须累积起来，将来补发。

2. 公开储备

它是指银行通过留存收益（如未分配利润）或其他盈余（如股票发行溢价）转化而来的，并且在银行资产负债表中公开标明的那部分准备。

在我国表现为：资本公积金、盈余公积金和未分配利润。

（二）附属资本

附属资本是核心资本的补充，包括：

1. 未公开储备

它是指未在银行资产负债表中公开标明的储备。这部分储备未公开，缺乏透明度，所以，只能算作附属资本。巴塞尔协议认为，未公开储备的质量应与公开储备一样高，能够自由、及时地被用于应付将来不可预见的损失。

2. 资产重估储备

当银行对其某些资产，如办公用的房产，进行重新估价时而产生的增值算作银行的重估储备。巴塞尔协议认为，只要这些资产的估价是审慎的，并且充分考虑到了价格波动和强制出售的可能性，就可以将这些重估储备记入附属资本。

3. 补偿性准备金

它是银行为应付意外损失而从收益中预先提留的资金，包括资本准备金和贷款、证券损失准备金。资本准备金用于应付优先股的赎回和股份损失等股票资本的减少；贷款、证券损失准备金则用于应付贷款呆账损失、证券价格下跌所造成的损失。

注意，作为银行资本构成部分之一的补偿性准备金与银行资产方的准备金是完全不同的。

4. 混合资本工具

它是指具有股本资本和债务资本混合特性的资本工具，累积优先股是这种资本工具最典型的例子。作为混合资本工具，它们必须是无担保的、从属的，并且是足额缴付的；它们不可由持有者主动要求赎回，也不可在未经监管当局同意的情况下赎回；其利息或股息虽不可以减免，但在银行经营状况不佳时可以延迟支付。

5. 长期从属债务

长期从属债务，包括传统的、无担保的、初始期限至少在 5 年以上的长期从属债务资本工具，以及可以赎回的优先股。

四、商业银行的中间业务和表外业务

商业银行除了承办常规的放款与投资业务外，还利用其自身在机构、资金、技术、信誉、信息等方面的优势，为客户提供广泛服务，并从中获取手续费收入。特别是 20 世纪 80 年代以来，由于金融市场的发展，商业银行的贷款业务有所萎缩，中间业务和表外业务在银行中的地位则变得重要，手续费收入也越来越成为商业银行收入的重要来源。

（一）中间业务与表外业务的内涵

中间业务，是指银行不需动用自己的资金而以中介人的身份代客户办理各种委托事项，并从中收取手续费的业务，也称无风险业务。如传统的汇兑、信用证、代收、代客买卖、承兑等业务，都属于中间业务。

表外业务（Off-balance Sheet Business），是指对银行的资产负债表没有直接影响，但却能够为银行带来额外收益，同时也使银行承受额外风险的经营活动。

广义的表外业务泛指所有能给银行带来收入而又不在资产负债表中反映的业务。根据这一定义，则传统的中间业务也算成表外业务。狭义的表外业务，也就是通常提及的表外业务，是指涉及承诺和或有债权的活动，即银行对客户作出某种承诺，或者使客户获得对银行的或有债权，当约定的或有事件发生时，银行承担提供贷款或支付款项的法律责任。

- 广义的表外业务
  - 传统的中间业务
    - 汇兑业务
    - 商业信用证业务
    - 代理业务
    - 承兑业务
    - 信托业务
    - 银行卡业务
  - 狭义的表外业务
    - 贸易融资业务
    - 金融保证业务
    - 衍生工具交易

因此，中间业务和表外业务的共同之处表现为：（1）它们都属于收取手续费的业务，并且都不直接在资产负债表上反映出来。（2）二者存在着一部分的重合。比如，商业信用证业务属于中间业务，但是，就其内涵而言，它又具有担保业务的性质，因此，也属于表外业务。但是，二者还是有很大的区别的，主要表现为银行对它们所承担的风险是不同的。在中间业务中，银行一般处在中间人或服务人的地位，不承担任何资产负债方面的风险。而表外业务是一种潜在的资产或负债，在一定条件下，表外业务可以转化为表内业务。因此，银行要承担一定的风险。例如，当银行对商业汇票进行承兑后，即成为最终债务人，要承担不可撤销的第一手到期付款责任，即使汇票的付款人无力付款，银行也必须向汇票的受益人付款，因此，在不收取全额保证金的情况下所做的承兑，是银行的一种或有负债。

表外业务是20世纪80年代以来西方国家银行业发展的重点。从发展规模看，不少西方国家大银行的表外业务量已大大超过其表内业务量；从收益看，不少银行的表外业务收入远远超过其表内业务收入。

（二）中间业务的主要种类

1. 汇兑业务

汇兑，也称汇款（Remittance），是客户以现款交付银行，由银行把款项支付给异地收款人的一种业务。使用的汇兑凭证有银行支票、银行汇票、邮信或电报的付款委托书。这些凭证都是汇出行向另一家银行或其分支机构发出的命令，命令后者向指定收款人支付一定数额的款项。依汇出行将付款命令通知汇入行的方式不同，汇兑可分为电汇、信汇和票汇三种方式。在当今银行业务广泛使用电子技术的情况下，除少数款项仍使用电汇、信汇和票汇等形式外，大部分汇兑业务都是通过电子资金调拨系统处理。

2. 商业信用证业务

商业信用证业务是一种由银行保证付款的业务。通常是由银行应客户（买方）要求，按其指定的条件向卖方开出信用证，保证在信用证载明的各项条款得到满足的情况下向卖方付款；卖方按信用证所列条款发货后，可凭信用证要求银行付款。这种业务在国际贸易中被广泛使用。而银行在办理信用证业务时，不仅可以有手续费收入，还可以在一定时间内占用客户的保证金存款。

3. 代理业务

代理业务的范围极其广泛，包括代收业务、代客买卖业务、代保管业务及以公司证券的托管、过户、还本付息、分红为代表的公司代理业务。

代收业务是银行根据各种凭证以客户名义代客户收取款项的业务。如银行代收支票款项、代收水费、电费、煤气费、电话费及其他各种税费等业务。

代客买卖业务包括接受客户委托，代客户买卖有价证券、贵金属和外汇等。在代客买卖业务中，比较特殊的是代理发行股票、债券等有价证券。在许多国家，商业银行在有价证券的一级市场上非常活跃，在国债、公司债券甚至股票的承销中发挥着极为重要的作用。

4. 承兑业务

承兑（Acceptance）是银行为客户开出的汇票或其他票据签章承诺，保证到期一定付款的业务。当票据到期前或到期时，客户应将款项送交银行或由其自己办理兑付。如若到期客户无力付款，则该承兑银行必须承担付款责任。由于票据的兑付一般无需银行投入自己的资金而是用客户的资金办理，所以银行经办承担业务，实际上是以自身的信用来加固客户的信用，为此银行要向客户收取一定的手续费。承兑业务在现代银行业务中占有相当重要的地位。

5. 信托业务

信托（Trust），是指银行接受他人委托，代为管理、经营和处理所托管的资金或财产，并为受益人谋利的活动。

和信贷业务不同，银行经营信托业务一般只收取手续费，营运中所得收入则归受益人所有。同时，信托业务也不同于一般的代理业务：在代理关系中，代理人只是以委托人的名义，按委托人指定的权限范围办事，在法律上，委托人对委托财产的所有权没有改变；而在信托关系中，信托财产的所有权则从委托人转移到了受托人（商业银行信托部或信托公司）手中，受托人以自己的名义管理和处理信托财产。

银行经营信托业务不仅可以获得手续费收入，而且还可以把一部分可以经常占用的信托资金用于贷款和投资，扩大银行资产业务的规模。目前，各国经营信托业务的银行，大都须经政府批准并在有关管理规定范围内活动。一般要求经营信托业务的银行必须将其信托部门与银行其他部门从人事、财务等完全分开。

6. 银行卡业务

银行卡，是由银行发行的、供客户办理存取款和转账结算的一种现代支付工具的总称。它包括信用卡、支票卡、记账卡等（具体内容见第一章）。由于银行卡一般以塑料制成，使用时往往要借助于电子技术，因此又有“塑料货币”、“电子货币”之称。银行卡的出现，极大地提高了支付结算的效率，也极大地改变了流通中货币的构成，银行业务也因此有了新的发展。

（三）表外业务的主要种类

表外业务形式多样，但大体可划分为四类：（1）贸易融通业务，包括银行承兑业务，商业信用证业务。这类业务是中间业务与表外业务重合的部分，因为，它们在某种情况下会给银行带来风险，不同于其他中间业务，如代收业务，银行可以稳定地收取手续费收入。（2）金融担保业务，是银行应交易中一方的申请，允诺当申请人不能履约时由银行承担对另一方的全部义务。它不占用银行资金，属于“或有负债”。如备用信用证。（3）各类承诺，包括给予老客户的小额和短期的可以撤销的贷款承诺，也包括不可撤销的大额和长期的循环贷款承诺。（4）各类金融衍生业务，如互换、期货、期权、远期合约、利率上下限等，具体内容见第四章相关部分。

1. 备用信用证

备用信用证，是银行为客户开立的保证书，是指银行担保客户履行支付义务的安排，若得到银行担保的客户在债务到期无法偿付时，则由银行负责偿付。

备用信用证一般发生在商业票据的发行和国际贸易中。比如，在商业票据市场上，若发行者没有足够的信用，可以向一流的银行申请备用信用证，银行保证在商业票据发行者到期无法履约时承担偿还之责。而如果到期时商业票据发行者如约偿还了债务，则银行没有任何支付义务，而只有向得到担保的客户收取担保费的权利。

需要特别强调的是，作为表外业务的备用信用证与一般商业信用证不同。在商业信用证安排下，银行在收到合格的票据后承担第一手的支付义务。而在备用信用证安排下，银行只在被担保人无法履行合约时才承担连带责任。

2. 贷款承诺

贷款承诺，是指银行向客户作出承诺，保证在未来一定时期内，根据一定条件，随时应客户的要求提供贷款。银行根据贷款承诺金额，按一定比例向顾客收取承诺费，即使在规定的期限内，客户并没有申请贷款，承诺费也要照交不误。

贷款承诺的一种形式是循环贷款承诺，它是银行与客户之间的正式协议，根据该协议，银行有义务根据约定的条件（最高贷款额、利率、期限等）向客户提供贷款。这种协议的期限一般较长，在协议期间内，客户可以随借随还，还了再借。

3. 票据发行便利

票据发行便利（Note-issuing Facilities，NIFs），它是商业银行与客户之间签订的中期循环融资支持协议。银行保证在协议期限（一般在3至7年之间）内，银行对客户承诺一个信用额度，在此额度内向客户保证：若客户未能通过发售短期（一般是3至6个月）票据取得资金，则由银行提供资金支持，或者购买其未售完票据，或者提供相应贷款，以保证客户可以得到所需资金。

银行为这一承诺收取手续费。在这一安排下，企业可以借发行短期票据而实现中期信用，亦即可以在较长的“中期”内得到银行的支持。

专栏 6

巴林银行倒闭案

1995 年 2 月 26 日，一个全世界震惊的日子，英国老牌的、经营了 233 年的皇家银行——巴林银行突然宣布倒闭，几天之后国际荷兰集团（ING GROUP）接管了巴林银行，收购费用为象征性的 1 英镑，但同时接下了巴林银行高达 8.5 亿英镑的负债。

巴林银行是倒在年仅 28 岁的里森手里。里森是巴林银行新加坡分行的经理。从 1994 年底开始，里森认为日本股市将上扬，未经批准就做风险很大的被称作“套汇”的衍生金融商品交易，期望利用不同地区交易市场上的差价获利。在已购进价值 70 亿美元的日本日经股票指数期货后，里森又在日本债券和短期利率合同期货市场上作价值约 200 亿美元的空头交易。不幸的是，日经指数并未按照里森的想法走，在 1995 年 1 月就降到了 18 500 点以下，在此点位下，每下降一点，就损失 200 万美元。里森又试图通过大量买进的方法促使日经指数上升，但都失败了。随着日经指数的进一步下跌，里森越亏越多，眼睁睁地看着 10 亿美元化为乌有，而整个巴林银行的资本和储备金只有 8.6 亿美元。尽管英格兰银行采取了一系列的拯救措施，但都失败了。

巴林银行之所以倒闭，是因为它有一个致命的弱点，就是让里森既担任交易部经理，又担任清算部经理，两种职能未能完全分开。而监督巴林银行的英格兰银行却没有发现这个致命的弱点，这是巴林银行倒闭的一个主要原因。

巴林银行的倒闭，还在于里森下注的不是一般的金融产品，而是金融衍生产品，金融衍生产品的特点在于可以用少量的保证金做大笔交易，若运用得当，可以获取高收益。运用不当，将损失惨重。因此，参与其中必须有严格的授权和制度约束。里森参与金融衍生产品炒作，就是在未经授权和缺乏监督的情况下进行的。据说，里森曾被英国银行界誉为“金融界”的骄子，是年轻有为的代表，但正是这些头脑灵活、锐气十足的年轻人为了取得超额的利润，导致了巴林银行的倒闭。事实证明，在银行经营中，人是重要的，但制度更重要。

第三节 商业银行的经营管理

商业银行是一个盈利性组织，与其他企业一样，它的目标是实现利润最大化。为实现这一目标，就必须实施有效的管理。本节重点探讨商业银行的资产和负债管理。

一、银行管理的基本原则

商业银行的经营管理有三条基本原则：安全性、流动性和盈利性。

（一）安全性原则

安全性，是指银行资产免遭损失、保障安全的可靠性程度。

安全性原则，对于商业银行的经营管理来说具有特殊的作用，因为商业银行的经营条件和对象特殊。商业银行的经营对象是货币，作为国民经济中心载体的货币，受许多复杂的客观因素的影响，同时，又受中央银行的人为干预，资本成本、利率变动基本无法预测。而且，商业银行的自有资本比较少，基本上负债经营，只能利用较多的负债来维持其资本运转，因此，安全性是银行经营活动中首先要考虑的一个问题。只有在安全性有保证的前提下，银行才有可能去追求最大的利润；也只有在安全性有保证的前提下，存款者才会将自己的钱存到银行。虽然在一个高度变化的经济环境中，银行要想完全避免风险是不可能的，但商业银行从安全性原则出发，通过加强自身的管理，通过自身的预测能力，采取必要的避险手段来降低风险却是完全有可能的。

衡量银行安全性，相当于衡量该银行面临的风险损失的相对大小。可用权益乘数表示：

$$\begin{aligned}\text{权益乘数}&=\text{资产总额}\div\text{所有者权益总额}=\text{资产}\div(\text{资产}-\text{负债})\\&=1/(1-\text{资产负债率})\end{aligned}$$

因此，权益乘数主要受资产负债率影响，负债比例大，权益乘数就高，说明银行有较高的负债程度，给银行带来较高杠杆收益，同时，也给银行带来较高风险。

（二）流动性原则

流动性，是指银行能够随时应付客户的提款，满足必要贷款的能力。

银行的流动性要求来自于负债和资产两个方面。（1）从负债方面看，银行的负债主要来源于存款，而存款者会随时到银行提取现款。如果银行一味追求利润而置流动性于不顾，那么，当存款户要求提款时，银行万一拿不出现金，就可能引起恐慌，使银行信誉下降，严重的还可能会引起存款者的“挤兑”风潮，导致银行停业或破产。（2）从资产方面看，银行对于老客户的贷款需求一般是有求必应的，以此发挥老客户的“示范效应”。如果一旦银行无法满足老客户的贷款需求，在“示范效应”

的作用下，银行信誉将会受到影响，导致银行客户流失，银行将为此承受损失。

衡量银行流动性的基本指标有：流动性缺口，即未来一定时期内银行资金使用与资金来源之差；核心存款与总资产的比率，贷款总额与总资产的比率，贷款总额与核心资产的比率，流动资产与总资产的比率等。

（三）盈利性原则

盈利性，是指银行为其所有者获取利润的能力。

商业银行作为经营性企业，获取利润是其最终目标，也是其生存的必要条件，因为只有获取了足够的利润，银行才能扩大自身规模，巩固自身信誉，提高自身竞争力，以在激烈的市场竞争中立于不败之地。

衡量银行盈利性的基本指标：股权盈利率或普通股收益率（ROE），是指当期银行净利润除以当期发行在外普通股的加权平均数，即每股普通股所获得的净利润；资产收益率（ROA），即银行净收益与银行总资产之比。

安全性、流动性和盈利性三者既有统一的一面，又有矛盾的一面。一般地，安全性与流动性是正相关的关系：流动性强的资产，风险较小，安全有保障。但它们与盈利性往往存在矛盾：流动性强、安全性高，但盈利率一般较低；盈利性较高的资产，往往流动性较差，风险较大。因此，银行在其经营过程中，经常面临两难选择：为增强经营的安全性、流动性，就要把资金尽量投放在短期资金运用上，从而影响到银行的盈利水平；为了增加盈利，就要把资金尽量投放在较长期限且收益较高的资产上，这就不可避免地给银行经营的流动性、安全性带来威胁。因此，银行经营管理的中心就是如何做到三者的统一，这正是银行经营管理理论及方法所要回答的问题。

二、资产管理理论及方法

资产管理理论是商业银行最传统的管理思路。在20世纪60年代以前，银行资金来源主要是吸收活期存款，负债主要取决于存款人的选择，银行可作为的空间非常有限。而资金运用的主动权却掌握在自己手中，所以，银行必然会看重资产管理，也即侧重流动性管理，包括真实票据说、可转换理论及预期收入理论。

（一）真实票据说

真实票据说，也称商业性贷款理论，是在18世纪英国银行管理经验的基础上发展起来的，最早见于亚当·斯密的《国富论》。该理论认为，由于银行贷款的资金主要来自于存款，尤其是易于波动的活期存款，为应付存款人难以预料的提存，银行一定要保持资金的高度流动性，所有贷款必须是短期的和商业性的，是用于商品的生产过程和流通过程中的，是“自偿性”的。所谓“自偿性”，是指在生产或购买商品时所借的款项，可以用生产出来的商品或出售商品的款项予以偿还。最主要的自偿性贷款是票据贴现和商品抵押贷款。

商业性贷款理论的形成有其历史背景。在中央银行尚不存在或尚不承担最后贷款人的作用时，丧失流动性的银行很难继续经营。即使有了中央银行，按商业性贷款理论的要求发放贷款，对贷款的安全性和流动性也有非常积极的作用。进一步从货币政策的角度看，贷款随商业周期的变化而相应收缩、扩张，对保持货币流通的稳定有重要意义。

但这一理论的缺陷也是不能忽视的。如果银行只发放具有自偿性的贷款，不仅无法满足社会多方面的信贷需求，而且对银行自身的发展也极为不利。又由于短期资产的收益较低，银行只经营自偿性短期贷款业务，可能对银行的盈利产生不利影响。另外，自偿性贷款并不是没有风险，在经济萧条时期，即使是商品抵押的短期放款，仍可能由于买卖链条的中断而导致不良贷款。

（二）可转换理论

这种理论是美国的莫尔顿于 1918 年在《政治经济学杂志》上发表的“商业银行及资本形成”中提出的。该理论认为，为了应付存款提取所需保持的流动性，银行可以将资金的一部分投资于具备转让条件的证券上，这些证券资产能随时出售转换现金，这样，银行放款就可不再限于短期和自偿性的投放范围。

可转换理论的产生，同样有其特定的历史背景。该理论提出的时间，正值一战之后，美国因军费需要，大量发行公债，债券市场空前发展。而信用风险很小的公债，正是最易于转换为现金的盈利资产。因此，银行投资于公债，不仅满足了政府发行的需要，也有益于银行流动性管理的改善。时至今日，银行流动性管理的主要资产仍以政府债券为主。

但可转换理论并非无懈可击。当金融市场崩溃，证券行市大跌，人们竞相抛售证券时，银行也很难不受损失地将所持有的证券顺利转让。

（三）预期收入理论

预期收入理论产生于 20 世纪 40 年代末。第二次世界大战后，经济的发展带来了对贷款需求的猛增，并且资金需求呈多样化。在这样的背景下，预期收入理论应运而生。这一理论认为，一笔好的贷款，应当以根据借款人未来收入或现金流量而制定的还款计划为基础。这样，无论放款期限长短，只要借款人具有可靠的预期收入，就不至于影响银行的流动性。显然，这一理论强调的不是贷款能否自偿，也不是担保品能否迅速变现，而是借款人是否有用于还款的预期收入。

这种理论的提出，推动了商业银行业务向经营中长期设备贷款、消费贷款和房屋抵押贷款等方面扩展，盈利能力有较大提高。但它显然也有缺陷。银行将资产经营建立在对借款人未来收入的预测上，而这种预测受信息不对称的影响不可能完全准确。尤其是在长期放款中，借款人的经营情况可能发生变化，因而，届时并不一定具备偿还能力，这就会损害银行的流动性。

三、负债管理理论及方法

商业银行负债管理理论经过了银行券理论、存款理论、购买理论和销售理论的演变与发展。

（一）银行券理论

银行券理论，是在中央银行制度产生以前，商业银行拥有货币发行权。当时，银行开出的保管凭证逐渐变成了支付凭证，即成为银行券。银行券理论要求银行保有一定的贵重金属作为准备，以避免滥发的后患。银行券现已不再存在。

（二）存款理论

存款理论，是在各国央行收回货币发行权力后诞生的，这种理论认为，存款是商业银行最重要的资金来源。商业银行的一切资产经营活动都是以存款为基础，没有存款就等于没有资金来源，而商业银行在吸收存款上是完全被动的。同时该理论认为存款者的存款动机是保值或增值，他们最为关心的是存款的安全，而银行最担心的是存款者同时提现，发生挤兑，这也是安全问题。在这种负债管理理论支配下，形成了单靠吸收存款的被动型负债方式，其缺点是银行管理的被动性，优点是有利于银行稳健经营。

（三）购买理论

购买理论，产生于20世纪五六十年代，该理论产生的背景是基于金融工具的创新，货币市场的发展，金融管制和金融业竞争的加剧，从而倡导商业银行主动争取其他存款和借款。这种负债管理理论认为，银行的流动性不仅可以通过加强资产管理来获得，向外借款也可提供流动性。认为购买行为比资产管理行为更加主动和灵活，特别是在通货膨胀条件下，支付高利率，以高价购入资金的成本实际并不高。而且由于无需经常保有大量的高流动性资产，资金可以投入到更有利可图的资产上，这对银行的盈利无疑是有好处的。因此，购买理论开创了保持银行流动性的新途径：这种理论强调，只要资产收益大于负债成本，就应该进行主动性负债，以获取利差收入。其特点是：积极主动筹措资金以满足银行流动性，以及盈利性的需要。

（四）销售理论

销售理论，强调银行可以推销其金融产品以获取资金。这就要求按照客户的需求设计、制造和出售金融产品和服务，要求银行注重市场营销，注重客户关系管理。许多负债类产品的出现与此有关，如银行推出的各种理财产品。在这样的浪潮下，“银行营销”已成为专门性的课程，银行“客户经理制”日益得到重视。

但是，负债管理在扩大银行盈利的同时，存在着明显的缺陷：（1）提高了银行的负债成本。因为，通常经由借款融进资金必须支付高于一般存款的利息；（2）增大了经营风险。因为，借款主要在金融市场进行，而市场是变幻莫测的；（3）往往会使银行忽视自身资本的补充，从而不利于银行稳健经营。

四、资产负债综合管理理论及方法

20 世纪六七十年代之前的银行管理中，资产管理和负债管理大多被看成是相互独立的两个方面，但是，事实上这两者是不可分离的一个整体。现代的银行家们已经越来越重视这两者之间的内在联系，强调资产和负债的综合管理。20 世纪 70 年代末 80 年代初，资产负债综合管理理论应运而生。

资产负债综合管理理论的基本思想，是将资产和负债两个方面加以对照及作对应分析，通过调整资产和负债双方达到合理搭配。

（一）资产分配法

一种较为简单的资产负债综合管理方法是资产分配法。它产生于 20 世纪 60 年代，强调根据各种资金来源的特点来确定资产的分配方向。例如活期存款的周转速度比较快，可以主要用于一级准备和二级准备这类高流动性资产；定期存款可以用作盈利性较高的资产；银行自有资本则用作长期投资。这种方法的好处在于，它通过周转速度和流动性这两个环节，将资产和负债有机地联系起来，使两者在规模和期限上保持一致。这比那种对所有资金来源都同等对待的方法有很大进步，但它仍是比较粗糙的管理方法。目前这种方法已经为许多商业银行所抛弃，各国商业银行普遍采用的是缺口管理法和资产负债比例管理法。

（二）利率敏感性缺口管理

利率敏感性缺口，是指银行的利率敏感性资产与利率敏感性负债之间的差额。浮动利率的资产或负债为利率敏感型的资产或负债。根据这两类资产和负债的不同组合，可以有三种不同的缺口管理战略：零缺口战略、正缺口战略和负缺口战略，如图6.1所示。

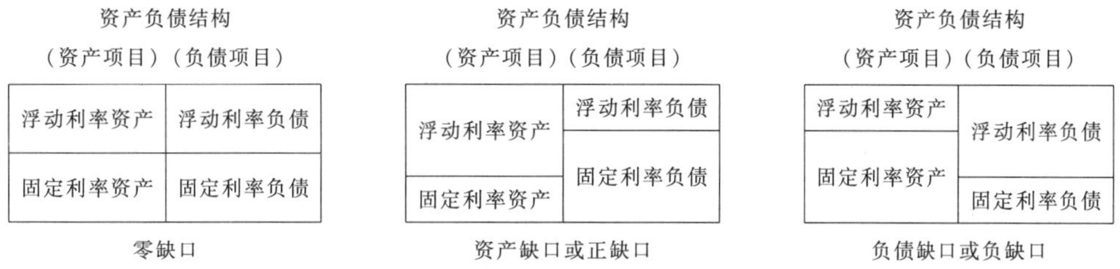

图 6.1　利率敏感性缺口分类

（1）正缺口，也称资产缺口，是指浮动利率资产占总资产的比例大于浮动利率负债占总负债的比例。在这种战略下，利率的上升使银行的收入增加，利率的下降则使银行的收入下降。

（2）负缺口，也称负债缺口，是指浮动利率资产占总资产的比例小于浮动利率负债占总负债的比例。在这种战略下，若利率下降，则银行收益增加，反之则下降。

（3）零缺口，是指浮动利率资产占总资产的比例等于浮动利率负债占总负债的比例，两者之间不存在缺口。在这种战略下，当利率上升时，资产收益和负债成本将同比例上升，因此，从理论上说，利率波动的影响能够被完全抵消，银行的收益将保持不变。因此，银行管理者应该根据自己对利率波动方向的判断，选择这三种不同的战略。

现举例加以说明。例如，某A银行的资产负债表如表6.2所示

表 6.2　　A银行的资产负债表

资　产		负　债	
利率敏感性资产	$20亿	利率敏感性负债	$50亿
可变利率贷款		可变利率的CDs	
短期证券		MMDAs	

续表

资　　产		负　　债	
固定利率资产	$80 亿	固定利率负债	$50 亿
储备资产		支票存款	
长期债券		储蓄存款	
长期证券		长期 CDs	

这样，其利率敏感性缺口（GAP）为：

GAP = 利率敏感性资产 - 利率敏感性负债
= $20 亿 - $50 亿
= - $30 亿

即该银行存在利率敏感性负缺口，这意味着该银行将面临利率上升带来收益下降的风险，当然，也存在着利率下降带来收益增加的可能性。

假设此时利率上升 5%，则来自资产方的收益增加值为 1 亿美元（5% ×20 亿），但是，来自负债方成本的增加值为 2.5 亿美元（5% ×50 亿），所以，净损失 1.5 亿美元。这一案例印证了上述原理：若预测利率上升，则应选择利率敏感性正缺口，而该行持有负缺口，导致了损失的发生。

因此，作为银行资产负债综合管理方法的基本思路就是：当预测利率上升时，就尽力为银行创造出利率敏感性正缺口；反之，当预测利率下降时，就尽力为银行创造出利率敏感性负缺口。

利率敏感性缺口管理的局限性在于：第一，利率走势难以准确预测；第二，资产价值和负债价值对市场利率变化的敏感程度不完全一致；第三，银行在资产和负债的选择方面并不总是拥有主动权，而是受制于顾客要求、法律规定和市场影响等因素，这意味着银行很难根据利率的变化在敏感性资产与负债之间进行随意调整。

案例分析

网络银行：银行与新经济握手

一、Hello！网上银行

在不经意中，网上银行就来到了我们的生活里。今天，有众多的中文网站让你看也看不过来，我们大多数人的名片上也印上了网址和 E-mail。对于网上银行，明天我们一样运用自如。

但这毕竟是一股“世界波”，它令传统的商业银行、传统的经营管理方式，特别是传统的金融观念发生改变。让我们积极迎向这个“世界波”，与网上银行握手，说声——你好！

很多人认为，加入WTO后，我国银行业会受到来自外资银行的冲击。然而，有识之士指出，即使不加入WTO，我国银行也一样面临冲击，因为这种冲击早已存在，这就是Internet的迅速发展。

二、走进网络银行

比尔·盖茨曾经预言：“如果传统商业银行不对电子化作出迅速反应，它将成为21世纪即将灭绝的恐龙。”在这里，比尔·盖茨以其超前的眼光指出了21世纪传统银行所面临的挑战以及新经济时代银行业的前景。那么，现在就让我们走近网络银行，看看它是什么：是否一家拥有互联网网址和网页的银行就可以算作是网络银行？与传统银行相比，网络银行的优势在哪里？

网络银行，一般又称网上银行或在线银行，是指银行以自己的计算机系统为主体，以单位和个人的计算机为入网操作终端，借助互联网技术，通过网络向客户提供银行服务的虚拟银行柜台。简言之，网络银行就是互联网上的虚拟银行柜台，它把传统银行的业务“搬到”网上，在网络上实现银行的业务操作。很显然，那些只拥有自己网址和网页的银行算不上真正意义上的网络银行，只有在网上提供网上支票账户、网上支票异地结算、网上货币数据传输、网上互动服务和网上个人信贷5种服务中至少一种的在线银行才是真正的网络银行。

与传统银行相比，网络银行没有分支机构，它完全依托无边无界的因特网，排除了语言障碍，可以随心所欲地将触角伸向世界的每一个角落，并超越国界提供各种服务，因此特别吸引拥有个人电脑的客户和高级行政人员。

网络银行之所以成为潮流，是由其显现出的许多优势所支撑的，其一，投资少。据资料显示，建立一个传统的分行需要150万~2 000万美元，外加每年营业成本35万~50万美元。而开办一个Internet Bank，只需100万美元。其二，经营费用低。网上银行拥有成本低廉的优势，不必花费大量房屋并雇用大批人力，在房租、水电、职员工资等方面节省了巨额开销。据统计，全球100家最大银行的柜面交易成本为1.07美元，电话银行是52美分，ATM机是27美分，而网络银行仅10美分——网络几乎把成本一下子降到了极限，成本的降低使网络银行有足够的实力向顾客让利。其三，方便顾客。比如，顾客可以足不出户就能办理银行业务，无须排队，节省了时间和“皮鞋成本”。

同时，网络银行的功能和优势远远超出电话银行，也无须自助银行和无人银行的固定场所。它既有访问功能，银行员工和客户之间可以通过电子邮件相互联系，又有展示功能。据有关资料统计，现在全世界已有400家金融机构有了自己的主页，内容包括行史、业务范围、服务项目、经营理念等；它还具有一种能在任何时间（Anytime）、任何地方（Anywhere），以任何方式（Anyhow）提供账务管理、查询转账、网上支付、缴交各类费用等服务的综合功能，因此又被人们称为“三A银行”。

三、国外银行网上抢滩

网络银行所具有的得天独厚的优势，使银行业人士不能不对其刮目相看。网络银行的发展时间虽短，但发展速度却十分惊人。

1995年10月18日，美国出现了一家没有建筑物、没有地址、只有网址的银行。尽管这家银行的营业厅就是网址中的首页画面，但由于客户进入该银行只需键入该行网址，屏幕上即显示出类似普通银行营业大厅的画面，上面有开户、个人财务、咨询、行长等柜台，甚至还有一名保安，而且所有交易都通过互联网络进行，顾客足不出户便可办理存款、转账、付款等业务。所以，这家网络银行开业短短几个月，就有近千万人次的访问，给金融界带来了极大震撼，它就是全球第一家网络银行——“安全第一网络银行（Security First Net-work Bank）。”

“安全第一网络银行”的出现，不仅改变了传统意义上的拥有黄金地段的位置、高耸入云的大厦、富丽堂皇的招牌、彬彬有礼的职员的银行形象，而且掀开了全球金融业的新篇章，拉开了银行与网络经济握手的序幕，引来了金融领域的一场深刻的变革。它的成功使美国和其他国家的银行清楚地看到，网络银行代表着银行业未来发展的方向。而且，因为网络银行首先争夺的是传统银行中较为富有的消费者（那些经常搭机周游各国、或每隔两三年就要转换工作地点的跨国企业经理人，由于不必担心随时要转换银行，而且通过网络可以随时随地上网理财，很快成了网络银行的主要客源），网络银行从他们身上得到的利润通常是平均利润的两倍，使银行业的竞争加剧。越来越多的传统银行开始在网上抢滩，网络银行由此出现了爆炸性增长。截至1999年底，介入网上银行的美国家庭已有大约600万户，占美国家庭总数的5%以上，而1998年，这个数字约为380万户至430万户，一年间增长了约1.5倍。而欧洲兴起网上银行后，2002年英国就关闭了3 000多家银行分支机构。

思考题：

1. 美国安全第一网络银行的出现对银行业发展有何意义？
2. 网络银行对我国银行业有何影响？

复习思考题

1. 解释下列概念：

银行持股公司、贷款、贴现、利率缺口、商业贷款理论、可转换理论、预期收入理论

2. 简述商业银行的组织结构类型。

3. 简述商业银行负债创新品种的主要内容。

4 从商业银行的资产负债表可以看出商业银行有哪些经营特征？

5. 简述商业银行经营管理理论的发展脉络。

6. 简述不同经营理论对商业银行经营的影响。

7. 简述商业银行的经营原则。

8. 商业银行发放贷款时应考虑哪些因素？

9. 从流动性管理角度看资产管理和负债管理。面临流动性需要时银行可以采取的措施有哪些？

10. 商业性贷款理论有什么缺陷？

11. 分析购买理论产生的背景和意义。

12. 简述资产负债综合管理理论的内容。

13. 什么叫缺口管理？如果预计未来一段时间内利率将下降，银行应采取什么样的缺口战略？

第七章 政府对银行的监管

✓ 本章摘要

金融业是受政府监管最严的经济部门之一。商业银行作为最重要的金融中介机构，往往又是各国金融监管的重点。这一现象的根本原因在于，银行体系（以及整个金融体系）的内在不稳定性。而这种不稳定性对整个国民经济的影响又具有“多米诺骨牌效应”。因此，一国政府可通过存款保险制度、最后贷款人安排及实施审慎性监管对银行实施监管。而金融业的国际化和跨国银行的发展必将导致金融监管的国际合作。由国际清算银行发起成立的巴塞尔委员会为金融监管的国际合作提供了可能条件。从《巴塞尔协议Ⅰ》的资本充足率监管到《巴塞尔协议Ⅱ》的最低资本要求、监管部门的监督检查和市场约束三大支柱，意味着国际银行监管标准的逐渐成熟。

✓ 本章关键词

银行系统的内在不稳定性　　银行监管　　巴塞尔协议

✓ 学完本章，你需要掌握

- 银行系统内在不稳定性的原因
- 银行危机为什么具有传染性
- 银行监管的理论依据
- 政府对银行监管的一般做法
- 巴塞尔委员会资本充足性管制的演进

第一节 银行监管的必要性

一、银行系统的内在不稳定性

银行系统的内在不稳定性表现为银行挤兑。银行挤兑是存款人集中大量提取存款的行为，是一种突发性、集中性、灾难性的危机。自有银行以来，挤兑现象就相并而存。据载，世界上最早的两家银行是1272年和1310年在意大利设立的巴尔迪银行和佩鲁齐银行，均因债务和挤兑问题于1348年倒闭。始于银行挤兑而爆发的1929～1933年的经济大危机，使美国大约1.1万家银行倒闭或被兼并，造成金融混乱。20世纪70年代以来，银行危机发生的频率越来越高，世界上有100多个国家和地区的银行曾发生过银行挤兑的灾难。

金融系统存在的这种内在不稳定性的理论依据是银行资产负债表的期限错配（maturity mismatch）特征，银行负债（主要是存款）的期限较短，而银行资产的期限较长且流动性差。当银行的流动性需求超过银行短期资产价值时，银行挤兑就会发生。如果整个金融系统出现流动性危机，那么，金融危机就会发生。论证银行内在不稳定性的理论很多，在此根据当代金融危机理论，作一简单介绍。

（一）囚犯困境与银行挤兑

一般来说，在发生大规模金融危机期间，挤兑现象会非常严重，同时正是由于挤兑国内银行，导致金融危机愈加严重。比如在1998的东南亚金融危机、俄罗斯金融危机，以及2008年美国金融危机时，银行挤兑现象都非常严重，很多时候正是银行挤兑摧残了雪上加霜的国家经济。

银行挤兑往往是由于谣言四起，存款客户不再放心将钱放在银行中，在这种情况下，根据囚犯困境①，每个存款者会算计到：第一，给定对方提款，自己面临两种选择：提款或不提款。假设提款不会受损失，而若不提款则会使存款全部损失掉，所以最优策略是提款。第二，给定对方不提款，自己面临两种选择：提款或不提款。假设提款可以使得自己要么得到额外的好处，要么至少可以得到本该得到的好处，所以最

① 囚徒困境（prisoner's dilemma）是博弈论的非零和博弈中具代表性的例子，反映个人最佳选择并非团体最佳选择。它是两个被捕的囚徒之间的一种特殊博弈，说明为什么甚至在合作对双方都有利时，保持合作也是困难的。

优策略仍是应该提款。因此，权衡的结果是，无论给定对方何种策略，自己的最佳策略就是提款。而这一各自进行理性算计的结果显然从双方整体上看并不是最佳的。因为，存款者纷纷去银行提取存款，在很短的时间内，银行又无法筹措大量的现金，最终的结果就是银行倒闭，很多人只能取回银行存款的一部分，甚至可能是一分存款都拿不到。这种情况往往就是现实生活中许多银行因挤兑风潮倒闭的根源。

囚犯困境模型证明了当事人个体理性与集体理性的冲突：每个人都按照自身眼前利益最大化的原则行事，只要银行无法充分保证未来的流动性需求总能顺利得到满足，就有可能使得银行挤提发生。当然，囚犯困境的解释过于极端或悲观。现实是人们在别人的既定策略下可能有不同的最优策略。亦即，不会无论如何都将存款提了再说。

但是，囚犯困境模型告诉人们，只有强有力、权威的、有担保能力的政府才可以出面保证客户资金安全并辟谣，来防止挤兑的发生，即加强政府对银行的监管。

（二）道德风险与银行危机

道德风险模型强调金融机构的道德风险与资产泡沫之间的关系。20 世纪 80 年代美国出现了大量的储蓄贷款协会倒闭的现象，经济学家和政策制定者在对这场倒闭风潮的反思和寻找其引发的根源时认识到，在一个管制松散的环境中，存款保险制度会引发严重的道德风险问题，道德风险问题是引起这场金融混乱和动荡的主要原因。

研究道德风险与金融危机关系的代表人物是克鲁格曼（Krugman，1998），他认为，政府对国内银行负债的隐性或显性担保会导致国内银行借贷活动中的道德风险问题。由于有政府的隐性或显性担保，国外投资者以较低的利率借款给国内银行，资本充足率低且缺乏谨慎监管的国内银行由于有政府的担保而投资于高风险领域，导致资产泡沫化。当资产泡沫破灭时，由于国内银行资产过多地暴露于资产市场而使其资产负债急剧恶化，陷入困境，引发银行危机。

同时，克鲁格曼还认为，国内银行所持有的巨额不良贷款是政府将来的消费支出，银行和政府之间的紧密关系使得存款者认为政府会对陷入困境的国内银行进行援助。因此，从本质上看，国内银行的不良贷款与政府支出是等价的。

因此，完善政府的金融监管措施是今后金融改革的重要内容之一。

（三）金融恐慌与银行挤兑

在戴梦德（Diamond）和戴博维格（Dybvig，1983）的银行挤兑模型中，他们认为，银行将存款人的存款投资于中长期项目，银行实现这一投资活动的前提是所有存款人不会在同一时间提取存款。在正常情况下，银行的贷款得以支持长期经济活动，经济运转正常，存款人得到存款利息，银行赚取贷款利息。但当许多存款人从银行提取存款时，由于银行的流动资金有限，银行不得不将其投资从长期贷款中提前收回，这将导致银行贷款收益的损失。此时，银行不能偿还所有存款人的本息，从而最先提取存款的存款人损失最小，而最后提取存款的存款人损失最大。因此，如果由于某种原因使得存款人确信他人会提前提取存款，那么每一个存款人的理性选择就是立即从银行提取存款，结果导致所有存款者都将遭受较大损失，银行危机发生。

因此，根据戴梦德的金融恐慌模型，银行挤兑是理性的存款者的预期自我促成的。即任何引起存款者预期挤兑会发生的事情都会导致挤兑现实地发生，而与银行本身的健全与否无关。如果所有的存款者都不提取存款，那么，所有存款者的福利都增加。尽管如此，在预期给定的情况下，单个存款者提前提取存款仍然能增加个体的福利，这就意味着每一个存款者都有提前提取存款的激励。因此，当所有的存款者选择逃离时，银行挤兑和金融危机很快就会发生。

根据戴梦德和戴博维格的观点，对银行来说，任何引起存款者预期会发生挤兑的事情都会现实地引起挤兑的发生。因此，银行必须对保持存款者的信心予以特别关注。

二、银行危机的传染性

当单个银行倒闭时，如果对整个金融系统不具有传染性，政府也没有必要花大力气对银行实施监管。但不幸的是，经济学家告诉我们，银行危机具有很强的传染性。这种传染主要体现在以下两个方面：

（一）信息传染

在银行同业市场上，由于信息的外部性，当存款者观察到银行经营业绩之间的强相关性时，信息传染就会发生。因为，根据信息的溢出效应，经济中多家银行的风险投资收益具有正的相关性，每一家银行中具有耐心的存款者能获得银行风险投资项目结果的完全信息，一旦银行的存款者首先观察到这种信息，就会导致一些银行倒闭。其他银行的存款者会对由银行倒闭数目所提供的噪音信号作出反应，并在获得他们进行储蓄的银行的风险投资项目结果的信息之前就对这些银行进行挤兑。这样，单个银行的挤兑会在银行系统中进行传染，导致其他银行的金融恐慌。

（二）信贷传染

由于银行同业风险分担或银行支付清算系统的存在，银行之间存在一定的信贷关系。这种信贷关系会使银行危机借助于信贷传染渠道蔓延下去。以旅行存款为例，旅行存款者可以在一个地方存款，而在另一个地方消费。旅行存款者要么在进行存款的银行取款、携带现金到目的地消费，要么将银行存款转移到目的地银行。当银行之间有信贷业务时，存款者的第二种选择是可行的。如果目的地银行倒闭，那么旅行存款者就会在其开户的银行提前取款，当流动性需求超过这家银行的资产时，这家银行也将倒闭，从而银行挤兑从旅行目的地传染到了旅行出发地。

由银行危机的传染性而引发的风险，经济学家称之为“银行业系统风险”，所谓银行业系统风险，是指系统性事件造成的连锁反应给银行业带来的风险。而这种银行业系统风险的存在使银行危机的社会成本加大。因此，加强对银行业的监管十分必要。

专栏 7

1997 年亚洲金融危机的爆发与蔓延

一、危机首先在东南亚爆发并波及中国香港、台湾

自 1997 年初起，国际货币投机者开始把东南亚地区特别是泰国作为其在全球投机中的主攻目标，大量抛空泰铢。泰国政府虽尽力挽救，但仍无法阻止泰铢不断走软，最终在 7 月 2 日不得不放弃固定汇率制，造成泰铢狂跌的情况。

国际投机家在泰国得手后，很快又把进攻的矛头指向菲律宾、马来西亚和印尼，从而引起 3 国货币的狂跌。东南亚国家货币贬值影响到它们的股市，大多数东盟国家的股票市值至 10 月底都下跌了 20% 以上，其中尤以金融类和房地产类股票的下跌为最甚。

国际投机家在东南亚金融市场得手后，于 1997 年第三季度开始对中国台湾和香港的金融市场频频发起攻击。香港特别行政区政府在关键时刻迅速采取了有力的调控措施，成功地捍卫了港元联系汇率制。但是与此同时，香港股市却付出了巨大的代价。据统计，从 8 月 7 日恒生指数创下 16 800 多点高位到 10 月 28 日跌至 9 000 点左右，港股市值损失超过 2 万亿港元。

二、危机蔓延至东北亚

进入第四季度，在东南亚金融危机的影响下，韩国爆发了一场深刻的金融动荡。从 10 月底起韩元兑美元的比价持续下跌，11 月 17 日，韩元与美元的比价跌破 1 000:1 的强阻力位，11 月 24 日，汉城股指一天内下跌 7.61%，创 10 年来最低点，与年初相比，股市跌幅超过 40%。

在金融危机中，韩国的大企业纷纷遭殃，大企业集团的倒闭又连累了一大批为其生产配套设备的中小企业。企业的大量倒闭使韩国银行呆账和坏账剧增。据韩国的外国投资银行估计，韩国银行坏账高达48万亿韩元，相当于韩国国内生产总值的12%。由于银行呆账、坏账累累，它们的信誉大幅度下降，韩国银行几乎已不可能到国际市场上融资了。与此同时，到期应偿还的外债却越来越多，其中2/3在一年内到期，全部外债中银行所欠达到2/3。

东南亚和韩国的金融风暴很快刮到了日本，使原本就不景气的日本经济愈益恶化。日本经济不景气引起日元大幅贬值，另外，企业倒闭之风越刮越猛，1997年日本企业破产达16 000多家。由于“泡沫经济”破灭，银行坏账、呆账惊人。据日本官方公布的资料，日本银行坏账为76.6万亿日元（约合5 500亿美元），而美国则认为日本坏账已高达1万亿美元。相当于日本GDP的22%以上。坏账久拖未决，严重制约经济复苏。中小企业因金融机构惜贷而面临严重困难。

三、危机深化并波及俄罗斯、巴西

1998年上半年，金融危机给东亚经济造成的巨大杀伤力不断显现，大多数东亚国家（地区）的经济跌入谷底。尽管各国（地区）的货币都已大幅度贬值，但它们的出口仍呈下降趋势。韩国在2月份出现较高增长后，3、4月份又迅速回落，5月份呈3%的负增长。泰国在1999年头四个月中出口同比下降2.7%，菲、马等国的服装、纺织品等的出口继续下滑。

1998年上半年，东亚国家的内外投资呈持续减少的态势。在国内方面，由于金融危机造成高利率和货币贬值，私人投资者大都表现得极其谨慎。海外投资者由于担心金融危机造成东亚地区投资环境的恶化，进入的外资数量锐减，而大量资金却因对本地区经济前景捉摸不定而逃逸。美国《商业周刊》报道：“大约500亿美元已经从印尼流出。日本的投资商们在（1998年）4月的头10天里购买了价值210亿美元的外国债券和股票，创下历史最高纪录，而韩国公司现在出口时一般实行美元结汇，而不兑换成韩元。”危机造成的另一个经济苦果是通货膨胀，1998年6月，菲律宾的通货膨胀率达10.7%，创近3年来最高水平。泰国6月份通胀率亦为10.7%，达到1981年石油危机以来的最高水平。通货膨胀招致物价大幅度上扬，泰国6月份食品和饮料的涨幅达13.6%。与非、泰等国相比，印尼的通胀状况更令人吃惊。1998年5月一个月，印尼的通胀率就达5.24%。

由于出口不振、投资乏力和大量企业破产、倒闭，失业已成为不少东亚国家严重的经济和社会问题。韩国1998年4月的失业率比一年前增加了一倍以上，达到6.7%，失业人数达到130多万人。1998年上半年，泰国的失业人数已达270万人。1998年5月，菲律宾的失业率高达13.3%。

1998年8月，亚洲金融危机严重影响俄罗斯。在俄宣布大幅度扩大卢布与美元比价的浮动范围和推迟偿还外债及暂停国债券交易后，俄股市、汇市猛泻。之后不久，巴西金融市场持续动荡，汇市和股市大泻。俄罗斯和巴西的金融动荡表明亚洲金融危机已对世界金融市场产生破坏性影响。

三、金融监管的理论依据

金融监管理论，是在政府管制理论的基础上，结合对金融业特殊性的分析，发展和完善起来的。目前，金融监管的理论依据主要有：社会利益论、金融风险论、投资者利益保护论以及管制供求论与公共选择论。它们的论证各有自己的侧重点，但相互之间也有一定交叉。

（一）公共利益理论

它主要是建立在政府拥有的信息是充分的、是为社会整体福利服务的以及具有完全信用三个假设基础上，认为由于市场存在着信息不对称、交易成本以及不完全竞争等问题，私人不可能去监管那些实力雄厚的金融机构，只有通过政府对金融机构的监管，才能够克服市场失灵所带来的负面影响，并改善金融机构的治理水平，从而提高金融运行的效率以及维护金融体系的稳定。

公共利益论认为，金融监管的基本出发点首先是要维护社会公众的利益。而社会公众利益的高度分散化和市场缺陷的存在，有必要让代表公众利益的政府在一定程度上介入金融经济生活，通过管制来纠正或消除市场缺陷，以达到提高社会资源配置效率的目的。

历史经验表明，单个金融机构的行为往往存在着一定的“负外部性”。例如，在其他条件不变的情况下，一家银行可以通过其资产对资本比例的扩大，来增加其盈利能力，这当然会使风险增大。但由于全部的风险成本并不是完全由该银行来承担，而是由整个金融体系乃至整个社会经济体系来承担，这就会使该银行具有足够的动力通过增加风险来提高盈利水平。如果不对其实施监管和必要的限制，社会公众的利益就有很大可能受到损害。

金融监管公共利益理论的基本思想是：一方面积极鼓励政府参与银行的经营和管理，实现对金融的直接控制；另一方面通过增强政府金融监管的权力，发挥政府在金融监管中的作用，可以弥补市场不完全所带来的负面影响。

当然，管制也会带来额外的成本，可能会对金融体系运行的效率产生不利影响。但该理论认为，只要监管适度，就可以在增进社会公众整体利益的同时，将管制带来的成本降到最低水平。

（二）金融风险论

该理论主要从关注金融风险的角度，论述了对金融业实施监管的必要性。

首先，由于金融业高负债率的特点，金融业是一个特殊的高风险行业。巴塞尔银行监管委员会1997年9月公布的《有效银行监管的核心原则》将商业银行风险概括为信用风险、国家和转移风险、市场风险、利率风险、流动性风险、操作风险、法律风险和声誉风险八类。以银行为例，其资本只占很小的比例，大量的资产业务都要靠负债来支撑，并通过资产负债的匹配来达到盈利目的。在其经营过程中，利率、汇率、负债结构和规模、借款人偿债能力等因素的变化，使得银行业成为风险聚集的中心。而且，金融机构为获取更高收益而盲目扩张资产的冲动，更加剧了金融业的高风险和内在不稳定性。当社会公众对其失去信任而挤提存款时，银行就会发生支付危机甚至破产。

其次，金融业具有发生支付危机的连锁效应。作为整个国民经济中枢的金融体系，其中任何一个环节出问题，都会引起牵一发而动全身的后果。不仅单个金融机构陷入某种危机，而且极易给整个金融体系造成连锁反应，进而引发普遍的金融危机，更进一步地，由于现代信用制度的发达，一国的金融危机还会影响到其他国家，并可能引发区域性甚至世界性的金融动荡。这就是人们常说的存在于金融体系内的“多米诺骨牌效应”。

金融风险的这些内在特性，决定了必须有一个权威机构对金融业实施适当的监管，以确保整个金融体系的安全与稳定。

（三）投资者利益保护论

在现实中，大量存在着信息不对称的情况，这种信息不对称的存在，会导致交易的不公平。即拥有信息优势的一方可能利用这一优势来损害信息劣势方的利益。例如，对于银行和保险公司的经营管理者来说，对自己所在金融机构的风险，会比存款人和投保人更加了解，他们就有可能利用这一信息优势为自己牟取利益，而将风险或损失转嫁给投资者。因此，这就要求政府对信息优势方（主要是金融机构）的行为加以规范和约束，为投资者创造一个公平、公正的投资环境。

（四）管制供求论

管制供求论，将金融监管本身看成是存在供给和需求的特殊商品。从管制的需求看，金融监管是那些想从监管获得利益的人所需要的。比如，现有的金融机构可能希望通过金融监管来限制潜在的竞争者；消费者希望通过监管促使金融机构提高服务质量、降低服务收费。从管制的供给看，政府官员提供管制是为了得到对自身政绩更广泛的认可。由此可见，是否提供管制以及管制的性质、范围和程度最终取决于管制供求双方力量的对比。根据管制供求论，监管者具有通过过度监管来规避监管不力的动机。但这样却可能增加被监管者的成本，降低被管制行业的效率，并从而受到抵制。

（五）公共选择论

公共选择论与管制供求论有很多相似之处，它同样运用供求分析法来研究各利益集团在监管制度提供过程中的相互作用。不同之处在于，该理论强调“管制寻租”的思想，即监管者和被监管者都寻求管制以牟取私利。监管者将管制当做一种“租”，主动地向被监管者提供从而获益；被监管者则利用管制来维护自身的既得利益。

第二节　政府对银行监管的一般做法

从国外的立法与实践看，银行危机救助主要存在三种法律制度安排，即中央银行的最后贷款人制度、存款保险制度和对危机银行的接管制度。因此，政府对银行的监管措施可归纳为：存款保险制度、最后贷款人安排及实施审慎性监管。

一、存款保险制度

为了保护存款者的利益，同时也为了维持存款者对存款机构的信心，防止因公众恐慌性地挤提存款而引发存款机构的流动性危机，目前西方发达国家大都建立了存款保险制度（Deposit Insurance System）。

（一）存款保险制度产生的背景

所谓“存款保险制度”，它是一种对存款利益提供保护、稳定金融体系的制度安排。在这一制度安排下，吸收存款的金融机构根据其吸收存款的数额，按规定的保费率向存款保险机构投保，当存款机构破产而无法满足存款者的提款要求时，由存款保险机构承担支付法定保险金的责任。

美国是西方国家中建立存款保险制度最早的国家，根据1913年美国紧急银行法，由联邦政府出面创立了联邦存款保险公司（FDIC），专对商业银行和互助储蓄银行的存款提供保险，它不以盈利为经营目的。目前，美国98%以上的商业银行和各种吸收存款的金融机构都参加了联邦存款保险公司的存款保险，并接受该公司的监督。20世纪70年代以来，由于出现金融市场动荡不安的形势，不少西方国家纷纷以不同的形式建立起适合于本国国情的存款保险制度。

（二）存款保险制度建立模式

到目前为止，从已实行存款保险制度的国家来看，具体组建模式归纳起来有以下三种：

（1）由官方建立存款保险机构模式，如美国、英国、加拿大等。

（2）由官方与银行界共同建立存款保险机构，如日本、比利时等。

（3）在官方支持下，由银行同业合建存款保险机构，如德国、法国、荷兰等。

参加存款保险的原则各不相同：有的自愿、有的强制，有的甚至还以参加存款保险作为银行领取营业执照的先决条件。

对每位存款户承保的存款数额，各国都有最高保险额的规定。最高保险额因各国经济发展水平、居民储蓄状况和保险制度完善程度的不同而异。如美国，目前为10万美元，加拿大为2万加元，日本为1 000万日元。大多数国家的法律规定，在最高控制点以内给予100%的赔偿。

二、最后贷款人安排

（一）最后贷款人的内涵

最后贷款人（Lender of Last Resort，简称LOLR）是一国中央银行履行银行的职能，向暂时出现流动性困难的银行提供紧急援助的一种制度安排，其目的是防止暂时流动性危机向清偿危机和系统性危机的转化。

中央银行的历史起源大约可追溯至17世纪中后期，最后贷款人的职能产生于19世纪。19世纪中叶前后，连续不断的经济动荡和金融危机使人们意识到：金融恐慌或支付链条的中断是触发经济危机的导火线，而要避免或减轻金融危机，应该让中央银行承担最后贷款人的责任。中央银行作为最后贷款人，向可能或已经发生信用危机的银行提供流动性支持是世界各国的普遍做法。如《美国联邦储备法》规定，作为最后贷款人，美国联邦储备银行可以向会员银行提供临时性抵押贷款；德国《联邦信用业法》规定，德意志联邦银行可通过限额之内的合格票据再贴现和证券抵押贷款的方式向各银行随时提供流动性支持。

(二) 最后贷款人的一般原则

在央行充当 LOLR 角色时，既可以是出于对正遭受流动性危机银行的关注，并向其提供紧急流动性支持便利；也可以是出于系统安全考虑，向正经历大量现金挤提的所有银行供应超额准备，以维持银行系统整体的稳定性。综合西方经济学家的观点，可以将最后贷款人原则归纳为以下五点：

(1) 最后贷款人的首要职责是防止恐慌造成的货币储备减少。

(2) 最后贷款人的主要目标是稳定整个金融体系，而不是单个金融机构。

(3) 最后贷款人的存在不是为了避免危机的发生，而是缓解危机冲击的影响。

(4) 最后贷款人应为一切有良好资产抵押的银行提供贷款，而不应拯救不好的银行，其目的是防止恐慌蔓延到好银行。

(5) 中央银行紧急援助资金的数量不受限制，并执行惩罚性高利率。

三、金融机构的审慎监管

审慎性监管（Prudential Regulation）被 1991 年《联邦存款保险公司改进法案》（FDICIA）所接受。该法案一个最重要的特点是它的“迅速纠正行动条款”。该条款规定 FDIC 有权利更早和更有力地干预陷入困境的银行。因此，审慎监管的内涵，即监管出于审慎之目的。金融监管实际上暗含两个前提，一是金融机构在其日常经营活动中不能保证永远做到足够的审慎；二是其审慎行为不仅影响其自身的利益，而且也会产生过高的社会成本。这两个前提的结合，才需要政府的介入。从审慎出发，政府对金融机构的日常监管包括以下内容。

(一) 市场准入监管

市场准入是中央银行对新设机构进行的限制性管理。中央银行对新设机构核准与否主要是考虑以下因素：一是经济发展需要。中央银行要考察当地经济发展和金融竞争的需要，征询金融同业和工商业的意见。二是新设机构的资本数量。银行资本是保障银行经营稳定和公众利益所必需的，所以中央银行对新设机构要规定最低资本数量。三是对金融机构法定代表人及主要从业人员如品德、经验、业务素质等的要求，以保证营业后机构的健康稳定运行。此外，监管当局还对金融分支机构设立和金融机构合并，规定了相应的标准或采用的适当原则。

（二）业务范围监管

金融机构一旦成立后，应按照许可的营业范围从事金融活动，不得越线。例如，许多国家的金融法律都规定，存款货币银行只能经营短期信贷业务，长期融资由投资银行办理，非银行金融机构不得经营创造存款货币功能的支票存款业务；一般银行业务与信托业务必须分开，机构必须分设。

但是，自20世纪80年代以来，随着金融自由化的发展，商业银行已经通过多种途径渗透到证券、保险等各个行业，金融业之间的界限日益模糊。

（三）金融机构经营内容的监管

监管机构还要对金融机构进行每年一次的审计检查，以确定金融机构的金融状况。

1. 现场检查

现场检查，是指监管当局对银行进行不事先通知的实地检查，以防银行因事先得知要检查而隐瞒真相。比如，在美国，负责银行检查的人员被称为检查员，他们总是不宣而至，使银行来不及为逃避检查做手脚。

2. 非现场检查

非现场检查，也称常规检查，是指审查和分析银行的各种报告和统计报表，包括基本的财务报表和财务资料。检查完毕后，检查人员要写出关于银行“有没有问题”的检查报告。如果检查人员认定银行没有充足的资本或者认定银行有不诚实的行为，则可以在报告中宣布该银行是“有问题的银行”，这一检查结果将会使该银行受到更加频繁的检查。

在美国，1979年由联邦金融机构监管委员会协商建立的CAMEL评级制度，经过1997年的修改后，成为美国主要监管机构统一使用的CAMEL（骆驼）评级制度。CAMEL框架是目前国际上最常用的分析单个银行部门稳定性的工具，它给出了影响银行体系稳定性的五个指标：资本充足率（Capital Adequacy）、资产质量（Asset Quality）、管理的稳健性（Management）、收益状况（Earnings）和流动性状况（Liquidity）。新的CAMELS制度重新调整了一些评级项目，新增了市场风险敏感性指标S（Sensitivity of Market Risk），能够有效地协助监管当局发现金融机构出现失常情形的苗头。

（1）资本充足率：资本充足率指标要求银行资本要达到其加权风险资产的一定比例，以弥补可能的资产损失。按照《巴塞尔协议》的规定，核心资本占总资本的比例不得低于50%，资本总额与风险资产的比例不得低于8%，其中，核心资本充足率不得低于 4%。

（2）资产质量：按照国际通行的贷款风险分类法，将银行贷款资产的质量分为正常贷款、关注贷款、次级贷款、可疑贷款和损失贷款五类，简称“贷款五级分类法”，其中，后三类统称为不良贷款。这种分类办法可以较为科学地反映贷款的实际动态。

（3）管理：管理是一个综合指标，它反映的是银行经营者的决策能力、协调能力、技术能力、风险控制能力和适应环境变化的能力。

（4）盈利：盈利率的高低决定了股东的收入情况及银行弥补损失和充足资本的能力。一般来说，若银行的资产收益率（收益/总资产）持续保持在 1% 以上，资本收益率（收益/自有资本）在 15% 以上，就说明该银行的经营状况良好。

（5）流动性：是指资产转换为现实购买力的难易程度。对银行流动性的监测和控制是金融监管的重要内容。比如各国金融管理当局一般都规定了法定存款准备金率。此外，各国还规定了其他一些比例性指标来确保商业银行的流动性。

（6）对市场风险的敏感程度：主要考察利率、汇率、商品价格及股票价格的变化，对金融机构的收益或资本可能产生不良影响的程度。

（四）市场退出机制监管

各国监管当局都非常重视对有问题金融机构的挽救，避免因单个金融机构经营不善而引起大的社会震动。对于那些面临严重困境的金融机构，监管当局在责令其采取纠正措施之外，还可能从维护行业稳定的考虑出发，通过提供临时性的贷款予以必要的紧急援助。如果这些措施仍不能使其摆脱困境，监管当局则可能尽力促成其他金融机构对该金融机构进行合并或收购。如果这种努力仍未见效，监管当局就会或者直接出面接管该金融机构，或者宣布该机构倒闭，并对其进行清算。

对于倒闭或濒于倒闭的银行，美国联邦存款保险公司一般采取以下三种方法进行处理：

1. 清偿法

FDIC 宣布银行破产，并为每个存款户清偿最高达 10 万美元的存款；然后，再清理该银行的破产资产，与银行的其他债权人按份额分割清理所得资金。实际中，FDIC 总是力图避免使用这种方法.

2. 购买并承担法

FDIC 动员一家经营良好的银行和濒于倒闭的银行进行合并，合并者购买濒于倒闭银行的全部资产，并承担其全部负债。这是 FDIC 最常用的一种方法。

3. 直接协助法

FDIC 和联邦储备体系一道，向濒于倒闭的银行提供贷款，以帮助它们渡过难关。

尤其是当濒于倒闭的银行规模巨大，倒闭的社会后果严重，而安排别的银行进行合并又很困难的时候，FDIC 还可能采取特别的措施对它进行援助。

第三节　巴塞尔委员会资本充足性管制的演进

金融业的国际化和跨国银行的发展必将导致金融监管的国际合作。由国际清算银行发起成立的巴塞尔委员会为金融监管的国际合作提供了可能条件。

一、巴塞尔协议产生的历史背景

1974 年，德国赫斯塔特银行和美国富兰克林国民银行的倒闭，最终使银行监管的国际合作从理论认识上升到了实践层面。1975 年 2 月，来自比利时、加拿大、法国、德国、意大利、日本、卢森堡、荷兰、瑞典、瑞士、英国和美国的代表聚集瑞士巴塞尔，商讨成立了“巴塞尔银行监管委员会”。自成立以来，巴塞尔委员会制定了一系列重要的银行监管规定。这些规定虽不具有法律约束力，但已得到世界各国监管机构的普遍赞同，特别是那些国际金融参与度较高的国家。巴塞尔委员会虽然不是严格意义上的银行监管国际组织，但事实上已成为银行监管国际标准的制定者。

巴塞尔协议就是由巴塞尔委员会成员国的中央银行在瑞士巴塞尔达成的若干重要协议的统称。其实质是为了完善与补充单个国家对商业银行监管体制的不足，减轻银行倒闭的风险与代价，是对国际商业银行联合监管的最主要形式，并且具有很强的约束力。

1988 年 7 月，巴塞尔委员会在总结了几个方面的意见之后，通过了《关于统一国际银行的资本计算和资本标准的协议》（简称《巴塞尔协议Ⅰ》）。主要针对的是信用风险和市场风险，旨在通过实施资本充足率标准来强化国际银行系统的稳定性，消除因各国资本要求不同而产生的不公平竞争。

随着衍生金融品种及其交易规模的迅猛增长，银行业越来越深地介入了衍生品种的交易。这使得巴塞尔委员会认识到，尽管《巴塞尔协议Ⅰ》的执行已经在一定程度上降低了银行的信用风险，但以金融衍生工具为主的市场风险却经常发生。这说明，仅靠资本充足率已不足以充分防范金融风险。

在 1996 年 1 月巴塞尔委员会推出了《资本协议关于市场风险的补充规定》。该规定认识到，市场风险是因市场价格波动而导致表内外头寸损失的风险，包括交易账户中受到利率影响的各类工具及股票所涉及的风险、银行的外汇风险和商品风险，它们同样需要计提资本金来进行约束。《补充规定》提出了两种计量风险的办法：标准法和内部模型法。但鉴于当时条件的限制，所提出的计算方法又不够具体和完善，因而并未得到广泛运用。

1997 年 7 月全面爆发的东南亚金融风暴更是引发了巴塞尔委员会对金融风险的全面而深入的思考。从巴林银行、大和银行的倒闭到东南亚的金融危机，人们看到，金融业存在的问题不仅仅是信用风险或市场风险等单一风险的问题，而是由信用风险、市场风险外加操作风险互相交织、共同作用造成的。1997 年 9 月推出的《有效银行监管的核心原则》是巴塞尔委员会历史上又一项重大事件，表明巴塞尔委员会已经确立了全面风险管理的理念。

1999 年 6 月，巴塞尔委员会推出了《新巴塞尔资本协议》（《巴塞尔协议Ⅱ》）第一个征求意见稿。经过三次征求意见后，2004 年 6 月 26 日，10 国集团的央行行长一致通过了《资本计量和资本标准的国际协议：修订框架》，即《巴塞尔协议Ⅱ》的最终稿，并决定于 2006 年底在 10 国集团开始实施。此后，25 个欧盟成员国、澳大利亚、新加坡和中国香港等国家和地区也表示将利用新协议对商业银行进行监管，部分发展中国家如南非、印度、俄罗斯等也表示将采取积极措施克服困难实施新协议。

二、《巴塞尔协议Ⅰ》的主要内容及不足

在推进全球银行监管一致化和可操作性方面，《巴塞尔协议Ⅰ》具有划时代的意义。它在国际银行界建立了一套国际通用的、以加权方式衡量表内外风险的资本充足率标准，极大地影响了国际银行监管和风险管理的进程。

（一）《巴塞尔协议Ⅰ》的主要内容

《巴塞尔协议Ⅰ》主要包括资本的分类和风险权重的计算标准。资本的分类是将银行的资本划分为核心资本和附属资本两类，对各类资本按照各自不同的特点进行明确地界定；风险权重的计算标准是根据资产类别、性质以及债务主体的不同，将银行资产负债表的表内和表外项目划分为 0%、20%、50% 和 100% 四个风险档次。有了风险权重，报告所确定的资本对风险资产 8% 的标准目标比率才具有现实意义。

《巴塞尔协议Ⅰ》表明监管者真正认识到国际银行体系健全和稳定的重要，各国银行的监管标准必须统一。这种安排考虑到了银行的国别差异，以防止国际银行间的不公平竞争。

《巴塞尔协议Ⅰ》的推出意味着资产负债管理时代向风险管理时代过渡，使之成

为影响最大、最具代表性的监管准则。

（二）《巴塞尔协议Ⅰ》的不足之处

尽管1988年的《巴塞尔协议Ⅰ》在监管思想和理念上较之以前有了大幅度的进步，但随着金融领域竞争的加剧与金融创新的日新月异，《巴塞尔协议Ⅰ》主要不足之处也逐渐地显现出来。

（1）对银行业面临的风险理解显得比较片面，忽略了市场风险和操作风险。该协议中突出强调信用风险，但是对信用风险的判断过于简单化，对信用风险的划分也不细致；针对市场风险的规定过于笼统，并且缺乏可操作性；而对于破坏性极大的操作风险，相关的考虑更是接近空白。

（2）存在某些歧视性政策，如对非OECD成员国的风险权重歧视问题仍然存在，以及对企业风险权重的歧视，且与国家风险权重歧视交织在一起。这一方面造成国与国之间巨大的风险权重差距；另一方面则容易对银行产生误导，使其对OECD成员国的不良资产放松警惕，相应地扩大了银行的经营风险。

（3）对金融形势的适应性问题。银行近年来在金融创新、控制资本方面的努力受到旧协议很大的限制。旧协议从一开始就注意到了表外业务的潜在风险，也提出了对照表内项目确定表外资产风险权重的做法，但随着金融新业务的推出和银行组织形式的更新，旧协议的涵盖范围和监管效果都难以让人满意。

（4）全面风险管理问题。旧协议对于信用风险、市场风险和操作分析的全面管理还停留在理论上论证、方法上探索的阶段。此外，在旧协议中银行始终处于被动地位，银行危机的产生主要由借款人的风险引起，银行风险的规避取决于监管当局对其资本金计提方法和计提数量的监督，并不注重当事人主体能动作用的发挥，也没有对银行提出如何适应市场以及如何主动接受市场约束的问题。

三、《巴塞尔协议Ⅱ》的三大支柱

（一）最低资本要求

《巴塞尔协议Ⅱ》的第一支柱，最低资本要求，主要包括三个基本要素：监管资本的定义、风险加权资产和资本对风险加权资产的最低比率。在计算资本比率时，市场风险和操作风险的资本要求乘以12.5（即最低资本比率8%的倒数），再加上针对信用风险的风险加权资产，就得到分母，即总的风险加权资产。分子是监管资本，两者相除得到资本比率的数值。总的资本比率不得低于8%。

至于计量风险的方法可选择两者之一：即基于外部评级的标准法和基于银行内部数据的内部评级法。

（二）监管部门的监督检查

《巴塞尔协议Ⅱ》的第二支柱是监管部门的监督检查。监督检查的目的是，不仅要保证银行有充足的资本来应对业务中的所有风险，而且还鼓励银行开发并使用更好的风险管理技术来监测和管理风险。监管当局应评价银行如何按自身的风险轮廓确定资本需求，并在必要时进行干预。这样做的目的是在银行和监管当局之间形成有效的对话机制，以便在发现问题时可以及时、果断地采取措施来降低风险和补充资本。

（三）市场约束

第三支柱——市场约束，其目的是对最低资本要求（第一支柱）和监督检查（第二支柱）的补充。第三支柱主要涵盖了“适用范围、资本结构、风险敞口与评估以及资本充足率”四个领域。市场约束可以理解为市场参与者之间相互作用并且相互制约，各自对自己的决策承担责任。主要做法：一是加强信息披露。委员会认为，共同的披露框架是将银行风险暴露告知市场的有效途径，并为增强可比性提供了一致、合理的披露标准；二是包括银行雇员、股东、借/贷款人、存款者、次级债权人、其他机构（如评级机构等）在内的利益相关者或市场参与者迅速作出反应；三是政府不采取宽容和援救做法。

因此，贯穿于新巴塞尔资本协议三大支柱的核心是鼓励银行投资和改善风险管理系统，应用先进的风险计量方法正规、系统地分析各种风险暴露的违约概率和损失率，进而更加有效地管理和更加精准地控制银行面临的种种风险，以获得更强的核心竞争力，取得更高的收益。

案例分析

存款保险制度中的道德风险问题

应该说，设计存款保险制度的初衷，在大半个世纪的实践中是体现出来了。但与之同时，这一制度在实际执行中，也带来了一系列问题，其中一个重要问题是道德风险问题。

因为存在信息的不对称，当某个主体能够不对其行为的所有后果承担完全责任时，就可能产生道德风险。旨在对银行存款提供保护和对危机银行进行救助的存款保险制度会激化全面的道德风险和导致逆淘汰，这是存款保险制度的根本缺陷。导致这些缺陷的原因在于，存款保险制度提供了错误或不兼容的激励机制，而正确的激励机制应遵循两个原则，一方面要使当事各方能因做得正确而获得回报，另一方面是使当事各方承担做错所导致的成本。存款保险制度错误的激励在下列几方面体现出来：

一、存款者的道德风险

作为保险受益人的存款者对存款保险公司和外部社会存在着道德风险，这是存款保险制度固有的缺陷。假如没有存款保险制度，因为存款可能因银行的倒闭而血本无归，银行的存款者会积极对银行的风险和经营状况进行了解与分析，并据此对银行进行监督与制约。但是，由于存款保险制度的存在，存款人无需选择银行，存款保险制度所提供的错误的激励机制把存款人的监督责任转移给了存款保险公司。它不仅仅使被保险的存款人失去了关注银行风险状况的动力，而且还使其他债权人的警惕性也会下降，因为银行的相当大部分负债是受保护的存款，这部分负债的稳定和存款保险公司在背后的支持已足以使银行不会轻易倒闭，则那些不受保护的债权人实际上也相当安全。

二、银行的道德风险

作为投保人的银行对存款保险公司和广大存款人也存在着道德风险。这其中又包含两个层次：

1. 银行的所有者对债权人和外部社会的道德风险

金融市场上众多的金融工具使银行所有者能够在让银行承担过度风险的同时，通过投资分散化来消减自身的总体风险水平。这就使银行所有者们产生了承担风险的冲动。而多数银行的组织性质为有限公司制，这为风险操作提供了进一步保障。有限公司制度增大了企业所有者的风险偏好度。因为它使企业所有者以自有资本为抵押，从企业的债权人处获得了类似于看跌期权的权力，这样在企业的自有资本价值不断下跌时，用借入款来从事风险巨大的业务所获收益将远大于已经固定的资本损失。但是，有限责任公司制的这种副作用会被限制在一定范围内，因为银行所有者会始终面临来自债权人的监督，对于高杠杆比率经营的银行而言，来自债权人的威胁已足以使银行所有者非到万不得已，或自信有高超的隐瞒能力时，不愿轻易追求过度的风险。

然而，存款保险制度使银行债权人失去了监督的动机，这实际上相当于银行存款人以保费（由银行代为支付）为代价，将自身对银行的监督权力转嫁给存款保险公司来承担。因此，存款保险制度激化了银行的所有者对债权人和外部社会的道德风险。美国大量的 S&L（储贷协会）早在 1982 年即已陷入房地产市场投机失败的泥淖中，但正因为获得了存款保险公司提供的保障而得以苟延残喘，继续吸收存款用于房地产投机，一直到 1992 年整个 S&L 体系全线崩溃。

2. 银行管理层对其所有者和整个外部社会存在的道德风险

一般地，所有者作为委托人，委托管理者作为代理人来经营银行，在这种代理制度下，由于双方间信息的不对称而存在前者对后者进行监督的成本，这使得监督不可能是完全的，进而产生了代理成本问题。代理成本在金融机构中，主要包括两个方面，一是管理阶层的懈怠，二是管理阶层承担过度风险。

从外部社会的角度考虑，后者才是防范金融体系的系统性风险所必须关心的内容。它的主要表现为，银行的管理阶层倾向于用公司资本和所吸收的社会资金来进行高风险操作以牟私利，因为他们的报酬常常是与经营业绩挂钩的，这种报酬结构犹如赋予了管理者一份看涨期权，使其既能分享风险操作成功的收益，又锁定了操作失败后损失的下限。在管理者已经承受了过度的风险之后，存款保险制度的错误激励机制会加倍发挥作用。

因为，第一，存款保险制度使管理阶层所受到的来自银行所有者的监督下降；第二，来自银行存款者的监督也下降了；第三，存款保险制度可能诱发银行所有者与管理阶层间的共谋，共同决策经营高风险业务，夸大银行的账面利润，使股东得到更多的分红派息（这类行为被称为“所有者洗劫”（Owner's looting））和股价的上涨，之后再将股权转让出去；而管理阶层的报酬也相应上升。这些弊病的根本原因在于，管理层风险操作失败的严重性因存款保险制度而大大减小了。

三、监管机构的道德风险

监管机构本身就存在着一定的道德风险问题，主要表现在，首先，监管者出于自身的利益考虑，可能一方面不当地加强对金融机构的干预，如对其强加大量的社会或政治目标；另一方面，完全站在金融机构的立场上，随意决定对金融机构的监管标准，尤其是市场准入、危机救助和市场退出等标准，以谋求金融机构的回报，这种现象即所谓的“监管攫取”（Regulatory Capture）。这一利益冲突现象在监管者离职后受聘于金融机构的惯例下尤其容易发生，其恶果在日本等国家已广泛暴露出来。

而存款保险制度进一步激化了包括存款保险公司在内的金融监管机关的道德风险。存款保险制度的建立就是广大存款人以保费为代价将监督金融机构的责任转交给了存款保险公司，希望后者能凭借在权威性、信息能力等方面的优势和规模经济的好处对银行发挥更有效的监督活动。与此同时，市场对银行的市场约束也随之消失。由于监管机关主要向政府负责，工作重心主要是确保银行体系的稳定，而稳定的主要标志又是银行不倒闭。存款保险制度一是因防止了挤提而使银行不会因受到市场的惩罚而倒闭，二是因对危机机构进行救助而使之难以倒闭，故而成为监管机关的极大依靠。若一国的银行有相当大比重为国有银行的话，由于政府能从银行的盈利中获得大量的税利，会更倾向于用存款保险基金来支持银行，拖延银行倒闭的时间。

监管机关这种被存款保险制度所激发出来的道德风险后果十分严重，因为它延误了纠正金融机构错误，停止损失的时机，使损失进一步扩大。如1982年，当利率的上升开始导致美国的储蓄机构破产时，监管机关本应立即发现问题、遏制储蓄机构向房地产业的进一步放款及关闭陷于危机的机构，但其竟然修改会计制度以防止危机暴露。若当时关闭问题机构，成本大约为200亿美元，而等到1992年已有2 000余家储蓄机构破产时，政府最终拨付了1 500亿美元。

四、逆淘汰效应

在金融体系内，道德风险的后果常常是逆淘汰。存款保险制度所提供的一些错误的或不相容的激励导致的逆淘汰主要有：

（1）由于在几乎所有国家，存款保险费率对各银行均是一致的，这种不公平制度的结果是，稳健的银行会退出存款保险体系，而这样使保险基金的风险增大，又促使更多银行退出，最终只剩下高风险银行参加保险。结果只会是存款保险制度的破产。而若存款保险制度强制要求所有银行参加，则无异于通过向稳健的银行课税来补贴高风险银行。

（2）存款保险机构不区分危机银行是处于暂时的流动性困难还是已资不抵债而进行救助，假如这种救助是随意的、低成本甚至无偿的，则无异于鼓励其他银行从事高风险经营，同时延误了纠正或关闭的时机。

（3）存款保险制度救助危机银行所产生的示范效应会加剧银行间的恶性竞争和增加银行的风险偏好度，一方面高息吸储，另一方面盲目经营，挤占市场份额。尤其是那些经过救助而存留下来的银行，更有可能通过高风险经营来恢复地位，结果迫使好的银行或在竞争中被淘汰，或加入追求高风险的行列。这种被学术界称为“还魂尸”（Zombi）的现象对整个经济体系具有很大的负外部性。

（4）存款保险制度使银行免受来自外部制裁的压力，倒闭的可能性大大减小。资本市场对此的反应是，追逐短期利润的投机资金会极力追捧这些“进取型”银行的股票，使其股价反而能较“保守型”银行有大幅攀升，令后者所面临的被购并的威胁更大。

但是，为什么在20世纪80年代之前，存款保险制度却实施得很成功呢？这主要是因为，在80年代以前，金融业的管制很严格，银行能够从事的活动受到严格的限制，因而它承担的风险得到了有效的控制。80年代以后，大量的金融创新和金融自由化使得银行从事风险活动的可能性大大提高。

因此，对于存款保险制度的评价众说纷纭。

思考题：根据以上分析，请你尝试对存款保险制度的功过进行评述？

复习思考题

1. 金融系统内在不稳定性的理论原因是什么?
2. 银行危机的传染渠道有哪些?
3. 金融监管的理论依据是什么?
4. 简述最后贷款人制度的内涵及原则。
5. 存款保险制度的功能是什么?
6. CAMELS 评级体系的主要内容是什么?
7. 一国政府对银行的审慎监管包括哪些内容?
8. 分析金融监管模式的发展趋势。
9. 试分析巴塞尔协议的重要贡献。
10. 试分析新巴塞尔协议三个支柱的关系及意义。

第八章　中央银行与货币政策

✓ 本章摘要

在各种金融机构中，中央银行属于特殊的一类：虽然也被称为银行，但并非商业银行那种意义的“银行”：经营目的不在于盈利，通常是政府或半政府机构；其主要职责是代表国家发行通货、制定与实施货币金融政策；重点对货币政策目标、工具、传导机制、传导效果进行分析。

✓ 本章关键词

中央银行　　货币政策

✓ 学完本章，你需要掌握

- 中央银行的组织制度的种类
- 货币政策的目标体系
- 货币政策的工具体系
- 货币政策的传导机制理论
- 影响货币政策效果的主要因素

第一节　中央银行概述

一、中央银行产生的必要性

中央银行是银行业发展到一定阶段之后的产物。具体说来，它的产生是适应了以下几方面需求的结果。

（一）统一发行银行券的需要

所谓“银行券”，是由银行发行的一种债权凭证。早期的银行券可以随时向发行银行兑换金属货币，所以它是作为金属货币的代用品进入流通中的。在中央银行产生之前，众多银行都有权发行自己的银行券，这种分散的银行券逐步暴露出其严重的缺点：(1) 不利于保证货币流通的稳定。因为为数众多的中小银行信用实力薄弱，其发行的银行券常常不能兑现，尤其在危机时期，不能兑现的情况非常普遍，从而容易使货币流通陷入混乱局面。(2) 不利于商品流通的进一步扩大。因为众多分散的小银行，其信用活动领域有着地区的限制，因此，它们所发行的银行券只能在有限的地区内流通。随着资本主义经济的发展，商品流通范围的扩大，需要有能在全国市场广泛流通的一般信用流通工具。而这样的流通工具显然只能由信誉卓著、信用活动有全国意义的大银行集中发行。

事实上，这一过程在最开始时是自发的，某些大银行依托自身的优势，在银行券的发行中不断排挤其他的中小银行，并最终在政府的扶持下，成为独占银行券发行权的中央银行。早期的中央银行大都有这一经历。英国的中央银行——英格兰银行便是一个典型的例子。

（二）票据清算的需要

银行林立、银行业务不断扩大，债权债务关系错综复杂，票据交换及清算若不能得到及时、合理处置，会阻碍经济顺畅运行。于是客观上需要建立一个全国统一而有权威的、公正的清算机构为之服务。

最初的票据清算是通过银行派专人持客户交来的收款票据到应付款银行要求付款来进行的，不仅成本高，缺乏效率，而且极不安全。票据流通量的扩大迫使银行对此进行变革。于是，新的票据交换和清算制度开始出现。刚开始时是银行的收款人员自发地聚集在某一固定的地点，交换手中所持有的由对方付款的票据，并相互结清差额。在此基础上，1773 年在英国伦敦成立了世界上最早的票据交换所。早期的票据交换所虽然对清算效率的提高发挥了极为重要的作用，但一般仅局限于同城内的票据清算，而且结算后的差额仍须以现金（金属货币）清偿，不方便之处依然存在。因此，需要有一个更权威的、全国性的、统一的清算中心。中央银行建立起来后，这一职责非常自然地就由有政府背景的中央银行承担起来。

（三）最后贷款人角色的需要

最后贷款人，是指在商业银行发生资金困难而无法从其他银行或金融市场筹措时，中央银行对其提供资金支持的功能。

在经济周期的发展过程中，商业银行往往陷入资金调度不灵的窘境，有的则因支付能力不足而破产，银行缺乏稳固性，不利于经济的发展，也不利于社会的稳定。因此，客观上需要一个统一的金融机构作为其他众多银行的后盾，在必要时为它们提供货币资金，发挥最后贷款人的角色，也即流动性支持，这一机构就是中央银行。

（四）金融宏观调控的需要

银行业经营竞争激烈，银行的破产倒闭会给经济造成极大的震动和破坏。为了建立公平、效率和稳定的银行经营秩序，尽可能避免和减少银行的破产和倒闭，政府需要对金融业进行监督管理。中央银行是最早承担起金融监管职责的机构，也是目前绝大多数国家金融监管的最主要机构，在金融监管，尤其是银行监管方面发挥着重要作用。

二、中央银行的产生和发展

中央银行的产生和发展经过了一个漫长的过程。

（一）中央银行的起源阶段

通常在谈及中央银行起源时，往往首先提到瑞典银行和英格兰银行。前者成立于1656年，后者成立于1694年。但它们成立之初并不就是中央银行。瑞典银行初建时是一般私人银行，后于1668年由政府出面改组为国家银行。但直到1897年它才独占发行权。真正最早全面发挥中央银行职能的是英格兰银行。

英格兰银行是最早的私人股份银行，其成立标志着资本主义银行的产生。该行在成立之初就在接受政府存款、向政府提供贷款，以及发行银行券方面享有一定的特权。但成为中央银行的决定性的第一步，则是1844年通过的银行法，结束了在英国有279家银行发行银行券的局面。同时，因为其他商业银行需要银行券时只能从英格兰银行提取，所以，必须在英格兰银行存款，这就使英格兰银行又成为集中其他商业银行存款准备金的银行。1875年，它开始对其他银行负起在困难时提供资金支持的“最后贷款人”责任。1847年、1857年和1866年英国爆发三次大的金融危机。在危机中，英格兰银行以大银行的实力支撑了存款的支付和债务的清偿，又使之具有了相当程度的全国金融管理机构的色彩，英格兰银行向中央银行的演变也因此基本成型。

（二）从19世纪到第一次世界大战爆发前中央银行产生的第一次高潮

从19世纪初到第一次世界大战爆发前，出现了成立中央银行的第一次高潮。如成立于1800年的法兰西银行，在1848年垄断了全法国的货币发行权，并于19世纪70年代完成了向中央银行的过渡；德国于1875年把原来的普鲁士银行改为国家银行，于20世纪初基本独享货币发行权，等等。1913年美国联邦储备系统的建立，是这一阶段最后的中央银行制度。

（三）20世纪初中央银行成立的第二次高潮

第一次世界大战后，面对世界性的金融恐慌和严重的通货膨胀，1920年在布鲁塞尔举行了国际经济会议，要求尚未成立中央银行的国家应尽快建立中央银行，以共同维持国际货币体制和经济稳定，在这一背景下，掀起了中央银行成立的第二次高潮。如，澳大利亚联邦银行（1924年）、旧中国中央银行（1928年）、希腊银行（1928年）、土耳其中央银行（1934年）、墨西哥中央银行（1932年）、新西兰储备银行（1934年）、加拿大银行（1935年）、印度储备银行（1935年）、阿根廷中央银行（1935年）等。

（四）第二次世界大战结束后在经济落后国家掀起的又一轮成立中央银行的高潮

第二次世界大战结束后，一批原来的殖民地国家摆脱了宗主国的统治，这些已经取得政治独立的国家认识到了成立中央银行的重要性，也纷纷建立自己的中央银行，使中央银行的成立再次达到高潮。由于有老的中央银行创立和发展的经验可资借鉴，后成立的中央银行大都是利用政府力量直接设立，并且一开始就在法律上对其特殊的权责职责有明确的定位。

在中央银行制度在世界各国日渐普及的同时，中央银行的各项职能也不断明确和完善。30年代大危机以后，各国开始强调政府对经济的干预作用，而货币政策与财政政策是政府干预经济的主要工具，中央银行作为货币政策的制定者和实施者，其地位也不断巩固和提高。与此对应的是政府对中央银行的控制也在加强，一些原来是私有股份制的中央银行被收归国有，中央银行的政府机构色彩浓厚起来，而不再是一般意义的银行了。

三、中央银行制度的类型

中央银行制度大致分为四种类型：单一型、复合型、跨国型及准中央银行型。

（一）单一的中央银行制度

单一的中央银行制度是最主要的也是最典型的中央银行制度形式。它是指国家设立专门的中央银行，使之全面、纯粹地行使中央银行职能的制度。单一的中央银行制又有如下两种具体情形：

1. 一元式中央银行

这种体制是指在一个国家内只建立一家统一的中央银行，机构设置一般采取总分行制。目前世界上绝大部分国家的中央银行都实行这种体制。我国也是如此。

2. 二元式中央银行

这种体制是在一国国内建立中央和地方两极中央银行机构，中央级机构是最高权力或管理机构，地方级机构受中央级机构的监督管理，但它们在各自的辖区内有较大的独立性。实行联邦制的国家多采用这种中央银行制度，如美国、德国等。

美国的联邦储备体系将全国划分为 12 个联邦储备区，每个区设立一家联邦储备银行作为该地区的中央银行。每家联邦储备银行在其辖区内的一些重要城市设立分行。各联邦储备银行是由该储备区内作为联邦储备体系成员的私人商业银行拥有的私营公用事业的股份机构，不受州政府和地方政府的管辖，它们各有自己的理事会，有权发行联邦储备券，并根据本地区的实际情况执行中央银行的特殊信用业务。在各联邦储备银行之上设联邦储备委员会，其主要职责是制定、实施全国的货币信用政策，并对联邦储备银行进行领导和管理，包括任命联邦储备银行的部分理事，提名联邦储备银行行长的人员，审查和决定再贴现率。

（二）复合中央银行制度

复合中央银行制度，是指在一个国家不设立专门的中央银行机构，而是由一家大银行集中中央银行职能和一般存款货币银行职能于一身的银行体制。这种体制主要存在于过去的苏联和东欧等国。我国在 1983 年以前也实行这种中央银行制度。

（三）跨国中央银行制度

跨国中央银行制度，是指由参加货币联盟的所有成员国联合组成的中央银行制度。第二次世界大战后，许多地域相邻的一些欠发达国家建立了货币联盟，并在联盟内成立参加国共同拥有的统一的中央银行。这种跨国的中央银行发行共同的货币，执行统一的金融政策。比如，由贝宁、象牙海岸、尼日尔、塞内加尔、多哥和上沃尔特等国组成的西非货币联盟所设的中央银行，由喀麦隆、乍得、刚果、加蓬和中非共和国组成的中非货币联盟所设立的中非国家银行等。

在全球影响最为深远的是1998年7月成立的欧洲中央银行，这是一家由欧洲经济货币联盟的成员国共同设立的中央银行，框架结构采用德国中央银行的二元制模式，其主要职责是发行统一的货币——欧元，并制定和实施欧元区的货币政策。

（四）准中央银行制度

准中央银行制度，是指某些国家或地区只设立类似中央银行的机构，或由政府授权某个或某几个商业银行，行使部分中央银行职能的体制。例如，新加坡设有金融管理局与货币发行局两个机构来行使中央银行的职能。前者负责制定货币政策和金融业的发展政策，执行除货币发行以外的中央银行的一切职能；后者主要负责发行货币、保管发行准备金等职能。中国香港实行的也是准中央银行制度，金融管理局（1993年4月1日由香港外汇管理基金和银行监管处合并而成）是香港的金融监管机构，但不拥有发钞权，发钞权掌握在汇丰、渣打、中国银行手中。

四、中央银行的职能

中央银行的职能，一般被概括为发行的银行、银行的银行和政府的银行三大类。中央银行正是通过这些职能来影响货币供给量、利率等指标，实现其对金融领域乃至整个经济的调节作用。

（一）发行的银行

中央银行是发行的银行，这具有两方面的含义：首先，它是指垄断银行券的发行权，是全国惟一的现钞发行机构；其次是指中央银行作为货币政策的最高决策机构，在决定一国的货币供应量方面具有至关重要的作用。

目前，世界上几乎所有国家的现钞都由中央银行发行。至于硬辅币的铸造、发行，有的由中央银行经管，有的则由财政部负责，发行收入归财政。

发行银行券是中央银行最重要的资金来源。由中央银行发行的银行券，一部分形成银行等金融机构的库存现金，大部分则形成流通中现金，它们与存款机构在中央银行的准备金存款一起，共同构成基础货币，它是中央银行货币控制的主要指标之一。

但是，滥用货币发行权的结果必然是通货膨胀、货币贬值，严重时中央银行所发行的现钞甚至形同废纸。因此，必须对中央银行的货币发行进行适当的控制。

（二）银行的银行

中央银行也像其他银行一样，办理存款、贷款等业务，只不过它的业务对象不是一般的企业和个人，而是商业银行和其他金融机构；中央银行各项业务活动的目的不仅在于为商业银行和其他金融机构提供服务，以促进金融服务效率的提高，更在于对商业银行和其他金融机构的活动施加有效的政策影响。具体说来，这一职能主要包括：

1. 集中存款准备

为了保证存款机构的清偿能力，也为了有利于中央银行调节信用规模和控制货币供应量，通常法律规定，商业银行及有关金融机构必须向中央银行存入一部分存款准备金，即法定准备金。这些准备金（包括一部分超额准备金）除一小部分可以库存现金的形式持有外，大部分要交由中央银行保管，即各存款机构在中央银行开立准备金账户，存入准备金。这样做有两个好处：一是便于中央银行了解和掌握各存款机构的准备金状况，为货币政策制定和实施提供参考依据；二是可使中央银行组织全国的资金清算。在多数国家，存款机构在中央银行的存款是没有利息收入的，但在我国，中央银行对存款机构的存款支付利息。

2. 组织全国范围的资金清算

资金清算，就是对各银行之间的债权债务关系进行清算。中央银行通过组织全国银行系统的清算，一方面为各家银行提供服务，提高了清算效率，加速了资金周转；另一方面，有利于中央银行对全国金融情况及各商业银行等金融机构的资金情况的了解，为金融监管和宏观调控提供有用信息。

3. 最后贷款人

“最后贷款人”是指在商业银行发生资金困难而无法从其他银行或金融市场筹措时，中央银行对其提供资金支持。最后贷款人可以发挥以下作用：一是支持陷入资金周转困难的商业银行及其他金融机构，以免银行挤提风潮的扩大而最终导致整个银行业的崩溃；二是通过为商业银行办理短期资金融通，调节信用规模和货币供给量，传递和实施宏观调控的意图。

（三）政府的银行

所谓“政府的银行”，是指中央银行代表国家贯彻执行财政金融政策，代理国库收支以及为国家提供各种金融服务。作为政府的银行，主要通过以下方面得到体现：

1. 代理国库

即中央银行代理经办政府的财政预算收支，充当政府的出纳。政府的收入和支出都通过财政部在中央银行开设的各种账户进行。

2. 充当政府的金融代理人，代办各种金融事务

例如，代理国债的发行和还本付息，代理政府保管黄金及外汇储备或代理政府黄

金外汇的买卖业务；代表政府参加国际金融组织，出席国际会议，从事国际金融活动；充当政府的顾问，提供有关金融方面的信息和建议等。

3. 对国家财政给予信贷支持

中央银行作为政府的银行，在国家财政出现收不抵支的情况时，事实上负起提供信贷支持的义务。这种信贷支持主要有两种方式：一是直接给国家财政提供贷款；二是购买国家政府债券。通常，中央银行对财政的直接贷款或透支在期限和数额上都受法律的严格限制，以避免中央银行沦为弥补财政赤字的工具，导致货币发行失控。因此，政府弥补赤字的主要手段是发行国债。若中央银行在一级市场上购买国债，资金直接形成财政收入，流入国库；若中央银行在二级市场上购买国债，则资金是间接流向财政。在二级市场买卖国债的行为即是所谓的公开市场业务，它是中央银行调控货币供给的重要方式。

4. 制定并监督执行有关金融管理法规

作为国家的最高金融管理当局，中央银行的职责是：制定有关的金融政策和法规；对商业银行及其他金融机构进行监督管理，等等。

第二节　货币政策目标

货币政策，是指中央银行为实现特定的经济目标而采用的各种控制和调节货币、信用及利率等变量的方针和措施的总称。

一个完整的货币政策体系包括货币政策目标体系、货币政策工具体系和货币政策操作程序三大部分。作为一国宏观经济政策体系的组成部分，货币政策是中央银行制度的产物，也是中央银行调控宏观经济的主要职能体现。

一、货币政策的最终目标

货币政策的最终目标是指货币政策在一段较长的时间内所要达到的目标。最终目标相对固定，基本上与一国的宏观经济目标一致，因此，最终目标也被称为货币政策的战略目标或长期目标。

概括地讲，各国货币当局货币政策所追求的最终目标主要有四个：稳定物价、充分就业、经济增长和国际收支平衡。

（一）货币政策最终目标的内容

1. 稳定物价

稳定物价，是指一般物价水平在短期内不发生显著的波动，以维持国内币值的稳定。由于在现代信用货币流通条件下，物价波动总体呈上升趋势，因此，货币政策的首要目标就是稳定物价，将一般物价水平控制在一定范围内，以防止通货膨胀。至于物价水平控制的范围，各国国情不同，所设定的容许幅度也有差异，但从各国货币政策的实际操作来看，大都比较保守，一般要求物价上涨率在2% -3%以内。

2. 充分就业

所谓充分就业，是指有能力并愿意参加工作者，都能在较合理的条件下，随时找到适当的工作。此时劳动力市场处于均衡状态，劳动力市场处于均衡状态时的失业率，即称“自然失业率”。由于对自然失业率的衡量及估计一直存在分歧，因此，人们通常用平均失业率来估计自然失业率。从各国实际的执行情况看，对自然失业率的标准也是灵活掌握的。如1971年美国国会联合经济委员会在《联合经济报告》中，提出失业率不超过3%，1978年《美国就业法案》又规定失业率不超过4%即为充分就业，而到20世纪90年代中期，对自然失业率的估计在6%左右。

3. 经济增长

关于经济增长，经济学界至少有两种理解。一种观点认为，经济增长就是国民生产总值的增加，即一国在一定时间内所生产的商品和劳务总量的增加，或人均国民生产总值的增加。另一种观点认为，经济增长是指一国生产商品和劳务能力的增长。与第一种观点相比，后一种观点更强调增长的动态效应。

世界各国由于发展阶段和发展条件不同，在增长率的选择上往往存在差异。大多数发展中国家较发达国家更偏好高的经济增长率，也因此对货币政策提出了相应要求。但货币政策能在多大程度上影响经济增长一直存在较大的争议。目前较为普遍的看法是，中央银行只能以其能控制的货币政策工具，通过创造和维持一个适应于经济增长的金融环境，以促进经济增长。

4. 国际收支平衡

国际收支平衡，是指一国对其他国家的全部货币收入和货币支出持平，略有顺差或略有逆差。国际收支平衡又可分为静态平衡和动态平衡。静态平衡指以1年内的国际收支数额持平为目标，而动态平衡是指一定周期内（如3年、5年）的国际收支数额持平。目前在国际收支管理中动态平衡正受到越来越多的重视。由于国际收支状况与国内市场的货币供应量有着密切关系，所以对于开放条件下的宏观经济而言，一国货币政策的独立有效性正面临着越来越严峻的挑战。

上述四个方面的内容构成了货币政策最终目标体系，但实际上，各目标并非同时产生，各目标的出现都有其特定的历史背景。经历了20世纪30年代的大危机后，理论上由于凯恩斯主义的出现，实践上由于就业问题十分严重，各国货币当局基本上将其政策目标锁定在“充分就业”上。第二次世界大战后，经济增长成为紧迫问题，于是“经济增长”就成为货币政策最终目标的内容。由于长期实行保证就业和促进增长的宏观经济政策，物价开始上升，先是“温和”地上涨，继而“奔腾”起来，终于在20世纪70年代形成滞涨局面。这种严峻的环境，自然迫使货币当局将“稳定物价”作为货币政策的目标之一。20世纪70年代后，随着布雷顿森林体系的解体，各国的国际收支都出现了剧烈波动，并对国内经济产生了不利影响。这种状况，又促使“保持国际收支平衡”成为货币政策目标之一。由此，货币政策的四大目标体系基本形成。

（二）货币政策最终目标之间的关系

在货币政策的实际操作中，上述四大目标之间并非总是协调一致，相互间往往存在矛盾，尤其短期内的矛盾更为突出。一般认为，除经济增长和充分就业之间存在正相关关系之外，各个目标之间都有矛盾。

1. 充分就业和稳定物价之间的矛盾

对两者关系最经典的描述是所谓的菲利普斯曲线，它是澳大利亚籍经济学家菲利普斯在研究了1861－1957年英国的失业率和物价变动之间的关系后所描绘出的一条曲线。该曲线表明，失业率与物价变动率之间存在着一种此消彼长的相互替代关系（见图8.1）。比如要将失业率控制在4%，必然要增加货币供应量以刺激社会总需求的增加，而总需求的增加则会引起物价水平的上涨，比如使物价上涨率达到8%；如果要降低物价上涨率，比如要将物价稳定在5%，那就要求减少货币供应量以抑制总需求的增加，总需求的减少必然使失业率上升，如可能达到9%的水平。因此，对于决策者而言，可能的选择只有三种：（1）通货膨胀率较高的充分就业，如图中的*A*点；（2）失业率较高的物价稳定，如图中的*B*点；（3）在物价上涨率和失业率的两

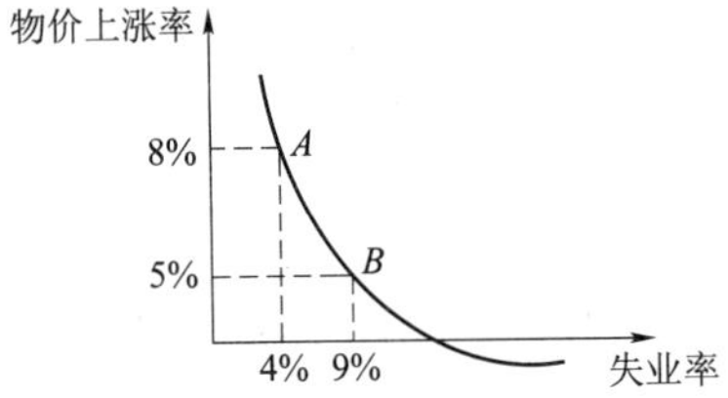

图8.1 失业率与经济增长之间的矛盾

级之间进行组合，即所谓的相机组合，如图中 A、B 之间的区域。

2. 物价稳定与经济增长之间的矛盾

对于物价稳定与经济增长之间是否存在矛盾存在着争议。一般的观点是：经济增长大多伴随着物价的上涨，总需求的扩张和经济增长往往会引起物价水平的上涨，而总需求的减少和经济的衰退往往会引起物价的下跌。

专栏 8

美国：新经济的发祥地

20 世纪 80 年代，滞胀一直困扰着美国经济，来自冷战时期前苏联的正面威胁，来自日本咄咄逼人的追赶与超越，使这个战后曾无限风光的经济与政治巨人精疲力竭。1987 年，美国出现新一轮的经济危机——华尔街股市狂跌，人们在“黑色星期五”中再次体验到了经济巨人的衰弱与无能为力。而在洛克菲勒总部大楼落入日本人手中的时候，甚至有人认为辉煌已成过去，不可一世的美利坚合众国，正面临着昔日号称“日不落帝国”的大不列颠相同的命运。

然而，历史并没有重演。

20 世纪 90 年代，奇迹再一次降临到这片神奇的土地上！

1991 年 4 月，美国经济从战后的第 9 次经济危机中走出来，开始持续、稳定、较快地复苏和增长，成为美国有史以来第三次、也是持续时间最长的一次经济扩张。更为神奇的是，长期困扰美国经济的滞胀痛在这一轮经济扩张中消失得一干二净！

1992 – 1997 年美国经济年均增长率为 2.0%，1998 年达到 3.5%，1999 年达到 4%；失业率从 1991 年的 6.7% 降为 1998 年的 4.5%，同期通胀率则由 5% 降至 1.8%。另外，政府财政赤字也由 1992 年近 300 亿美元高位回落到 1997 年首次财政盈余，这简直是奇迹！突然间，一切都改变了，权威的菲利浦斯曲线自滞胀出现以来第二次被修正。美国不仅经历了战后时间最长的经济持续增长，而且同时获得了较低的失业率和低的通货膨胀率！就在人们万般困惑屡思不解之时，一个崭新的经济形态——新经济，悄无声息地破壳而出，曙光初现，渐渐走入人们的视野，而后从美国辐射到全世界，为全球经济带来了翻天覆地的变化。

3. 经济增长与国际收支平衡之间的矛盾

一般地，国内经济的增长，一方面会导致贸易收支的逆差，因为经济增长会导致国民收入的增加和支付能力的增强，如果此时出口贸易的增长不足以抵消增长的进口需求，必然会导致贸易收支的逆差；另一方面也可能导致资本与金融账户的顺差，因为，经济增长需要大量资金投入，在国内资金来源不足的情况下，必然要借助于外资的流入，这在一定程度上可以弥补由贸易逆差导致的国际收支赤字。但是，能否确保国际收支平衡依赖于二者是否能相互持平。因为外资流入后还会有支付到期本息、分红、利润汇出、撤资等后续流出要求，所以是否平衡最终要取决于外资的实际利用效果。

4. 物价稳定与国际收支平衡之间的矛盾

对于开放经济条件下的宏观经济而言，中央银行稳定国内物价的努力往往会导致经常项目和资本与金融账户的顺差。例如，假如国内发生了严重的通货膨胀，货币当局为了抑制物价上涨，有可能提高利率以降低货币供应量。在资本自由流动的条件下，利率的提高会导致资本流入，资本项目出现顺差。同时由于国内物价上涨势头的减缓和总需求的减少，出口增加而进口减少，经常项目也可能出现顺差。由此可见，稳定物价与国际收支平衡并非总是协调一致的。

由于货币政策最终目标之间存在矛盾，货币当局在进行目标选择时不能不有所侧重，有所取舍，难以面面俱到。因此，国际货币基金组织和其他国际金融组织对于货币政策的主流观点都是强调单目标的稳定币值。

（三）中国货币政策最终目标

长期以来，中国理论界对货币政策最终目标的理解与认识一直存在着分歧。比较有代表性的观点有两种：单一目标论和双重目标论。前者主张以稳定货币或者经济增长为货币政策目标，后者认为，货币政策目标不应是单一的，而应当同时兼顾发展经济和稳定物价两方面的要求。

从实践来看，对政策目标的提法也在不断发生变化。1986 年国务院发布的《中华人民共和国银行管理条例》中首次对包括中央银行和商业银行在内的所有金融机构的“任务”作了界定，即“发展经济、稳定货币、提高社会经济效益”，这可以算是对中国货币政策目标的首次表述。1994 年国务院《关于金融体制改革的决定》以及 1995 年通过的《中国人民银行法》中，货币政策的目标被表述为“保持币值的稳定，并以此促进经济增长”。

二、货币政策的中介目标

事实上，货币当局本身并不能直接控制和实现诸如稳定、增长这些货币政策最终目标，它只能借助于货币政策工具，并通过对中介指标的调节和影响实现最终目标。

因此，中介目标是货币政策作用过程中一个十分重要的中间环节，也是判断货币政策力度和效果的重要指示变量，跟踪这些变量的变化，中央银行就可以较快地判断其政策是否处于准确的轨道上。

（一）中介目标的选择标准

一般认为，货币政策中介目标的选取必须符合以下五个标准。

1. 可测性

可测性有两个方面的含义：一是中介目标应有比较明确的定义，以便于观察、分析和监测；二是中央银行能够迅速获取有关中介目标的准确数据。

2. 可控性

即是否易于为货币当局所控制。通常要求中介指标与所能适用的货币政策工具之间存在密切的、稳定的和统计数量上的联系。

3. 相关性

这是指中介目标与货币政策最终目标之间必须存在密切、稳定的和统计数量上的相关性。只要能达到中介目标，中央银行在实现或接近实现货币政策最终目标方面不会遇到障碍和困难。

4. 抗干扰性

货币政策在实施过程中常会受到许多外来因素或非政策因素的干扰。只有选取那些受干扰程度较低的中介指标，才能通过货币政策工具的操作达到最终目标。

5. 与经济体制、金融体制有较好的适应性

经济及金融环境不同，中央银行为实现既定的货币政策目标而采用的政策工具不同，选择作为中介指标的金融变量也必然有区别，这是不言自明的。

根据以上条件，尤其是根据前三个条件所确定的中介目标一般有利率、货币供应量、超额准备金和基础货币等。根据这些指标对货币政策工具反应的先后和作用于最终目标的过程，又可分为两类：一类是近期指标，即中央银行对它的控制力较强，但离货币政策最终目标较远，如超额准备金和基础货币，又称为操作指标；另一类是远期指标，即中央银行对它的控制力较弱，但离政策目标较近，又称为中间目标。

（二）中介目标的种类

1. 利率指标

从货币政策最终目标来看，选作政策中介目标的主要是长期利率，这是因为长期利率对投资影响显著，对不动产及机器设备投资尤其如此。但实践中，经常操作的中介指标是短期利率，主要是银行同业拆借利率。

利率的优点是：（1）可控性强。中央银行可直接控制对金融机构融资的利率。而通过公开市场业务或再贴现政策，也能调节市场利率的走向。（2）可测性强。中央银行在任何时候都能观察到市场利率的水平及结构。（3）货币当局能够通过利率影响投资和消费支出，从而调节总需求。

但是，利率作为中介指标也有其不理想之处。作为内生经济变量，利率的变动是顺循环的：经济繁荣时，利率因信贷需求增加而上升；经济停滞时，利率随信贷需求减少而下降。然而，作为政策变量，利率与总需求也是同方向变动的：经济过热，应提高利率；经济疲软，应降低利率。这表明，利率作为内生经济变量与作为政策变量往往很难区分。比如，确定一个利率提高的目标，为的是抑制需求；但是，经济过程本身如把利率推到这个高度，作为一个内生变量，它却是难以抑制需求的。在这种情况下，中央银行很难判明自己的政策操作是否已经达到了预期目的。

2. 货币供应量

这是以弗里德曼为代表的现代货币主义者所推崇的中介目标。把货币供应量作为中介目标的理由是：（1）可测性强。M_0、M_1、M_2 等指标都有很明确的定义，分别反映在中央银行、商业银行及其他金融机构的资产负债表内，可以很方便地进行测算和分析。（2）在可控性方面，现金直接由中央银行发行并进入流通；通过控制基础货币，中央银行也能有效地控制 M_1 和 M_2。（3）就相关性而言，一定时期的货币供应量代表了一定时期的有效需求总量和整个社会的购买力，对最终目标有直接影响，由此其与最终目标直接相关。

但问题是以哪一个口径的货币供应量作为中介目标？因为在实际经济运行中，不同口径的货币供应量所反映的信息不一定一致，究竟哪一个口径的货币供应量更能代表一定时期的社会总需求和购买力，这会给货币政策操作带来难度。

是选用货币供应量，还是先用利率，不存在哪个绝对好哪个绝对差的定论。如何选择要看条件，并且也只有根据经验的积累才能判断怎样的选择对本国条件来说较为理想。比如，20 世纪 70 年代中期以后，西方各国中央银行纷纷将中介指标由利率改为货币供应量；而进入 90 年代以来，一些发达国家又先后放弃以货币供应量作为中介指标，转而采用利率。这是因为，80 年代以来的金融创新、金融放松管制和全球金融市场一体化，使得各层次货币供应量之间的界限更加不易确定，以致基础货币的扩张倍数失去了以往的稳定性，也使得货币总量同最终目标的关系更难把握。结果是中央银行失去了对货币总量强有力的控制。

此外，一些经济、金融开放程度高的国家及地区，是以汇率作为货币政策中介目标的。这些国家或地区的货币当局确定其本币同另一较强国家货币的汇率水平，并通过货币政策操作，钉住这一水平，以此实现最终目标。

3. 超额准备金

超额准备金，对商业银行的资产业务规模有直接的决定作用。法定存款准备金率、公开市场业务和再贴现政策等货币政策工具，都是通过影响商业银行的超额准备金的水平而发挥作用的。

但是，作为中介指标，超额准备金往往因其取决于商业银行的意愿和财务状况而不易为货币当局测度和控制。

4. 基础货币

基础货币，由流通中的通货和银行准备金组成，它构成了货币供应量倍数伸缩的基础。一般认为，基础货币是比较理想的操作指标。（1）可测性强。基础货币直接表现为中央银行的负债，其数额随时反映在中央银行的资产负债表上，很容易为中央银行所掌握。（2）可控性强。通货可以由中央银行直接控制，中央银行可以通过公开市场操作随意控制银行准备金中的非借入准备金，借入准备金虽不能完全控制但可以通过贴现窗口进行目标设定，并进行预测，也有很强的可控性。（3）相关性强。货币供应量等于基础货币与货币乘数之积。只要中央银行能够控制基础货币的投放，也就等于间接地控制了货币供应量，从而就能进一步影响利率、价格及国民收入，实现其最终目标。

第三节　货币政策工具

为了实现货币政策目标，中央银行必须要有足够的、良好的货币政策工具供其操作。在长期的实践中，西方国家的中央银行发展了一套系统的货币政策工具，主要有：一般性货币政策工具、选择性货币政策工具、直接信用控制和间接信用控制等。

一、一般性货币政策工具

一般性货币政策工具即传统的三大货币政策工具，也被称为中央银行的三大法宝，由存款准备金政策、再贴现政策和公开市场业务组成。

（一）存款准备金政策

存款准备金政策，是指在国家法律所给予的权利范围内，通过规定和调整商业银行交存中央银行的存款准备金率，控制商业银行的信用创造能力，间接地调节社会货币供应量的政策工具。

1. 法定存款准备金政策的由来及发展

将存款准备金集中于中央银行的做法始于英国，但以法律的形式规定商业银行必须向中央银行缴存存款准备金，则始于1913年美国的联邦储备法。该法案硬性地规定了法定准备率，目的是确保银行体系不因过度放款而发生清偿危机。法定准备金率作为中央银行调节货币供给的政策工具，普遍始于20世纪30年代经济大危机以后。就目前而言，凡是实行中央银行制度的国家，一般都实行法定存款准备金制度。

在做法上，许多国家都对期限不同的存款规定不同的准备率。一般地，存款期限越短，其流动性越强，规定的准备率就越高。20世纪50年代以后建立存款准备金制度的国家，大多采用单一的存款准备率，即对所有存款均按同一比例计提准备金。

目前存款准备金制度的一个重要的发展趋势是主要发达国家普遍大幅度降低法定存款准备率，在有些国家，准备率甚至下降至零。导致这种变化的主要原因可以归之为20世纪70年代末以来的金融创新、金融自由化以及90年代以来的金融全球化浪潮。

2. 法定存款准备金政策的作用机理

通常，中央银行通过提高和降低法定存款准备金率的办法，来控制商业银行的信用创造能力，从而影响市场利率和货币供应量。如中央银行认为货币供给量过多，存在通货膨胀压力时，就可能提高法定存款准备金率，使商业银行交存中央银行的法定准备金增加，用于发放贷款的超额准备金减少，促使商业银行收缩信贷规模，使货币供应量减少，利率回升；另外，准备金率的提高，还会引起货币乘数的下降，从而引起货币供应量的倍数收缩。反之亦然。

3. 法定存款准备金政策的特点

法定存款准备金率，被认为是货币政策中最猛烈的工具之一，其政策效果表现在：(1) 法定准备金率是通过货币乘数来影响货币供给量的，因此，即使法定准备率调整幅度很小，也会引起货币供应量的巨大波动。(2) 即使法定准备率不变，它也在很大程度上限制了存款机构创造派生存款的能力。(3) 即使商业银行等存款机构由于种种原因持有超额准备金，法定准备率的调整也会产生效果，如提高法定准备率将冻结一部分超额准备金。

但是，法定存款准备金制度也存在着以下局限性：(1) 由于效果过于强烈，不宜作为中央银行日常调控货币供给的工具。(2) 由于同样的原因，它的调整对整个经济和社会心理预期都会产生显著的影响，以致使它有了固定化的倾向。(3) 存款准备金对各类银行的影响不同，因而货币政策实现的效果可能因为这些复杂情况的存在而不易把握。

（二）再贴现政策

再贴现政策，是指中央银行通过制定或调整再贴现利率和条件来干预和影响市场利率及货币供应量，从而调节宏观经济的一种金融手段。

1. 再贴现政策的内容

商业银行等金融机构，将通过贴现业务获得的票据再卖给中央银行的行为，称为再贴现。中央银行在确定其票据合格的前提下，根据当时的再贴现率，从票据金额中扣除再贴现利息后，将余额付给商业银行等金融机构。在这里，使用“再贴现”这一名词以区别于初始的“贴现”。但在当今的美国，由于各银行拿到联邦储备银行申请贴现的已不再是商业票据而是政府债券，因此，也就不再使用“再贴现”这一名词而用“贴现”取而代之。

一般说来，再贴现政策包括两方面的内容：一是再贴现率的调整；二是规定向中央银行申请再贴现的资格。前者着眼于短期，主要影响商业银行的准备金和社会的资金供求，后者则着眼于长期，主要是影响商业银行及全社会的资金投向。

2. 再贴现政策的作用机理

再贴现政策的作用，在于影响银行融资成本，从而影响商业银行的准备金，以达到松紧银根的目的。如中央银行要实现经济增长和充分就业目标，可以降低再贴现率，使其低于市场一般利率水平，商业银行通过再贴现获得资金的成本下降，促使其增加向中央银行借款或贴现，结果商业银行超额准备金增加，相应地扩大对社会大众的贷款，从而引起货币供给量的增加和市场利率的降低，进而刺激有效需求的扩大，达到经济增长和充分就业的目的。反之，可采用提高贴现率的办法来促使物价稳定目标的实现。再贴现率还可与规定向中央银行再贴现票据的资格配合使用，以达到结构调整的目的。

3. 再贴现政策的特点

再贴现政策的效果通过两方面来实现：（1）通过影响商业银行的资金成本和超额储备来影响商业银行的融资决策。（2）再贴现率的变动，在一定程度上反映了中央银行的政策意向，有一种告示效应。如再贴现率的升高，表明政府判断市场存在过热现象，因此有紧缩意图；反之，则有扩张意向，这对短期市场利率常有导向作用。

再贴现政策的局限性在于：（1）缺乏主动性。商业银行是否愿意到中央银行申请再贴现，或再贴现多少，决定于商业银行。如果商业银行可以通过其他渠道融资而不依赖中央银行，则再贴现政策的效果势必大打折扣。（2）利率高低有限度。如在经济调整增长时期，无论再贴现率多高，都很难抑制商业银行向中央银行再贴现或借款；反之亦然。（3）再贴现率是市场利率的重要参照，再贴现率的频繁调整会导致市场利率的经常性波动，使企业和银行无所适从。因此，在货币政策工具中，再贴现政策不处于主要地位。

（三）公开市场业务

公开市场业务，是指中央银行在公开市场上买进卖出有价证券（主要是政府债券）用以调控货币供应量的一种政策手段。

1. 公开市场业务的作用机理

目前，各国中央银行从事公开市场业务主要是买卖政府债券。一般情况下，当经济停滞或衰退时，中央银行就在公开市场上买进有价证券，从而向社会投放一笔基础货币。无论基础货币是流入社会大众手中，还是流入商业银行，都必将使银行系统的存款准备金增加，银行通过对准备金的运用，扩大了信贷规模，增加了货币供应量。反之，当利率、物价不断上升时，中央银行则在公开市场上卖出有价证券，回笼货币，收缩信贷规模，减少货币供应量。公开市场操作是20世纪20年代美国联邦储备系统为解决自身收入问题买卖收益债券时意外发现的，从此它成为联邦储备系统最重要的政策工具，并在其他国家货币政策工具中占据了越来越重要的地位。

2. 公开市场业务的特点

与前两种货币政策工具相比，公开市场业务的优越性是显而易见的：(1) 传递过程的直接性。中央银行通过公开市场业务可以直接调控银行系统的准备金总量，进而直接影响货币供应量。(2) 主动性。通过公开市场业务，中央银行可以“主动出击”，避免了贴现政策的“被动等待”。(3) 可以进行微调。由于公开市场操作的规模和方向可以灵活安排，中央银行有可能对货币供应量进行微调，从而避免法定存款准备金政策的震动效应。(4) 可进行频繁操作。中央银行可以在公开市场上进行连续性、经常性及试探性操作，也可以进行逆向操作，以灵活调节货币供应量。

然而，公开市场业务要有效地发挥作用，必须具备一定的条件：(1) 中央银行必须具有强大的、足以干预和控制整个金融市场的资金实力；(2) 中央银行对公开市场业务的操作必须具有弹性操纵权，可以根据经济需要和货币政策目标自行决定买卖证券的种类和数量；(3) 金融市场必须具有相对的广度和深度，这样，中央银行的公开市场操作才能顺利进行。

二、选择性货币政策工具

传统的三大货币政策工具，都属于对货币总量的调节，目的在于影响整个宏观经济。在这些一般性货币政策工具之外，还有一些选择性政策工具，旨在对某些特殊领域的信用加以调节和影响。选择性政策工具主要有消费者信用控制、证券市场信用控制、不动产信用控制、优惠利率等。

（一）消费者信用控制

消费者信用控制，是指中央银行对不动产以外的各种耐用消费品的销售融资予以控制。控制的主要内容有：（1）规定以分期付款方式购买各种耐用消费品时第一次付款的最低金额；（2）规定分期付款的最长期限；（3）规定可用消费信贷购买的耐用消费品的种类，并就不同的耐用消费品规定相应的信贷条件。等等。

（二）证券市场信用控制

证券市场信用控制，是指中央银行对有关证券交易的各种贷款进行限制，以抑制过度投机，其中较为常用的是对证券信用交易的保证金比率作出规定。所谓证券信用交易的保证金比率，是指证券购买人首次支付占证券交易价款的最低比率，也即通常所说的保证金比率。中央银行根据金融市场状况选择调高或调低保证金比率，就可以间接控制证券市场的信贷资金流入量，从而控制住最高放款额度。

（三）不动产信用控制

不动产信用控制，是指中央银行对商业银行及其他金融机构的房地产贷款所采取的限制措施，以抑制房地产的过度投机。如对金融机构的房地产贷款规定最高限额、最长期限以及首次付款和分摊还款的最低金额等等。

（四）优惠利率

优惠利率，是中央银行对国家重点发展的经济部门或产业，如出口工业、农业等，所采取的鼓励措施。优惠利率不仅在发展中国家多有采用，在发达国家也十分常见。

（五）预缴进口保证金

预缴进口保证金，是中央银行要求进口商向指定银行预缴相当于进口商品总值一定比例的存款，目的在于抑制进口的过快增长。这种做法在国际收支长期为赤字的国家较为常见。

三、直接信用控制

直接信用控制，是指中央银行以行政命令或其他方式，从总量和结构两个方面，直接对金融机构尤其是商业银行的信用活动进行控制。

（一）利率最高限额

即规定商业银行对定期及储蓄存款所能支付的最高利率，如在 1980 年以前，美国有 Q 条例，条例规定，活期存款不准付息，定期存款和储蓄存款利率不得超过上限。目的在于防止银行用抬高利率的办法竞相吸收存款，以及为了取得高回报在资产运用方面承担过高的风险。

（二）信用配额

信用配额，是指中央银行根据金融市场状况及客观经济需要，分别对各商业银行的信用规模加以分配，限制其最高数量。这是一个颇为古老的做法，目前在许多发展中国家，由于资金供给相对于资金需求严重不足，这种做法被广泛采用。

（三）规定商业银行的流动性比率

流动性比率，是指流动性资产对存款的比重。一般说来，流动性比率与收益率成反比。为保持中央银行规定的流动性比率，商业银行必须缩减长期贷款，扩大短期贷款及增加易于变现的资产等。

（四）直接干预

直接干预，是指中央银行直接对商业银行的信贷业务、放款范围等加以干预，如直接限制放款额度，直接干预商业银行对存款的吸收，对业务经营不当的商业银行拒绝再贴现或采取高于一般利率的惩罚性利率等。

四、间接信用指导

间接信用指导经常采用的方式有道义劝告、窗口指导等。

所谓“道义劝告”，是指中央银行利用其特殊的声望和地位，对商业银行和其他金融机构经常发出劝告、指示或与各金融机构的负责人举行面谈，劝告其遵守政府政策并自动采取贯彻政策的各种措施。比如，在国际收支出现赤字时劝告各金融机构减少海外贷款；在房地产和证券市场投机盛行时要求商业银行缩减对这两个市场的贷款等。

“窗口指导”，是指中央银行根据产业行情、物价走势和金融市场动向，规定商业银行每季度的贷款增减额，并要求其执行。如果商业银行不按规定的增减额对产业部门贷款，中央银行可削减对该银行贷款的额度，甚至采取停滞信用等制裁措施。虽然窗口指导没有法律约束力，但其作用很大。第二次世界大战结束后，窗口指导曾在很长时期内是日本中央银行货币政策的主要工具。

间接信用控制的优点是较为灵活，但要起作用，必须是中央银行在金融体系中有较强的地位、较高的威望和拥有控制信用的足够的法律权力和手段。

第四节　货币政策的传导机制

中央银行制定货币政策后，从政策的实施到政策发挥作用必须经历一系列传导过程。货币政策传导机制就是要描述货币政策影响经济变量的这一过程。包括凯恩斯学派的传导机制理论、货币学派的传导机制理论和金融中介学派的传导机制理论。前两种侧重于宏观层次的分析；后一种侧重于微观层次的分析。

一、凯恩斯学派的货币政策传导机制理论

凯恩斯学派自它诞生以来，一直占据着经济学的中心地位，它在货币政策传导机制问题上，认为主要存在两种传导渠道：

（一）利率渠道

在标准的凯恩斯学派模型中，利率渠道基于下列作用链：通过货币供给 M 的增减影响利率 r，利率的变化则通过资本边际效益的影响使投资 I 以乘数方式增减，进而影响社会总支出 E 和总收入 Y。用符号表示为：

$$M\rightarrow r\rightarrow I\rightarrow E\rightarrow Y \tag{8.1}$$

在这个传导机制中，发挥关键作用的是利率：货币供应量的调整首先影响利率的升降，然后才使投资乃至总支出发生变化。

上述分析，在初期阶段，凯恩斯学派称之为局部均衡分析，只显示了货币市场对商品市场的初始影响，而没有能反映它们之间循环往复的作用。考虑到货币市场与商品市场的相互作用，遂有进一步的分析，凯恩斯学派称之为一般均衡分析。

（1）假定货币供给增加，当产出水平不变，利率会相应下降；下降的利率刺激投资，并引起总支出增加，总需求的增加推动产出上升。这与原来的分析是一样的。

（2）但产出的上升，提出了大于原来的货币需求；如果没有新的货币供给投入

经济生活，货币供求的对比就会使下降的利率回升。这是商品市场对货币市场的作用。

（3）利率的回升，又会使总需求减少，产量下降；产量下降，货币需求下降，利率又会回落。这是往复不断的过程。

（4）最终会逼近一个均衡点，这个点同时满足了货币市场供求和商品市场供求两方面的均衡要求。在这个点上，可能利率较原来的均衡水平低，而产出量较原来的均衡水平高。

必须看来，这种效应成立的主要前提条件是：① 利率是可以自由浮动的，不存在任何管制因素；② 投资对利率的变动是敏感的。当这两种前提条件不存在时，这种传导机制也就不能成立了。

（二）汇率渠道

当一国的经济对外开放并实行了浮动汇率制以后，必须将国际的因素也考虑进来，货币政策的传导机制主要表现在汇率的变动对净出口的影响上，它只是对利率渠道的补充，或者说是一种延伸。

汇率传导理论认为，货币政策工具的运用首先会对一国的利率产生影响进而冲击汇率，改变本国的贸易条件，最终改变产出水平。如果国内货币供应量 M 增加，本国利率 r 下降，外资流入减少，使本币汇率 e 贬值，从而促进本国净出口 NX 增加，进而促使总产出和总收入增加。用符号表示为：

$$M \to r \to e \to NX \to Y \tag{8.2}$$

当然，这种传导效应是有前提条件的，它们是：（1）外币可以自由流入；（2）本币可以自由兑换；（3）实行浮动汇率制，缺乏这三个条件，汇率渠道就不会产生作用了。

二、货币学派的货币政策传导机制理论

货币学派对货币政策传导机制的研究主要集中在相对资产价格和真实财富的变动上，他们提出的货币政策传导渠道可以归纳为三种观点：

（一）弗里德曼的货币政策传导机制理论

以弗里德曼为代表的货币学派认为，利率在货币政策传导机制中不起关键性作用，他们认为是货币供应量的变动直接影响收入的变动，其货币政策的传导模式表

示为：

$$M \to E \to I \to Y \tag{8.3}$$

式中的$M \to E$，是表明货币供应量的变动直接影响支出，这是因为：(1) 货币需求有其内在的稳定性。(2) 货币需求函数中不包括任何货币供给的因素，因而货币供给的变化不会直接引起货币需求的变化；至于货币供给，货币主义学派认为它是一个外生变量。(3) 当作为外生变量的货币供给改变，比如增大时，由于货币需求并不改变，公众手持货币量会超过其意愿持有的货币量，从而必然增加支出。

式中的$E \to I$，是指变化了的支出作用于投资的过程，货币主义者认为这将是资产结构调整的过程。(1) 超过意愿持有的货币或用于购买金融资产，或用于购买非金融资产，直至人力资本的投资。(2) 不同取向的投资会相应引起不同资产相对收益率的变化，如投资金融资产偏多，金融资产市值会上涨，收益率会相应下降，从而刺激非金融资产投资，如产业投资；产业投资增加，既可能促使产出增加，也会促使生产品的价格上涨，如此等等。(3) 这就引起资产结构的调整，在这一调整过程中，不同资产收益率的比值重新趋于相对稳定状态。

最后是名义收入Y。Y是价格和实际产出的乘积，由于M作用于支出，导致资产结构调整，并最终导致Y的变化，这一变化究竟能在多大程度上反映实际产出的变化，又有多大比例反映在价格水平上，货币主义认为，货币供给的变化短期内对两方面均有影响，但就长期而言，则只会影响价格。

（二）托宾投资q理论

托宾投资q理论用来解释货币政策通过影响股票价格进而影响投资支出，从而影响国民收入的过程。

首先，货币学派认为，货币政策会影响到股票价格。即当货币供应增加时，社会公众会发现他们持有的货币比所需要的多，于是就会通过扩大支出来花掉这些货币，增加对股票的购买，从而导致股票价格上升。那么，股票价格的变化如何会影响投资支出从而影响产出呢？对于这个问题，托宾发展了一种关于股票价格与投资支出相关联的理论，人们称之为托宾的投资q理论。

托宾把q定义为企业的市场价值除以资本的重置成本。托宾认为，企业的投资决策取决于q值是否大于1。当q值大于1时，意味着企业市场价值高于资本的重置成本，厂商将愿意增加投资支出，追加资本存量；相反，如果q值小于1时，厂商对新的投资就不会有积极性。因此，q值是决定新投资的主要因素。那么，货币供给的变动又会对q产生什么影响呢？正如前面所说，当中央银行货币政策工具使货币供给M

增加时，人们会增加对股票的购买，从而使股票价格 P_e 上涨，企业的市场价值上升，从而使 q 值增大，投资 I 增加，最终引起总支出和国民收入增加。这一过程可以表示为：

$$M \to P_e \to q \to I \to Y \tag{8.4}$$

（三）财富传导效应

货币政策传导机制还可以通过消费的财富效应发生作用。消费者所获得的财富包括人力资本、实物资本和金融财富，这决定了他的支出，而金融财富的主要组成部分是股票，当股票价格 P_e 下跌后，消费者所持有的金融财富 W 也随之下降，从而使消费者的消费支出 C 减少，导致总产出 Y 下降。用符号表示为：

$$M \to P_e \to W \to C \to Y \tag{8.5}$$

但是，必须看到，这种理论存在的基本前提条件是：（1）存在评价企业价值的股票市场；（2）消费者手中的金融财富主要是股票，而不是存款或债券。这些条件不满足，托宾投资 q 理论和消费的财富效应就不可能发挥作用。

三、金融中介学派的信用传导机制理论

前两种理论都侧重于宏观层次，集中于货币供给和利率对经济变量的直接影响，而忽略了信贷的作用。由于对上述两种理论的不满，一些经济学家试图寻找货币政策的微观基础，金融中介理论（新古典学派）由此产生，并且提出一套全新的货币政策传导机制理论，包括银行信贷渠道与资产负债表渠道。

（一）信贷配给与信贷可得性

该理论认为，货币政策的传导机制可以通过“信贷可得性”效应来完成。所谓“信贷可得性”，是指企业或个人能够通过信贷市场获得的信贷量。由于在信贷市场上存在着“信贷配给”现象，使得微观经济主体从金融机构得到的信贷是有规模限制的。中央银行的货币政策通过影响金融机构的贷款规模从而影响经济主体的投资与消费行为，进而影响总支出与国民总收入。

所谓“信贷配给”，是指利率具有一定的粘性，不会随货币供给的增减而作相应的变动的现象。具体来说就是，并非只要借款人支付一个足够高的利率，便可以获得所需的贷款，而是在一个特定的利率水平上，有些企业和个人可以获得贷款，另一些

企业和个人即使愿意支付更高的利率，银行也不会给予贷款。结果，信贷市场的利率并不是一个使信贷市场供求相等的均衡利率，而是一个比均衡利率更低的利率。

为什么会存在“信贷配给”现象呢？在某些情况下，政府对贷款利率的限制可能是一个原因，比如，在发展中国家就是如此。但是，为什么在许多不存在利率管制的国家，也存在“信贷配给”呢？是由“信息不对称”所导致。假定银行采取提高利率的办法，则可能对银行收益产生两方面的负面影响：第一，逆向选择增强。利率提高后，那些收益率较低而安全性较高的项目将会因为投资收益无法弥补借款成本而退出借款申请者的行列；而剩下的愿意支付高利率的借款人往往是高风险的，他们之所以愿意接受高利率，是因为他们知道其归还贷款的可能性很小。第二，道德风险提高。由于高利率，使得一些低收益的项目变得无利可图，在贷款利率一定的条件下，那些获得贷款的人将倾向于投资高风险高收益的项目，从而使得道德风险变得更加严重。因此，对于银行来说，利率并不是越高越好，而是有一个限度，超过了这一限度，由于贷款风险增加，银行预期收益反而减少。

（二）银行信贷渠道

银行信贷传导理论认为，银行贷款不能全然由其他融资形式，如发行有价证券来替代。特定类型的借款人，如中小企业和普通消费者，它们的融资需求只能通过银行贷款来满足。如果中央银行能够通过货币政策操作影响贷款的供给，那么，就能通过影响银行贷款的增减变化影响总支出。

假定中央银行决定实施紧缩性的货币政策，售出债券，商业银行可用的准备金 R 相应下降，存款货币 D 的创造相应减少，其他条件不变，银行贷款 L 的供给下降。结果，致使那些依赖银行贷款融资的特定借款人必须削减投资和消费，于是总支出下降，国民所得 Y 下降。用符号表示为：

$$\text{公开市场操作} \rightarrow R \rightarrow D \rightarrow L \rightarrow I \rightarrow Y \tag{8.6}$$

这一传导过程的特点，是不必通过利率机制。这一理论在西方是较新的理论，但在我国，这样的传导机制却并不陌生。

（三）资产负债表渠道

20 世纪 90 年代，出现了资产负债表渠道的研究。这一理论从货币供给变动对借款人资产负债状况的影响角度来分析信用传导机制，包括对借款者现金流和资本净值的影响。

该理论认为，货币供给量的变动，一方面影响借款者净现金流（NCF）状况。因为货币供应量的减少和利率的上升，将直接导致利息等费用支出的增加，会减少净现金流，同时又间接影响销售收入下降，也会减少净现金流。另一方面影响借款者作为贷款担保的净值。因为，利率的上升将导致股价的下跌，从而引起资本净值下降。借款者净现金流量和资本净值的下降，意味着贷款逆向选择和道德风险（H）问题趋于严重，并促使银行减少贷款投放，从而引起投资与产出的下降。用符号表示为：

$$M \to r \to P_e \to NCF \to H \to L \to I \to Y \tag{8.7}$$

信用传导渠道不仅限于对企业的支出起作用，同样也适用于消费支出。由货币紧缩引起的银行贷款下降势必引起消费者对耐用消费品和住房购买的下降，因为，他们没有其他的信用来源。同样，利率的提高也会引起家庭收支表的恶化。

显然，这种传导机制理论，要求一国的金融体系是以银行融资为主，当实行紧缩的货币政策之后，银行的存款随之下降，银行的贷款也随之下降，从而影响到投资及最终产出的下降。因此，这一理论存在着明显的局限性。

第五节　货币政策的效应

在货币政策的传导过程中，各种可能对政策效应产生影响的因素同样需要引起人们关注。这方面的因素主要有以下几点。

一、货币政策的时滞

任何政策从制定到获得主要或全部效果，都必须经过一段时间，这段时间即称为“时滞”。如果收效太迟或难以确定何时收效，则政策本身能否成立也就成了问题。

时滞由两部分组成：内部时滞和外部时滞。

内部时滞，是指从经济形势发生变化，需要制定政策加以矫正，到中央银行实际采取行动的时间过程。它又可再分为两个阶段：（1）认识时滞，是从形势变化需要货币当局采取行动到它认识到这种需要的时间距离。（2）行动时滞，是指从货币当局认识到需要行动到实际采取行动这段时间。内部时滞的长短取决于货币当局对经济形势发展的预见能力、制定政策的效率和行动的决心。

外部时滞，又称“影响时滞”，是指从货币当局采取行动开始直到对政策目标产生影响为止的这段时间过程，也是货币政策从宏观传导到微观再反映到宏观的时间。外部时滞主要由客观的经济和金融条件决定。不论是货币供应量还是利率，它们的变动都不会立即影响到政策目标。比如企业是扩大还是缩减投资，要决策，要制定计划，然后付诸实施。每个阶段都需要时间。

时滞是影响货币政策效应的重要因素。如果货币政策可能产生的大部分影响较快地有所表现，那么货币当局就可根据期初的预测值，考察政策生效的状况，并对政策的取向和力度作必要的调整，从而使政策能够更好地实现预期的目标。假定政策的大部分效应要在较长的时间后产生，在这段时间内经济形势可能会发生很大的变化甚至可能会变得相反，这样就很难证明货币政策的预期效应能否实现，甚至还可能成为扩张通货膨胀或者加剧经济紧缩的助推器。因此，中央银行在制定货币政策时必须考虑时滞的影响，以正确地选择实施的时机并预期政策实施的效果。

二、货币流通速度的影响

对货币政策有效性的另一主要限制因素是货币流通速度。对于货币流通速度的一个微小的变化，如果政策制定者未能预料到或在估算这个变动时出现小的差错，都可能使货币政策的效果受到严重影响，甚至可能使本来正确的政策走向反面。假设，在预测的年度，GDP 将增长 20%，再假设，根据过去的历史经验，如果包括货币流通速度在内的其他条件不变，货币供给等比增长即可满足 GDP 对货币的追加需求。但如果货币流通速度在预测的期间加快了，则如果仍等比例地增加货币供给就会成为助长经济过热的因素。

在实际经济生活中，对货币流通速度的估算，很难做到不发生误差，因为影响它的因素实在太多，这当然也就限制了货币政策的有效性。

三、微观主体预期的对消作用

对货币政策有效性或效应高低构成挑战的另外一个因素是微观主体的预期。当一项货币政策提出时，各种微观经济主体，立即会根据可能获得的各种信息预测政策的后果，并很快作出对策，极少有时滞。这些对策可能对货币政策产生对消作用，使政策最终归于无效。例如，政府拟采取长期的扩张政策，公众通过各种信息预期社会总需求会增加，物价会上涨，于是，工人通过工会与雇主谈判，要求增加工资，而企业主预期工资成本增大而不愿意扩展经营。最后的结果是，只有物价的上涨而没有产出的增长。

鉴于微观主体的预期，似乎只有在货币政策的取向和力度没有或没有完全为公众知晓的情况下才能生效或达到预期的效果。但是，货币当局不可能长期不让公众知道它要采取的政策；即使采取非常规的货币政策，不久之后也会落入公众的预期之内。而且如果货币当局经常采取非常规的政策，还会导致微观主体作出错误判断，并使经济陷入混乱之中。

但实际情况是，即使公众的预测是非常准确的，实施对策即使很快，其效应的发挥也要有个过程。这就是说，货币政策仍可奏效，只是公众的预期行为可能会使其效应大打折扣。

四、其他经济政治因素的影响

除时滞、货币流通速度和微观主体的预期因素外，货币政策的效果也受其他外来或体制的因素影响。

政治因素。任何一项货币政策方案的实施，都可能给不同阶层、集团、部门或地方的利益带来一定的影响。这些主体如果在自己利益受损时作出较强烈的反应，就会形成一定的政治压力，当这些压力足够大时，就可能会迫使货币政策调整。

经济条件因素。一项既定的货币政策出台后总要持续一段时间，在这段时间内，如果客观经济条件发生变化，而货币政策又难以作出相应的调整时，就可能出现货币政策效果下降甚至失效的情况。比如，在实施扩张性货币政策中，生产领域出现了生产要素的结构性短缺，这时纵然货币、资金的供给很充裕，由于瓶颈部门的制约，实际的生产也难以增长，扩张的目标就无法实现。再如，实施紧缩性货币政策以期改善市场供求对比状况，但在实施过程中出现了开工率过低、经济效益指标下滑过快等情况，这就是说，紧缩需求的同时，供给也减少了，改善供求对比的目标也不能实现。

案例分析

中国存款准备金制度现状

存款准备金是商业银行按吸收存款的一定比例存入中央银行的部分，包括法定准备金和超额准备金。法定准备金是商业银行必须转存中央银行的部分，超额准备金则是准备金中超出法定准备金的部分。

（一）准备金率

我国的存款准备金制度是在1984年中国人民银行专门行使中央银行职能后建立起来的。1984年规定，企业存款的缴存比率为20%，储蓄存款为40%，农村存款为25%。1985年1月，不分存款种类统一调整为10%。我国法定存款准备金率从2003

年9月的7%提高到2011年12月的21.5%的历史高位（大型金融机构为21.5%、中小型金融机构为21%）。近几年来，我国超储率波动较大，但基本呈回落趋势。

1. 法定准备金率变动情况

在2006年前，我国很少调整法定准备金率。而自2006年开始，法定准备金率成为常规的货币政策工具，在宏观调控中发挥重要作用。特别是2007年，全年上调准备金率共10次，金融机构法定准备金率上调了5.5个百分点，对缓解当时外汇占款增长带来的货币供给压力起到重要作用。由于大多数年份面对的是外汇占款增多，基础货币规模增加的压力，我国多数年份是上调法定准备金率。但为了有效应对全球金融危机，自2008年9月25日下调中小金融机构法定准备金率0.5个基点后，中国在2008年又连续3次下调法定准备金率，大型金融机构共下调2个百分点，中小金融机构共下调4个百分点。

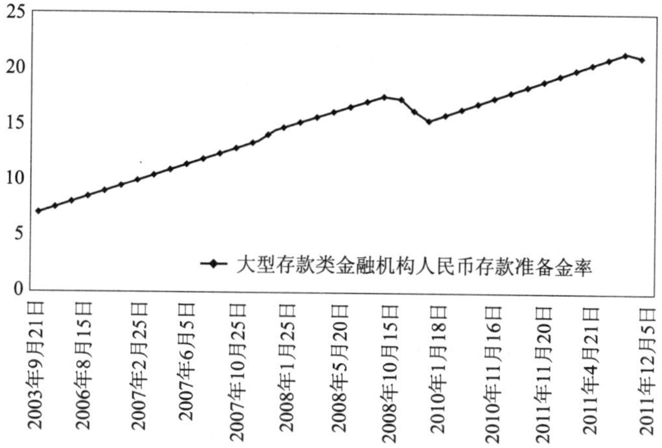

2. 超额准备金率变动情况

金融机构超额储备规模与金融机构流动性要求、支付清算效率、盈利能力以及经营监管状况、资金融通渠道等密切相关。超储率的合理值，国际公认为1%的标准。对于中国的金融业，目前尚无明确标准，但从中国的商业银行清算效率以及金融市场发达程度看，最低超储率理应比国际标准稍高；从中国金融机构超储率的季度数据看，最低超储率出现在2009年二季度末，为1.55%。中国金融机构超储率的波动相对较大，但基本呈回落趋势，究其原因，从央行角度看，是我国法定准备金率的提高幅度较大，高于实际准备金率的增加；从商业银行角度看，他们通过降低超额储备率的方式部分抵消了提高法定准备金率的紧缩效应。

（二）准备金制度

我国准备金制度自1998年以来，我国在准备金账户设置、法定准备金率要求、准备金利率、缴纳准备金的金融机构、准备金缴纳的存款范围等方面进行了改革，逐步形成现行的准备金制度。

第一，准备金存款账户和备付金存款账户合并，存款准备金可以用来支付、清算。

第二，针对不同流动性的负债采用统一的准备金率要求，但针对不同的金融机构则采用差别的法定准备金率要求。2004年4月25日起，金融机构适用的存款准备金率与其资本充足率、资产质量状况等指标挂钩，实行差别存款准备金率制度，一般地，大型金融机构准备金率高于其他金融机构0.5%左右。

第三，存款类金融机构吸收的机关团体存款、个人储蓄存款、单位存款及其他各项存款作为一般存款应缴纳准备金。

第四，我国只对金融机构法人在人民银行的存款视为合格的准备金资产，金融机构持有的现金、金融机构的分支机构在当地中央银行的存款等并不视为合格的准备金资产。

第五，交存法定存款准备金的金融机构包括吸收一般存款并发放贷款的国有商业银行、股份制商业银行、城市商业银行、农村商业银行、农村合作银行、城乡信用社、财务公司、金融租赁公司和外资金融机构。

第六，实行准备金付息制度。早期，存款准备金利率偏高，1993－1996年之间，存款准备金利率高达9%以上。2003年后，存款准备金制度成为中央银行的主要货币政策操作工具之一（2003年至2008年法定存款准备金率调整25次之多），准备金付息制度是其中的重要操作内容与政策传导机制。2003年12月，人民银行改革准备金存款利率制度，对金融机构法人法定准备金存款和超额准备金存款采取“一个账户，两种利率”的方式分别计息。金融机构在人民银行的超额准备金存款利率由1.89%下调到1.62%，法定准备金存款利率维持1.89%不变。2008年11月，随着存贷款基准利率的下调，法定准备金存款利率由1.89%下调至1.62%，超额准备金存款利率由0.99%下调至0.72%。

第七，政策性银行、中资财务公司未按照人民银行规定交存存款准备金的，可处最低50万元、最高200万元或违法所得5倍的罚款（根据《中国人民银行法》第四十六条），商业银行未按照人民银行规定交存存款准备金的，可处20万元以上50万元以下罚款（根据《商业银行法》第七十七条）；外资银行则根据《外资金融机构管理条例》进行处罚。

思考题：

通过上面的介绍，请对我国存款准备金制度的特点及功效进行简单评述。

复习思考题

1. 解释下列名词

货币政策、菲利普斯曲线、准备金率、再贴现率、公开市场业务、货币政策的传导机制、中介目标、货币政策时滞

2. 简述中央银行产生的必要性。

3. 简述中央银行的功能。

4. 简述货币政策目标及目标之间的冲突。

5. 简述货币政策工具体系。

6. 简述一般性货币政策工具的作用机制及特点。

7. 简述凯恩斯主义关于货币政策传导机制的理论。

8. 简述货币主义关于货币政策传导机制的理论。

9. 简述货币政策的信用传导机制的主要内容。

10. 简述货币政策中介目标的选择标准。

11. 简述货币政策中介目标的内容。

12. 简述影响货币政策效应的主要因素。

13. 结合我国国情，试论如何选定我国的货币政策目标。

14. 结合我国实际，试论述我国的货币政策的一般性工具的运用及其效果和局限性。

15. 如何理解微观主体预期对货币政策效应的抵消作用？

第九章　货币供求理论与货币供给机制

✓ 本章摘要

分析货币需求理论时，从20世纪初的传统货币数量论入手，然后是凯恩斯的货币需求理论，最后是弗里德曼的现代货币数量论。而在20世纪60年代以后，随着货币主义的兴起和对货币政策的普遍重视，货币供给理论也有了迅速的发展。货币供给理论主要解释货币供给量由哪些因素所决定以及中央银行在多大程度上决定货币供给。

✓ 本章关键词

货币数量论　　货币需求动机　　基础货币　　货币乘数

✓ 学完本章，你需要掌握

- 传统货币数量论是如何分析货币需求的
- 凯恩斯学派的持币动机及货币需求理论的主要内容
- 弗里德曼的现代货币数量论是如何解释货币需求的
- 影响货币供给量大小的决定因素
- 货币是如何被创造出来的
- 中央银行在多大程度上决定货币供给

第一节　货币需求理论

商品经济条件下，生产与交换都必须借助于货币来实现。人们对生产资料、生活资料和劳务的需求首先表现为对货币的需求。那么，什么是货币需求呢？

货币需求是指社会微观主体（包括个人、企业事业单位和政府部门）在其财富中能够而且愿意以货币形式保有的那部分数量。经济学中的需求并不单纯是一种愿望，而是一种能力与愿望的统一；否则需求就是无限的。货币需求也不例外，人们拥有的财富数量构成货币需求能力的上限，需求主体的各种持币动机形成了货币需求的愿望。

货币需求理论主要由传统的货币数量论、凯恩斯的货币需求理论及弗里德曼的现代货币数量论所构成。这些理论之间既有区别，又有联系，对它们的争论丰富完善了现代的货币需求理论。

一、传统货币数量论

古典经济学家在19世纪和20世纪初发展成熟的货币数量论，主要研究名义总收入是如何被决定的理论。因为它也告诉我们，在给定名义收入情况下需要多少货币持有量的问题，因而也是一种货币需求理论。这一理论的重要特征是，它认为利率对货币需求不产生影响。

（一）交易方程式

美国经济学家欧文·费雪（Irving Fisher）在1911年出版的《货币的购买力》一书中，对古典的货币数量论进行了最好的概括，建立了著名的费雪交易方程式，揭示了名义收入与货币数量，以及货币流通速度之间的关系：

$$MV = PT \quad 或者 \quad P = \frac{MV}{T} \tag{9.1}$$

式中，M、V、P、T分别代表流通中的货币量、货币平均流通速度、平均价格水平和总产出。因此，PT称为名义总支出或名义总收入。该交易方程式表明：货币数量乘以给定年份中货币被使用的次数必定等于名义收入。

显然，这是一个恒等式，它仅仅描述了这样一个简单的事实：在交易中发生的货币支付总额（等于货币数量乘以它的流通速度，即MV）等于被交易商品或劳务的总价值（即PT）。其中，P的值取决于M、V、T这三个变量的相互作用。不过，费雪分析，V由制度性因素所决定，在短期内可视为常数；由于古典学派充分就业的假设可以认为T也是大体稳定的，只有M是一个由模型之外的因素所决定的外生变量。可见，P和M的关系最重要，P的值取决于M数量的变化。

费雪虽然关注的是M对P的影响，但是反过来，从这一方程式中也能导出一定价格水平之下的名义货币需求量。也就是说，由于 $MV=PT$，则：

$$M=\frac{PT}{V}=\frac{1}{V}\cdot PT \tag{9.2}$$

上式是由传统货币数量论导出的货币需求函数，它表明人们持有货币仅为了满足交易之需要，货币需求量取决于货币流通速度和名义国民收入。而根据其假设，货币流通速度是一个相对固定的量，所以货币需求取决于名义国民收入。

交易方程式的不足之处在于：

第一，货币不仅仅是交易的媒介，人们可能出于多种原因而想要持有货币。因此，当某些因素发生变化而名义收入不变时，人们仍可能在货币和其他财富持有形式之间进行调整，这样，货币需求就不可能是名义收入的一个固定比例。

第二，它没有考虑微观主体动机对货币需求的影响，而是注重制度因素对货币需求量的作用。许多经济学家认为这是一个缺陷。

（二）现金余额方程式

由剑桥学派经济学家马歇尔（Alfred Marshall）和庇古（A. C. Pigou）等人发展起来的现金余额数量论也得出了与现金交易说完全相同的结论，但分析的出发点却完全不同。

他们在研究货币需求问题时，重视微观主体的动机。他们认为，处于经济体系中的个人对货币的需求，实质是选择以怎样的方式保持自己资产的问题，决定人们持币数量的，有个人的财富水平、利率变动以及持有货币可能拥有的便利等诸多因素。但是，在其他条件不变的情况下，对每个人来说，名义货币需求与名义收入水平之间总是保持一个较为稳定的比例关系。对整个经济体系来说，也是如此。因此有：

$$M_d=kPY \tag{9.3}$$

其中 k 代表持币比例，即以货币形态保有的财富占名义总收入的比例；Y 为总收入。M_d 为名义货币需求。剑桥学派还假定，货币供给与货币需求会自动趋于均衡，于是便有：

$$M=kPY \tag{9.4}$$

这就是著名的剑桥方程式。

比较费雪方程式与剑桥方程式，前者为 $M=\frac{1}{V}\cdot PT$，后者为 $M=kPY$。假定把费雪方程式中的 T 等同于剑桥方程式中的 Y，即用总产出量等同于总收入量，再把 V 视做既代表交易货币的流通次数，又代表与收入水平对应的流通速度，即 $1/V=k$，就容易产生这样的看法：费雪方程式与剑桥方程式是两个意义大体相同的模型。实际上，两个方程式存在着显著的差异。主要表现为以下几点：

第一，对货币需求分析的侧重点不同。费雪方程式强调的是货币的交易手段职能；而剑桥方程式则重视货币作为一种资产或储藏的功能。

第二，费雪方程式重点研究货币数量同物价间的关系；而剑桥方程式才是真正地研究货币需求，认为货币需求取决于三个变量，即 k、P、Y。

第三，费雪方程式把货币需求诉诸制度因素，压低人的主观动机的作用；而剑桥方程式则特别重视人的持币动机和判断的作用。

专栏 9

货币数量论

铸币税与通货膨胀

随着金属货币的产生，历史上所有掌握政权并控制一定地区贸易的君主都有意发行自己的金属货币，因为发行货币可以获得铸币税。铸币税就是发行的货币面值和铸币成本之间的差额。君主们在通过大量发行贵金属含量少、成本低的货币来获取财富时，也导致货币供应量大于实际经济能够提供的货物，引起物价上涨。

白银与价格革命

16 世纪地理大发现之前，欧洲国家由于金银矿少、通货相对不足而导致物价下跌。新航线的开辟使西方殖民者从殖民地、特别是从美洲掠夺和开采的大量贵金属，源源不断地流入欧洲。这就改变了市场上货币与商品的供求关系，太多的金银追逐太少的商品，于是出现了“价格革命”，即物价大幅上涨。

纸币与物价上涨

1923 年，德国在一战败北后，丧失了 1/7 的领土和 1/10 的人口，各种工业产品均减少，同时按 1921 年金马克赔偿 1 320 亿赔款。在这种背景下，政府不得不靠发行纸币来渡过难关。当时德国政府以极低的利率向工商业者贷款，同时投放巨额纸币，债务人可以用廉价的马克偿还贷款。“新富”们在通货膨胀中发了大财，“旧富”们则相应负债累累，纸币发行过多产生了财富再分配的效应。

因此，根据传统货币数量论，货币供给增加将导致物价上涨，通货膨胀发生。但是，现在的货币供应量，无论是中国，还是其他国家都远远超过经济增长速度。但是，物价却并没有总是相应上涨，这是否表明传统的货币数量论不灵了呢？

二、凯恩斯的流动性偏好理论

凯恩斯（Keynesian）早期是马歇尔的学生，剑桥学派的一员。1936年他的《就业、利息和货币通论》一书的出版，标志着独树一帜学说的形成。他否定了古典学派将货币流通速度视为常数的观点，发展了强调利率重要性的货币需求理论。并且，遵循剑桥前辈的研究方法，更加精细地研究个人的持币动机，提出了著名的流动性偏好理论。

（一）货币需求动机

凯恩斯对货币需求理论的突出贡献在于货币需求动机的分析。他认为，人们的货币需求行为是由三种动机决定的，即交易动机、预防动机和投机动机。

1. 交易动机

交易动机（transactions motive），指人们为满足日常交易之需而持有货币的动机。它取决于收入的数量和收支的时距长短。由于收支的时距在短期内相对稳定，因此这类货币需求主要取决于收入水平，是收入的正比函数，这一点与交易方程式和剑桥方程式相似。

2. 预防动机

预防动机（precautionary motive），指人们为了应付意外开支而持有货币的动机。生活中经常会出现一些未曾预料到的、不确定的支出，为此人们需要保留一定量的货币。这类货币需求主要取决于人们对未来交易水平的预期，从而使预防动机的货币需求与收入成正比，是收入的正比函数。

3. 投机动机

投机动机（speculative motive）是指人们为了在未来进行投机活动而愿意持有货币的动机。

凯恩斯假定经济体系中只存在货币和债券两种金融资产。货币是一种最具有流动性，却没有收益的金融资产；债券则泛指那些流动性不强，但能给持有者带来收益的资产。凯恩斯假定货币的预期收益率为零（因为，在他所处的年代，大多数支票存款没有利息收入），而债券的预期收益则包括利息收入和预期资本利得。已知债券的价格与利率成反方向变化，当市场利率上升时，债券价格会下降；而当市场利率下降时，债券价格会上升。凯恩斯认为，在每个投资者或投机者的心目中都有一个利率水平的正常值，如果现实利率高于这一正常值，投机者会预期利率将下降，债券价格将上升。此时，他就会把全部货币换成债券，以期在债券价格上升时同时获得利息收入和资本溢价双重收益；反之亦然。

因此，投机性货币需求与利率成反比。一方面，当利率较高时，持有生息资产的利息收入较大；另一方面，当利率较高时债券价格较低，从而在未来时期内债券价格提高的可能性也较大，所以，持有生息资产获得资本利得的可能性也较大。这两方面加在一起，就使利率越高，生息资产越有吸引力，货币的投机性需求就越小。反之，当利率水平很低时，从生息资产上获得的利息收入不足以补偿可能的资本损失，所以，人们宁愿持有货币。在极端情况下，当利率水平低到所有人都认为它肯定将上升时，货币的投机性需求就可能变得无限大，任何新的货币供给都会被人们所持有，而不会增加对债券的需求，结果使利率进一步下降。这就是凯恩斯所指的“流动性陷阱”。因此，凯恩斯认为货币需求与利率水平呈负相关关系。

（二）货币需求函数

凯恩斯以 M_1 代表为满足交易动机和预防动机而持有的货币量，它是收入 Y 的函数；以 M_2 代表为满足投机动机而持有的货币量，它是利率的函数。由此得出货币需求函数：

$$M = M_1 + M_2 = L_1(Y) + L_2(r) \tag{9.5}$$

式中 L_1、L_2 是作为“流动性偏好”函数的代号。L_1 是收入 Y 的正比函数，L_2 是利率 r 的反比函数。

三、凯恩斯货币需求理论的进一步发展

20 世纪 50 年代之后，一批受凯恩斯影响的经济学家对他的理论所存在的缺陷进行了更为深入细致的研究，从而从以下两个方面取得了进展：一是关于交易货币需求和预防货币需求同样也是利率函数的问题；二是关于人们多样化的资产选择对投机性货币需求的影响问题。

（一）交易性货币需求的发展——鲍莫尔模型

在凯恩斯的货币需求函数中，交易性货币需求取决于收入水平，与利率无关。经济学家鲍莫尔（W. J. Baumol）第一次深入分析了交易性货币需求与利率的关系，后来，托宾（J. Tobin）也论证了货币的交易性需求同样受到利率变动的影响，这就是鲍莫尔－托宾模型。同时，由于该模型本质上是运用管理科学中最适度存货控制技术于货币理论的成果，所以，又被称为“货币需求的存货管理模型”。

他们认为，持有货币如同持有存货一样，也有一个最优规模问题。如果持有货币过多，则不会带来任何收益反而形成资金的浪费；如果持有货币过少，又不能满足日常交易之所需。那么，如何确定一个最佳的货币持有额呢？鲍莫尔首先作了如下假设：第一，人们有规律地每隔一段时间获得一定量的收入（Y），而支出是连续的和均匀的；第二，生息资产一律采取政府短期债券的形式，因为这种形式最为安全；第三，每次出售债券的时间间隔及每次的出售量（C）都相等。

根据存货管理理论，最佳的货币持有量应该是持有成本最小的规模。他们认为，持有货币的成本至少有两类：一是变现成本或交易成本，即每次出售债券获得现金时所支付的费用（b），因为每次债券出售额都为 C，而支出总额为 Y，所以，在整个支出期间内，全部手续费为 $b \cdot Y/C$；二是持币的机会成本，即满足交易货币需求而放弃的债券利息收入（r），根据假定，支出是连续的和均匀的，所以，在整个支出期间平均交易余额为 $C/2$，总的利息成本就是 $r \cdot C/2$。若以 TC 代表保存现金的总成本，则有下式：

$$TC = b \cdot \frac{Y}{C} + r \cdot \frac{C}{2} \tag{9.6}$$

鲍莫尔还假定，现金持有者都是理性的，他们一定会追求保存现金成本的最小化。对上式求 C 的一阶导数，并令其为零，以求得 TC 变得极小时的 C 值，即：

$$\frac{\partial TC}{\partial C} = -\frac{bY}{C^2} + \frac{r}{2} = 0$$

解此式得：

$$C = \sqrt{\frac{2bY}{r}} \tag{9.7}$$

由于人们在整个支出期间的平均交易余额为 $C/2$，所以，若以 L_{11}^* 代表实际现金余额，则有：

$$L_{11}^* = \frac{C}{2} = \frac{1}{2}\sqrt{\frac{2bY}{r}} \tag{9.8}$$

或者

$$L_{11}^* = aY^{\frac{1}{2}}r^{\frac{1}{2}} \quad \left(令\ \alpha = \frac{1}{2}\sqrt{2b}\right) \tag{9.9}$$

这就是著名的“平方根公式”。它表明当交易量或手续费增加时，交易性货币需求余额就将增加，而当利率上升时，这一现金余额就会下降。但同时，从 9.9 式中可看到，交易性货币需求的收入弹性和利率弹性分别为0.5和－0.5。也就是说，交易货币需求与收入的平方根成正比，与利率的平方根成反比，即交易性货币需求具有规模节约的特点。

鲍莫尔模型的贡献在于：第一，它论证了交易性货币需求也在很大程度上受到利率变动的影响。这一论证不仅进一步证明了凯恩斯主义以利率作为货币政策的传导路径的合理性，而且，向货币政策的制定者们表明，不能影响利率的货币政策，其作用是有限的。第二，根据平方根公式，假定利率和其他因素不变，收入增长要快于货币供给量的增长。一定比例的货币供应量会导致收入的更高比例的增长。鲍莫尔模型因此强调了货币政策的重要性。

（二）预防性货币需求的发展——惠伦模型

在鲍莫尔模型证明交易性货币需求受利率影响之后，1996年，美国经济学家惠伦（E. L. Whalen）、米勒等先后发表文章，进一步论证了预防货币需求也是利率的递减函数，其中，比较有代表性的是惠伦模型。

惠伦认为，预防性货币需求产生于未来的不确定性，人们无法保证他们在某一时期的货币收入和货币支出与事前预料的完全一致，这就不能排除实际支出超过实际收入，或发生意外情况，临时需要资金的可能。因此，人们实际保持的货币往往比预期需要的多，其中超额部分就属于预防动机的货币需求。

惠伦认为，影响最适度预防性货币需求的因素有三个：一是非流动性成本；二是持有该现金余额的机会成本；三是收入和支出平均值的变动情状。

非流动性成本，是指因低估某一时期内的现金需要而付出的代价，即少持有或不持有预防性货币余额而可能发生的损失。如果人们持有较易转换成现金的资产（如各种票据），则非流动性成本等于由非现金资产转换成现金的手续费。设 b 代表每次将非现金资产转换成现金的手续费，P 代表一定期间内这种转换的可能次数或可能频率。因此，非流动性成本就是 $P \cdot b$。

持有预防性币需求的机会成本，是指持有这些现金而需要放弃的一定利息收益。设 r 代表利率，M 代表预防性现金平均持有额，则该机会成本就是 $M \cdot r$。

惠伦假设，企业和家庭都是风险厌恶者，所以，在估计净支出可能超过预防性现金余额时，即作最保守的估计，取 $P = S^2/M^2$，其中，S 为净支出的标准差。

如以 TC 代表全部总成本，则有：

$$TC = M \cdot r + P \cdot b = M \cdot r + \frac{S^2}{M^2} \cdot b \tag{9.10}$$

对式（9.10）求 M 的一阶导数，并令其为零：

$$\frac{\partial C}{\partial M}=r-\frac{2S^{2}}{M^{3}}b=0 \tag{9.11}$$

从而有：

$$M=\sqrt[3]{\frac{2S^{2}b}{r}} \tag{9.12}$$

这就是惠伦模型，它表明：最适度预防性货币余额与净支出的方差及出现流动性不足时的损失呈正相关，与利率呈负相关。

与鲍莫尔模型一样，惠伦模型也证明了预防性货币需求同样受利率变动的影响，预防性货币需求的利率弹性为 -1/3。利率越高，此项货币需求越小；利率越低，此项货币需求越大。而收入对预防性货币需求的影响是通过净支出的方差间接表现出来的。

因此，根据鲍莫尔模型和惠伦模型，凯恩斯的货币需求函数式（9.5）应被修正为：

$$M=L_{1}(r,Y)+L_{2}(r) \tag{9.13}$$

（三）投机性货币需求的发展——托宾模型

凯恩斯在货币投机需求理论中认为，人们对未来利率变化的预计是自信的，并在自信的基础上决定自己持有货币还是持有债券，由于各人预计不同，因此总是有一部分人持有货币，另一部分人持有债券，二者择其一而不是两者兼有。然而现实情况却与凯恩斯的理论不相吻合，投资者对自己预计往往是犹豫不定的。一般人往往既持有货币，同时又持有债券，于是许多学者对凯恩斯的理论发表了新的见解，其中最有代表性的就是托宾的资产组合理论，它主要研究在未来不确定情况下，人们怎样选择最优的金融资产组合问题。

托宾认为，资产的保存形式不外两种：货币和债券。债券称为风险性资产；货币被称作安全性资产。风险和收益同方向变化，同步消长。由于人们对待风险的态度不同，就可能作出不同的选择决定。据此，托宾将人们分为三种类型：风险规避者、风险爱好者、风险中立者①。托宾认为，现实生活中后两种人只占少数，绝大多数人都

---

① 衡量一个人是风险规避者还是风险爱好者的一个简单标准是，他是否愿意参与“公平的赌博”：假定有人给你两种选择，一种是直接给你 50 元钱，另一种是让你掷一枚硬币，当正面朝上时给你 100 元，当正面朝下时分文不给。如果你选择前者，说明你就是一个风险规避者；如果你觉得这两种选择无差异，那你就是一个风险中性者；如果你选择后者，则说明你是一个风险爱好者。

属于风险规避者，资产选择理论就以他们为主进行分析。

托宾假定，人们可以选择货币和债券的不同组合来持有其财富。人们在不同的资产组合之间进行选择时，不仅要考虑到各种资产组合的预期报酬率（以资产组合在不同情况下的报酬率的均值 $E(r)$ 来衡量），而且要考虑到风险（以这一组合的报酬率的标准差 σ 来衡量）。对于一个风险规避者来说，他总希望在既定的预期报酬率下实现风险的最小化，或者在既定的风险下实现预期报酬率的最大化。也就是说，任何风险的增加都必须伴随着预期报酬率的增加才可能对他有一定的吸引力。

那么，投资者到底以多大比例持有货币？多大比例持有债券呢？托宾用图 9.1 来解释人们为何同时持有货币和债券，以及货币与债券之间此增彼减的关系。

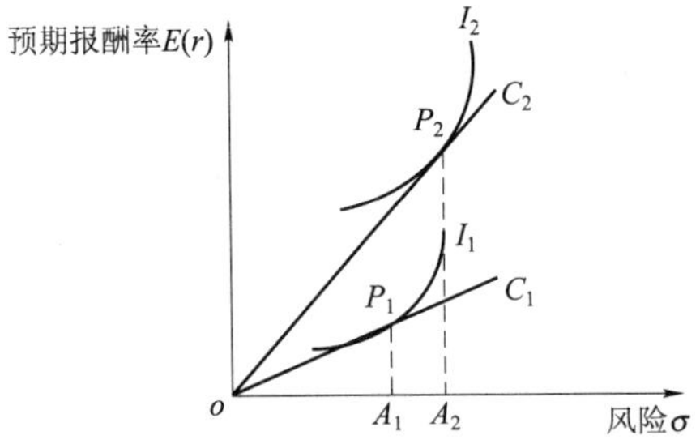

图 9.1　风险规避者的最优资产组合及其变动

图 9.1 中，OC_1、OC_2 表示等成本曲线，在等成本曲线上的每一点，风险和收益的组合不同，但是所耗费的资金相等。等成本线向上移动，表明随利率的上升，等量资金购买债券的风险也相应上升。在横轴的原点上，所有财富都以货币形式持有，此时，既没有收益，也没有风险。I_1、I_2 表示无差异曲线，无差异曲线上的每一点，风险和预期报酬率的组合可以实现人们的满足程度，此曲线向上方移动，表明风险和收益率的同步增加才能提高人们的满足程度。在无差异曲线与等成本曲线的切点上 P_1、P_2 上收益和风险的组合，既能满足人们的欲望，又符合资金在货币和债券之间合理配置的要求。如在 P_1 这一点上，投资者既持有（$1-A_1$）比例的货币，又持有 A_1 比例的债券。这就克服了凯恩斯模型中投资者要么仅持有货币，要么仅持有债券来储藏其财富的局限性。

托宾模型虽然较凯恩斯货币投机需要理论更切合现实，但许多西方学者也指出该模型存在着许多不足之处。例如它忽略了物价波动的因素；只包括两种资产，即货币和债券，而不包括其他金融资产，这显然与当代金融实际情况不符。

四、弗里德曼的货币需求理论

美国经济学家米尔顿顿·弗里德曼（Milton Friedman）是现代货币数量论的代表人物，1956 年发表了他的名作《货币数量学说——新解说》，标志着现代货币数量论的诞生。伴随着这一理论的产生，出现了一个崭新的宏观经济学派——货币主义学派，它对主流的凯恩斯主义宏观经济学构成了有力的挑战。

弗里德曼基本上承袭了传统货币数量论的观点，即非常看重货币数量与物价水平之间的因果关系。同时，他也接受了剑桥学派和凯恩斯以微观主体行为作为分析起点和把货币看做是一种资产的观点。

弗里德曼认为影响人们持有货币数量的因素主要有以下几种：

第一，恒久性收入（Y）。弗里德曼认为，财富是影响货币需求的重要因素，但由于财富总额很难直接计算，因此，用恒久性收入变量代表，可以理解为预期未来收入的折现值，或预期的长期平均收入。货币需求与之正相关。

第二，非人力财富占总财富的比率（W）。弗里德曼把总财富分为人力财富与非人力财富两大类。人力财富指个人获得收入的能力；非人力财富指物质性财富，如房屋、生产资料、耐用消费品等。人力财富不能像非人力财富那样可随时在市场上买卖以转换成收入或其他资产。所以，如果在总财富中人力财富所占的比例较大，出于谨慎动机的货币需求也就越大。而非人力财富所占的比例越大，则货币需求越小。这样，非人力财富占总财富的比率与货币需求呈负相关关系。

第三，持有货币的机会成本。在其他条件不变时，货币以外的其他资产的收益率越高，货币需求量就越小。弗里德曼认为，货币和其他资产的预期收益率的不同，决定了这些财富之间存在着相互替代的关系。货币的名义收益率（r_m）可以为零，也可以为正或负。同时，持有货币就要放弃其他资产所提供的收益，如预期的固定收益证券的报酬率（r_b）（如债券投资）、预期的非固定收益证券的报酬率（r_e）（如股票投资）。物价变动率$\left(\frac{1}{P}\frac{dP}{dt}\right)$同时也就是保存实物的名义报酬率，物价上涨的变动率越高，其他条件不变，货币需求就越小。把物价变动纳入货币需求函数，是通货膨胀的现实反映。

第四，其他因素（u），如财富所有者的主观偏好和风尚，以及客观技术与制度等因素。

以上分析反映在弗里德曼的货币需求函数式中：

$$\frac{M_d}{P}=f\left(Y,W,r_m,r_b,r_e,\frac{1}{P}\cdot\frac{dP}{dt};u\right) \tag{9.14}$$

弗里德曼货币需求理论的主要特点是：

第一，强调恒久性收入对货币需求的主导作用。他认为，货币需求也像消费需求一样，主要由恒久性收入决定。在长期内，货币需求必定随恒久性收入的稳定增加而增加。这一结论被他用统计方法的实证研究所证实。他将一个较长时期的收入的平均值看作是恒久性收入的近似值。尽管，恒久性收入在周期内也发生波动，在扩张时期增加，在收缩时期下降。但恒久性收入的波动幅度比现期收入小得多。因而，货币需求也是比较稳定的。

第二，认为利率对货币需求影响很小。他认为，利率变动对货币相对于其他资产的预期回报率影响甚微。这是因为，利率的变动往往是与货币的预期报酬率同向变化的。当利率上升时，银行可以从贷款中获得较高的收益，所以会希望吸收更多的存款来发放贷款，当存款利率不受限制时，银行将通过提高存款利率来做到这一点；当存款利率受到限制时，银行就会通过提供更完善的服务来竞争存款。无论采取哪一种方式，都意味着货币的预期报酬率提高了。由于影响货币需求的是货币与其他资产之间的相对预期报酬率的高低，所以，当货币的预期报酬率与其他资产的预期报酬率同向变化时，货币需求将相对保持不变。

第三，认为货币流通速度是稳定的、可预测的。这是因为，在货币均衡市场条件下，由交易方程式可知：$V=\dfrac{Y}{M^d/P}=\dfrac{Y}{f(Y_P)}$　(9.15)

从式9.15中可以看出，只要货币需求是稳定的、可以预测的，那么货币流通速度就是稳定的、可以预测的。然而，只要货币流通速度是稳定的、可以预测的，那么当货币供给发生变化时，我们把货币流通速度的预测值代入交易方程式，就可以估计出名义国民收入的变动。因此，货币供给是决定名义收入的主要因素这一货币数量论观点仍然能够成立。弗里德曼正是这样来对货币数量论进行重新阐述的。他把他的理论称为名义收入货币理论，也就是我们所说的现代货币数量论。

第二节　货币供给理论

货币供给理论也是当代西方主要的货币经济理论之一，但货币供给理论的产生和形成比货币需求理论要晚得多。直到20世纪60年代末，才出现了现代意义上的货币供给理论。这是因为，在很长的时间里，绝大多数经济学家把货币供给作为货币当局能够完全控制的外生变量，因而不去研究货币供给的决定过程，只研究中央银行改变货币供应量时经济发生的变化。事实上，中央银行并不能完全控制货币供应量。于是一场关于货币供给量是外生（exogenous）的还是内生（endogenous）的争论就产生了，这就是货币供给的决定理论。

一、货币供给“外生性”与“内生性”的涵义

货币供给，简言之，是指一定时期内一国银行体系向经济中投放、创造、扩张或收缩货币的行为。货币供给首先是一个经济过程，即银行系统向经济中注入货币的过程。其次，货币供给必然形成一定的货币量，一般称之为货币供给量。

所谓“外生变量”，又称政策性变量，是指在经济机制中受外部因素影响，而非经济体系内部因素所决定的变量。这种变量通常能够由政策控制，并以此作为政府实现政策目标的变量。例如税率被认为是一个典型的外生变量。货币供给的“外生性”，指的是货币供应量由中央银行在经济体系之外，独立控制。中央银行可以通过变动货币供给量来调节物价水平、利率以及实际产出等因素，而不是相反。传统的经济理论大多是以货币供给外生性为假设前提的，因为只有在货币外生的前提下中央银行才可能通过对货币供给的调节来干预或影响经济。

所谓“内生变量”，也称非政策性变量，是指在经济体系内部由纯粹经济因素所决定的变量。这种变量通常不为政策所左右。例如市场经济中的价格、利率、汇率等经济变量。货币供给的“内生性”，指的是货币供应量是在一个经济体系内部由多种因素和主体共同决定的，中央银行只是其中一部分。因此，中央银行并不能单独决定货币供应量。

货币供给量是外生变量还是内生变量的问题具有较强的政策意义。若视为外生变量，则意味着中央银行应该能够通过货币政策的实施有效地调控货币供应量；若视为内生变量，则意味着货币供应量主要由经济因素所决定，中央银行并不能有效地控制其变动。

二、外生性货币供给理论

19 世纪初，以大卫·李嘉图为首的“金块论者”是早期外生论的代表。在其后的通货论争中，以奥维尔斯顿、英国首相皮尔为首的通货学派获得了胜利，他们主张“银行券的发行决定于黄金数量”，也就是认为货币供给是外生的。1844 年开始在英国实行的《皮尔条例》，使外生性的货币供给理论为多数人所接受。凯恩斯本人也认

为货币供给是外生的，货币数量决定于中央银行的行动。但坚持外生性货币供给最为有力的莫过于货币主义者。

根据 $MV \equiv PY$ 的恒等式，货币主义者在货币流通速度 V 稳定、真实产出 Y 长期内不受 M 变动影响的前提下，得出货币量（M）决定价格（P）或名义收入（PY）的因果关系。中央银行应当实行“不变增长率”的货币控制规则。因此，他们必须首先从理论上证明货币供给是能够被中央银行所控制的外生变量。货币主义者利用一般所公认的存款与货币创造模型 $M_s = B \cdot m$，在统计数据的支持下得出了以下几个结论：

（1）基础货币（B）与货币乘数相互独立，互不影响；

（2）影响货币乘数的各因素在短期内是稳定的，长期而言也常会起反向作用而相互抵消，因而货币乘数可看作是常数；

（3）基础货币比货币乘数对货币供给量的影响要大；

（4）中央银行通过公开市场操作等政策工具，不但可以主动增减基础货币量，还可抵消货币乘数内某些系数变动的影响。由此，货币供给是外生的。

表面上看，货币主义者得出的这些结论可以很好地证明货币供给的外生性，但仔细分析可知，这些结论是站不住脚的。考虑中央银行在公开市场上购入国债以增加基础货币的行为，在基础货币增加的同时，利率下降，货币乘数的许多相关系数，如超额准备金率、现金漏损率等都会发生变化，货币乘数与基础货币无法完全隔离；再者，影响货币乘数的诸多因素中，如超额准备金率、现金漏损率、定期存款与活期存款的比例等都取决于商业银行和公众的资产选择行为，在短期内是经常发生变化的，不可能由中央银行完全控制；此外，20 世纪 80 年代西方国家央行的货币量目标屡屡失准，也说明货币供给并非完全由央行决定。

三、早期的内生性货币供给理论

内生性货币供给的思想可追溯至早期的货币名目主义者詹姆斯·斯图亚特。他在 1767 年出版的《政治经济学原理的研究》一书中指出，一国经济活动水平使货币供给量与之相适应。这一原理后来被亚当·斯密加以继承，又被银行学派加以发展。马克思从劳动价值论出发，认为在金属货币时代是商品和黄金的内在价值决定了商品的价格，从而又同流通的商品量共同决定了社会的“必要货币量”，因此也持货币供给的内生性观点。

银行学派的代表人物图克和富拉顿认为，通货（银行学派的通货概念已包括了黄金、银行券、支票存款、汇票和账簿信用等其他信用形态）数量的增减不是物价变动的原因，而是其结果；通货的增减不是先行于物价，而是追随于物价。发行银行处于被动的地位，既不能任意增加银行券发行的数量，也不能任意减少。银行学派区分了货币流通的三种情形对此点加以论述。

（1）纯粹金币流通情况下，多余的金币可以通过其贮藏手段的职能加以解决。

（2）银行券和其他信用形态与金币混合流通时，以贴现放款方式发行的银行券必因偿付贷款而流回。又因各种通货之间存在替代性，由某种原因引起减少的银行券会被支票、汇票、账簿信用等所代替，所以通货的数量不能由银行任意增减。

（3）不兑现纸币流通的情形下，若是纸币由银行以票据贴现或短期放款的形式发行，则会像银行券一样，随着贷款的偿还而回流；即使是由政府发行，只要为之安排好确实可靠的回流渠道，其发行也不至于过多。

四、后凯恩斯主义者的内生性货币供给理论

后凯恩斯货币经济学家的代表人物西德尼温特劳布和尼古拉斯卡尔多在20世纪70年代提出的内生货币理论是从另外一个角度进行论证的，即中央银行不得不迁就市场的需要而使货币有所增加。其理由可归纳为以下几点：

1. 中央银行“最后贷款人”的角色导致货币供给的内生性

作为最后贷款人，中央银行为了防止信贷紧缩导致灾难性的债务紧缩，除了满足“交易需求”之外，别无选择，否则整个金融系统都将面临流动性不足的困难。因此，在中央银行制定和维持的任何既定利率水平上，货币供给曲线的弹性都无限大，即货币需求创造自己的货币供给，供给因此而能满足经济对货币的需求，货币供给曲线呈水平状。

2. 信用货币的供给内生性

他们把货币分为三种，商品货币、政府货币和信用货币。商品货币是从各种实物演变而来，最后体现在黄金上的货币；政府货币是由政府发行债券而沉淀在流通中的货币，这两种货币都是外生的；信用货币是商业银行发行的各种流通和存款凭证，它们形成于商业银行的贷款发放，而这又取决于公众对贷款的需求和贷款的期限，因而信用货币的供给并不脱离于其需求，具有内生性。

3. 基础货币的内生性

中央银行买卖有价证券的对象是追求利润最大化的商业银行，它们通常已经将其资产用于有价证券或者商业贷款，一般不会有闲置的资金参与公开市场买卖。商业贷款在发放之前就有规定的偿还日期，企业的生产周期也限制它们提前还贷，因此商业银行很难提前收回贷款。商业银行是否出售手头持有的有价证券也取决于其自身的成本收益比较，只有政府证券的价格降低到一定程度从而使其收益率超过、或至少是相

当于商业银行现有的有价证券，才会吸引商业银行购买，而这时利率之高又是政府所不能承担的。所以，中央银行不能顺利地通过公开市场操作决定基础货币量。在再贴现的运用上，中央银行完全处于被动的地位，提高再贴现率虽可遏制商业银行的贷款需求，但它却不能阻止商业银行向贴现窗口寻求基础货币的补充。中央银行从理论上讲，拥有拒绝提供贴现的权力，但这种拒绝不仅会形成沉重的政治压力，甚至可能危及银行系统的流动性。

4. 负债管理使基础货币呈现“自给性”

莫尔指出，20 世纪 60 年代开始的金融创新，使商业银行可以直接在金融市场上筹集资金，而无需等待中央银行的基础货币注入。商业银行已由原来的资产管理转向负债管理，其资金来源已由原来的吸引存款为主转变为直接在金融市场上发行融资工具为主，欧洲美元市场的发展更加方便了商业银行从国际市场上筹集所需的资金。由于一家企业往往与多家银行建立业务关系，这样，处于激烈竞争环境下的商业银行，为保持与客户的稳定关系，只能随时发行可上市的存款凭证来满足企业的货币需求。由于所有可上市的金融工具几乎都不受中央银行直接控制，这就使商业银行比以往任何时候都不依赖中央银行。

5. 银行角色转换传导的内生性

他们把金融市场分成批发市场和零售市场，前者是商业银行筹集资金的市场，后者是商业银行发放贷款的市场。在批发市场上，商业银行是贷款条件的接受者和贷款数量的决定者，而在零售市场上，商业银行则是贷款条件的决定者和贷款数量的接受者。这就是说，公众在零售市场上对于资金的需求将通过商业银行直接传导至包括中央银行在内的批发市场予以满足，货币供给因而由货币需求决定。

综上所述可以看出，货币供给内生论在对非银行金融机构及其金融资产的作用、中央银行对政治压力的屈从、商业银行对负债管理的重要性方面的强调有过头之嫌，但它毕竟对传统的货币经济理论作出了很大贡献。在货币控制上，不管是凯恩斯主义逆风向而动的相机抉择，还是货币主义不变增长率的单一规则，甚至理性预期学派的货币政策无效论，都以货币供给的外生性作为其理论前提。但是，从 20 世纪 60 年代兴起的金融创新浪潮，使得传统的货币定义日益模糊，除商业银行以外的其他金融机构在信用创造过程中发挥着越来越大的作用。这样，就使建立在传统外生性货币供给理论之上的货币控制的效果大打折扣。货币供给的内生论无疑使人们对此类问题的观察有了一个新的视角。它使得货币当局在制定和实施货币政策时，要注意对公众货币需求的预测，研究影响货币乘数变动的因素。为提高货币政策的效果和精确度，中央银行还应采取措施合理引导公众预期，使之朝着合乎政策当局意愿的方向发展。

第三节 货币供应机制

现代经济体系中，信用货币是由银行体系供应的，其中，中央银行垄断货币的发行，提供原始货币，创造出基础货币，形成货币供应的源头；商业银行体系则通过对原始货币的辗转存贷，可以将其数量多倍扩张或收缩。在这一过程中，整个社会的信用货币总量还要受到多种因素的影响。

一、商业银行的存款货币创造

（一）存款货币创造的条件

存款的初始增加要引起多倍的存款创造，需要具备两个基本条件，即部分准备金制和转账结算制度。

1. 部分准备金制度

部分准备金制度，是指银行在吸收存款后，只保留部分现金供存款人提取即可，其余用于发放贷款或进行证券投资。

银行体系并不需要为其所吸收的存款保持100%的存款准备金是存款货币创造的前提条件之一。否则，银行吸收多少存款保留多少存款准备，那就根本没有可能从存款中拿出一部分提供贷款或持有证券，也就谈不上存款货币的创造了。

2. 转账结算制度

转账结算制度，是指银行在按客户指令进行支付时，并不需要完全以现金方式进行，更多的是可以通过银行之间的转账结算系统予以完成。这里，我们将现金定义为通货及在中央银行保有的存款。

在现代转账结算制度下，客户在银行取得贷款后，贷款资金首先存入其在银行的活期存款账户。如果借款人立即将所借资金全部提取现金使用，则银行也不会有存款创造。但实际上，借款人使用银行贷款的主要方式是以支票对外支付，并且收款人也主要以转账方式结算。因此，最终的结果是由银行贷款转化出了新的存款，新的存款自然又成为银行的贷款资金来源，多倍的存款扩张成为了可能。

（二）派生存款的创造过程

在分析存款创造的过程之前，我们首先定义原始存款和派生存款两个概念。

原始存款，是指银行所吸收的能够增加其存款准备金的存款。就单个银行看，存款准备金的形式为银行库存现金（通货）、在央行账户上的存款及在其他银行的存款，就整个银行系统来看，存款准备金包括库存现金及在央行账户上的存款。

我们以多家银行的T型账户变化来说明存款的创造过程。为方便起见，我们假设：第一，商业银行系统只吸收活期存款；第二，商业银行系统处于“货满”状态，即不保留超额准备金；第三，没有现金从商业银行系统流出；第四，假设支票存款的法定准备金率为20%。

现在A银行吸收到客户甲存入的10 000元现金或支票，存入在A银行的支票存款账户，从而使A银行的准备金资产和支票存款负债都增加10 000元，用T型账户来表示就是：

A银行的资产负债表状况

资　产		负　债	
在中央银行的准备存款	10 000 元	甲客户支票存款	10 000 元

由于A银行相对于20%的法定准备金还有8 000元的剩余，所以可以用它来发放贷款或购买证券。现有假定A银行向请求贷款的客户乙提供贷款，其最高贷款额不得超过8 000元。如果对乙客户贷出8 000元，则A银行的资产负债状况如下：

A银行的资产负债表状况

资　产		负　债	
在中央银行的准备存款	10 000 元	甲客户支票存款	10 000 元
贷款	8 000 元	乙客户支票存款	8 000 元

显然，A银行新增的8 000元支票存款是由其贷款而来的，这笔存款并没有增加A银行的准备金，相对于A银行初始吸收的10 000元的存款而言，这8 000元存款是“派生存款”，而最开始的那10 000元存款是“原始存款”。

上述状态是过渡性的，因为客户乙谋求银行贷款的目的在于使用资金。假设乙向客户丙用支票支付8 000元的应付款，而丙委托B银行收款，这时，B银行的资产负债状况如下：

B银行的资产负债表状况

资　产		负　债	
在中央银行的准备存款	8 000 元	丙客户支票存款	8 000 元

B 银行有了 8 000 元的准备存款，按照 20% 的法定准备率，则它的最高可贷款数额不得超过 8 000 ×（1 –20%）=6 400 元。假设它向客户丁贷款 6 400 元，则 B 银行的资产负债状况如下：

B 银行的资产负债表状况

资　产		负　债	
在中央银行的准备存款	8 000 元	丙客户支票存款	8 000 元
贷款	6 400 元	丁客户支票存款	6 400 元

当 B 银行的客户丁向 C 银行的客户戊用支票支付 6 400 元的应付款，而客户戊委托 C 银行收款后，C 银行的资产负债状况如下：

C 银行的资产负债表状况

资　产		负　债	
在中央银行的准备存款	6 400 元	戊客户支票存款	6 400 元

C 银行有了 6 400 元准备金存款后，按照 20% 的法定准备率，则它的最高可贷数额不得超过 6 400 ×（1 –20%）=5 120 元。即 C 银行又可以发放 5 120 元的贷款，也就是创造 5 120 元的派生存款。

如此类推，从 A 银行开始至银行 B、银行 C、 – 、银行 N，持续地存款贷款，贷款存款，则会产生表 9. 1 的结果。

表 9. 1　存款创造过程

银行	支票存款额	准备存款	贷款额
A	10 000	2 000	8 000
B	8 000	1 600	6 400
C	6 400	1 280	5 120
—	—	—	—
—	—	—	—
—	—	—	—
	50 000	10 000	40 000

显然，各银行的支票存款额构成了一个无穷等比递减数列。根据无穷等比递减数

列的求和公式，客户甲存入银行 10 000 元的行为最终导致整个银行系统支票存款增加：

$$10\,000+10\,000(1-20\%)+10\,000(1-20\%)^2+10\,000(1-20\%)^3+\cdots\cdots+\cdots\cdots$$
$$=10\,000\times1/[1-(1-20\%)]$$
$$=10\,000\times1/20\%$$
$$=50\,000\text{（元）}$$

这表明，在 20% 的法定存款准备率下，10 000 元的原始存款经过银行系统的资产业务后，最终可以变成 50 000 元的存款，其中增加的 40 000 元即为派生存款。

一般地，如以 ΔD 表示包括原始存款在内的经过派生的存款总额，以 ΔR 表示原始存款或准备金存款的初始增加额，r_d 表示法定存款准备金率，则，三者的关系式如下：

$$\Delta D=\Delta R\cdot\frac{1}{r_d}\text{或}\ \Delta D\cdot r_d=\Delta R \quad (9.16)$$

（三）存款货币创造乘数

存款货币乘数，是指在银行存款货币创造机制中，支票存款总额对原始存款的倍数，即存款扩张的倍数，也称为派生乘数（derivative multiplier）。从（9.16）可知，它是法定准备率的倒数。若以 K 表示存款货币创造乘数，则可得：

$$K=\frac{\Delta D}{\Delta R}=\frac{1}{r_d} \quad (9.17)$$

前面的例子中，存款的扩张倍数是 5 倍（1/20%）。若 r_d 降为 10%，则存款可扩张 10 倍；若 r_d 升至 25%，则存款只可扩张 4 倍。法定准备率越高，存款扩张倍数越小；法定准备率越低，存款扩张倍数越大。由于 r_d 是一个界于 0 和 1 之间的数，$1/r_d$ 必定是一个大于 1 的数，这说明经过存款创造，原始存款得以以一个乘数（倍数）的速度扩张。

但这里的 K 值只是原始存款能够扩大的最大倍数，实际过程中的扩张倍数往往受以下因素的影响而大打折扣。

1. 超额准备金率的影响

我们在前面假定任何存款机构都不持有超额准备金，而实际上，为安全或应付意外之需，银行通常都要持有一定比例的超额准备金，以 E 表示，超额准备金与活期存款总额的比，称为超额准备金率，以 e 表示。虽然这个比例一般是比较小的，但银行一旦决定持有超额准备金后，这部分超额准备金在存款创造中所起的作用与法定准备金就完全相同，都代表一部分资金的漏出。这时的存款货币创造乘数则是：

$$K=\frac{1}{r_d+e} \tag{9.18}$$

援引前例，设 $e=10\%$，则有：

$$K=\frac{1}{r_d+e}=\frac{1}{20\%+10\%}=3.33$$

存款货币创造的倍数下降了。

2. 现金漏损率的影响

我们前面还假定，所有的支付都通过转账结算进行，没有任何现金从银行系统流出。但实际上，客户总会从银行提取或多或少的现金，从而使一部分现金流出银行系统，不再参与存款货币的创造，出现了所谓的“现金漏损”。现金漏损额与活期存款总额之比，称为现金漏损率，也称提现率，用 c 表示。这时的存款货币乘数则是：

$$K=\frac{1}{r_d+e+c} \tag{9.19}$$

援引前例，设 $c=10\%$，则有：

$$K=\frac{1}{r_d+e+c}=\frac{1}{20\%+10\%+10\%}=2.5$$

存款货币创造的倍数进一步下降了。

3. 活期存款向定期存款转化的影响

以上分析的条件是假定所有的存款都是活期存款或支票存款。可是存款至少可以大致分为活期存款和定期存款。考虑这一情况后，存款货币创造乘数就要做进一步的修正了。

对于活期存款和定期存款通常分别规定不同的准备率。但也有的国家，两者的准备率并无区分。这里就准备率有区分的情况分析。

设 r_t 为定期存款的法定准备率，t 为定期存款与活期存款之比，则有：

$$K=\frac{1}{r_d+e+c+t\cdot r_t} \tag{9.20}$$

仍援引前例，设 $t=5\%$，$r_t=5\%$，则有：

$$K=\frac{1}{r_d+e+c+t\cdot r_t}=\frac{1}{20\%\ +10\%\ +10\%\ +5\%\ \times 5\%}=2.48$$

以上，我们只是就银行创造派生存款过程中的基本可测量因素对存款派生倍数的影响所做的分析。如果考虑到客户对贷款的需求要受到经济发展的制约，那么并非任何时候银行总能将可能贷出的款项全部贷出。也就是说，银行能否多贷，不仅取决于银行行为，还取决于企业的需求。在经济停滞和预期利润率下降的情况下，即使银行愿意多贷，企业也可能不要求贷款，从而可能的派生规模并不一定能够实现。

二、中央银行与基础货币供应

基础货币是中央银行发行的债务凭证，中央银行不能无偿地向社会提供基础货币，而是以与社会经济主体进行交易的方式提供基础货币的，这就决定了中央银行资产负债账户的变化直接关系到社会货币供给量的多少。

（一）基础货币在中央银行账户的表现

在中央银行的资产负债表的负债项中，流通在外的通货（C）和准备金（R），就是人们通常所说的基础货币（Base Money，通常用 B 表示），即：

$$B=C+R \tag{9.21}$$

下面看一个高度简化的中央银行资产负债表，如表 9.2 所示：

表 9.2　　高度简化的中央银行资产负债表

资　　产	负　　债
国外净资产	商业银行准备金
对政府债权净额	流通中的通货
对商业银行债权	
其他项目净值	
资产合计	负债合计

从表 9.2 中可以看出，基础货币的变化，主要取决于四个因素，其中对商业银行债权的变化是最为重要的。

1. 国外净资产

国外净资产，由外汇、黄金占款和中央银行在国际金融机构的净资产构成。这些资产都是中央银行用基础货币收购的，其数量的增加相对应地是中央银行基础货币供给的增加。其中，黄金的收购受其有限产量的限制，且有黄金作担保，故投放的基础货币不会过多，也不会贬值。外汇的收购则往往会置中央银行于两难境地：若中央银行要保持其调节货币供给的主动权，就只能根据经济发展的需要投放基础货币，而不管汇率可能发生的波动；若中央银行要保持汇率的稳定，就只能根据稳定汇率的需要投放基础货币，而不管由此可能对经济的不良影响。在国际金融机构的净资产一般用外汇支付，而外汇用基础货币购买，所以，国际金融机构净资产增加也就是基础货币投放的增加。

2. 对政府债权净额

中央银行代理政府发行债券，并通过公开市场操作而持有债券。若中央银行对政府债权净额增加，表明中央银行对政府债券的直接购买增加，也可能是向财政提供弥补赤字的贷款增加。这两种方式都可以增加财政的可用资金，若财政动用这部分资金，则基础货币进入流通领域。

3. 对商业银行债权

中央银行对商业银行债权的增加，表明中央银行对商业银行的再贴现或再贷款增加，这种再贴现和再贷款表现为商业银行在中央银行账户上的存款增加，所以中央银行对商业银行债权增加，也就是中央银行基础货币供给的增加。

4. 其他项目净值

其他项目净值，主要是指固定资产的增减变化以及中央银行在资金清算过程中应收应付的增减变化，它们都会在不同程度上影响基础货币量的变化。

（二）公开市场业务与基础货币的变化

中央银行变动基础货币的方式之一是在公开市场操作中买进或卖出政府债券。中央银行与不同对象进行政府债券的交易，具有不同的影响。

1. 对商业银行的公开市场操作

假定中央银行买卖政府债券的对象是一家银行，那么公开市场业务的结果将只影响银行准备金，而不影响流通中的现金。例如，当中央银行从一家商业银行购买1 000元政府债券，支付1 000元支票，这家银行或者把支票存入它在中央银行的准备金账户中，或者把支票兑现，计入库存现金。两种情况都意味着这家银行增加了1 000元的准备金资产，减少了1 000元的证券资产。银行系统的T型账户如下：

商业银行系统

资产		负债
证券	－1 000 元	
准备金	+1 000 元	

对于中央银行来说，商业银行准备增加 1 000 元，也就是中央银行负债增加 1 000 元，而 1 000 元证券也就是它资产的相应增加．中央银行 T 账户的变动如下：

中央银行

资产		负债	
证券	+1 000 元	准备金	+1 000 元

中央银行买入商业银行证券的结果是，准备金增加 1 000 元，基础货币也增加了 1 000 元。反之，中央银行向商业银行卖出债券，其结果相应地是银行体系的证券增加，准备金减少，基础货币相应减少。所以，不管中央银行对商业银行买入或卖出国债，如果不讨论商业银行超额准备金问题，都会造成货币供给的倍数扩张或收缩。

2. 对非银行公众的公开市场操作

中央银行对非银行公众公开市场买卖分两种情况。第一种情况是，假设向中央银行出卖 1 000 元债券的个人或公司把中央银行支票存入他往来的当地银行，这使非银行公众的 T 型账户调整如下：

非银行公众体系

资产		负债	
证券	－1 000 元	存款	+1 000

当地银行收到这张支票后，在存款者账户上贷记 1 000 元，然后把支票存入该银行在中央银行的账户上，从而增加了它的银行准备金。银行系统的 T 型账户就是：

商业银行系统

资产		负债	
准备金	+1 000 元	存款	+1 000 元

对中央银行 T 账户的影响是：其在资产项目中多了 1 000 元证券，负债项目中也增加了 1 000 元准备金：

中央银行

资　产		负　债	
证券	+1 000 元	准备金	+1 000 元

因此，当中央银行支票被存入一家银行后，中央银行对非银行公众的公开市场购买的净结果和它对银行的公开市场购买是相同的：银行准备金增加了 1 000 元，基础货币同样增加了 1 000 元。

反之，中央银行将国债卖给非银行公众，而非银行公众以其在商业银行的存款支付购买款项，此时，非银行公众的国债增加，而在商业银行的存款减少；中央银行凭公众的支票，要求商业银行划拨转账，商业银行将其在中央银行账户上的存款划入中央银行的账户，结果商业银行的存款和准备金都减少，中央银行的准备和证券也都减少，基础货币减少。

第二情况是：如果出卖债券给中央银行的个人或公司把中央银行的支票在当地一家银行或在中央银行兑现，那么对基础货币的影响就不同了，其结果会导致银行准备金无变化，而流通中现金发生了变化，从而也影响到基础货币。此时，非银行公众的 T 账户变动如下：

非银行公众

资　产		负　债
证券	-1 000 元	
通货	+1 000	

此时，中央银行用 1 000 元的通货交换了 1 000 元的债券，其账户如下：

中央银行

资　产		负　债	
证券	+1 000 元	流通中通货	+1 000 元

在这种情况下，公开市场购买的净影响结果是：银行准备金不变，流通中通货增加了 1 000 元。因而，基础货币增加了 1 000 元。

以上分析表明，公开市场购买对银行准备金影响不同，这取决于债券出售者将所得款项以通货形式保存还是存入银行。如果是前者，则公开市场购买对银行准备金无影响；如果是后者，银行储备金就增加了与公开市场购买相同的数额。

因此，不管怎样，尽管中央银行的公开市场业务对准备金的影响是不确定的，但对基础货币的影响却是确定的，不论银行或社会公众将所得款项存入银行还是保留通货。所以，中央银行可以通过公开市场控制基础货币的变动。

（三）贴现窗口与基础货币的变化

中央银行对商业银行的再贴现，就是买下商业银行提供的商业票据，并在商业银行在中央银行的账户上记入再贴现金额。这就导致中央银行的商业票据和准备金一起增加，商业银行的商业票据减少，存款增加。中央银行的再贷款没有商业票据作为交易对象，其效果则是中央银行的再贷款和准备金一起增加，商业银行的准备金和再贷款同步增长。此二者都会导致货币供给的倍数扩张。若中央银行到期收回再贴现或再贷款资金，则商业银行准备与存款一起减少，中央银行的再贴现和再贷款资金与准备金同步减少，货币供给倍数收缩。

因此，我们还可以将基础货币从其来源再进行分类，它包括两部分；一部分是中央银行出售证券而注入流通中的通货及增加的银行准备金，称为非借入性基础货币；另一部分是由中央银行的贴现窗口而增加的银行准备金，称为借入性基础货币。于是，基础货币又可以表示为：

基础货币 = 非借入性基础货币 + 借入性基础货币

公开市场上证券的买卖权掌握在中央银行手中，可是贴现贷款的发放数量的多少虽然与中央银行制定的贴现率有关，但不完全取决于中央银行，而与商业银行的决策有着密切的关系。由此看来，中央银行能够完全控制的基础货币部分是非借入性基础货币，而借入性基础货币（贴现贷款）不由中央银行完全控制。

三、货币供给的完整模型

货币乘数是研究货币供应量问题的基础。在这里，我们通过分析货币供应变动与基础货币变动之间的关系，推导出货币乘数，并考察影响货币乘数的因素。

（一）货币乘数的含义

基础货币，之所以被称为“强力货币”，是因为它可以引出数倍于自身的可为流通服务的信用货币，这个倍数关系称为货币乘数。所谓货币乘数（money multiplier），是指货币供应 M_s 与基础货币 B 之比，用 m 表示，即

$$m = \text{货币乘数} = \frac{\text{货币供应量}}{\text{基础货币}} = \frac{M_s}{B} \tag{9.22}$$

于是，货币供应 M_s 与基础货币 B 之间的关系便为

$$M_s = m \times B \tag{9.23}$$

9.23 式表示，货币供应成倍于基础货币，这个倍数就是货币乘数。

（二）货币乘数的推导

要推导出货币乘数的表达式，只需分别写出货币供应 M_s（这里只分析狭义货币供给的情况）和基础货币 B 的表达式，再令二者相除就可以了。根据定义有：

$$B = C + R \tag{9.24}$$

$$M_s = C + D \tag{9.25}$$

显然，总准备金 R 等于支票存款的法定准备金 $r_d \cdot D$ 和非交易存款的法定准备金 $r_t \cdot t \cdot D$ 以及超额准备金 $e \cdot D$ 之和，即：

$$R = (r_d + t \cdot r_t + e)D \tag{9.26}$$

又因为 $C = c \cdot D$，所以有

$$\begin{aligned} m &= \frac{M_s}{B} = \frac{C + D}{C + R} = \frac{(1 + c)D}{(r_d + t \cdot r_t + e + c)D} \\ &= \frac{1 + c}{r_d + t \cdot r_t + e + c} \end{aligned} \tag{9.27}$$

这样，我们就推导出了狭义货币供给 M_1 的乘数 m，类似地，我们还可推导出 M_2 的乘数。

假定漏现比率 $c = 0.30$，非交易存款比率 $t = 2.50$，支票存款的法定准备率 $r_d = 0.06$，非交易存款的法定准备率 $r_t = 0.01$，银行的超额存款准备金率 $e = 0.02$，则有

$$m = \frac{1 + 0.30}{0.06 + 0.01 \times 2.50 + 0.02 + 0.30} = 3.21$$

这表明，基础货币每增减 1 元，货币供给 M_1 将增减 3.21 元。

我们通过比较 7.26 式和 7.19 式发现，货币乘数 m 与存款货币乘数 K 之间出现了细微的区别，即货币乘数的分子多了一个变量，即漏现比率 c。为什么呢？

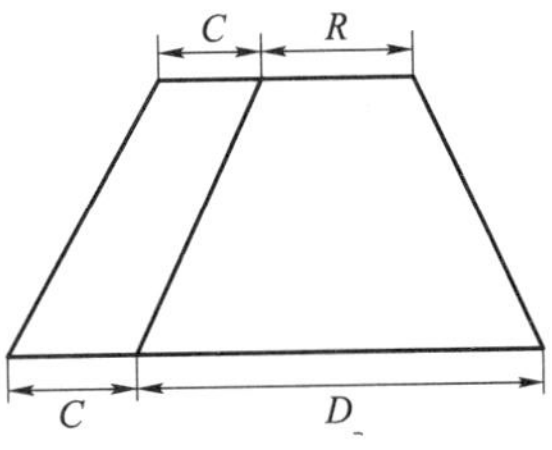

图 9.2　基础货币与货币供给量关系示意图

我们知道，基础货币虽然是由通货 C 与存款准备金 R 之和所构成，但在货币乘数中的作用并不一样。通货 C 虽然是创造存款货币不可或缺的根据，但它本身的量，中央银行发行多少就是多少，不可能有倍数的增加。引起倍数增加的只有存款准备金 R。因此，出现了基础货币乘数与银行存款货币创造乘数的以上区别。基础货币与货币供给量的关系可用图 9.2 表示。

四、中央银行对货币供应的控制能力

通过以上的讨论，我们知道决定货币供应的变量，主要是基础货币和货币乘数。中央银行能否对货币供应实施有效控制，就取决于它能否有效地影响基础货币和货币乘数的变动。

通过前面的分析，我们知道，中央银行能对基础货币实施一定程度的控制，比如，通过公开市场业务和贴现政策能改变基础货币的数额。

而对于货币乘数的控制就没那么容易了。从前面的分析中，我们知道，货币乘数的大小取决于下述因素：① 支票存款的法定准备金率 r_d；② 非交易存款的法定准备金率 r_t；③ 银行超额准备金率 e；④ 流通中通货与支票存款的比率，即漏现率 c；⑤ 非交易存款与支票存款的比率 t。并且，根据上面的分析可知，货币乘数的大小与上述因素皆成反向变化的关系。在这五个因素中，由于前两个因素是由中央银行决定的，所以只要后三个因素保持足够的稳定，中央银行就可以通过调整支票存款及非交易存款的法定准备金率来准确地控制货币乘数，再加上它对基础货币的控制，中央银行就可以随心所欲地把货币供应量保持在它所希望的水平。但事实是，影响货币乘数的后三个因素是经常变动的，其中超额准备金率 e 取决于银行的行为，流通中现金 c 及非交易存款同支票存款的比率 t 则取决于非银行公众的行为。因此，这就增加中央银行控制货币供应量的难度。

（一）影响银行超额准备金率的因素

一家银行决定把一部分本来可以用于贷放或者购买证券的资金作为超额准备金闲置在自己手中显然是有其道理的。一个理智的银行家会比较这样做的成本和收益。当持有超额准备的成本上升时，超额准备水平会下降；当持有超额准备的收益增大时，则超额准备金会上升。一般地，影响超额准备金的成本与收益的因素有三个：市场利息率、预期存款流出量和存款流出的不确定性。

1. 市场利息率

银行持有超额准备的成本是它们的机会成本，即如果放贷或者持有证券而不持有超额准备所能获得的利息，即市场利息。显然，市场利息率越高，银行持有超额准备金的损失就越大，因此，银行超额准备金与市场利息率成反向变化关系。

2. 预期存款的流出量

银行持有超额准备金的收益又是什么呢？那就是银行因持有超额准备金而避免的因流动性不足造成的损失。因此，超额准备金率的高低又取决于以下两个因素：一是出现流动性不足的可能性；二是出现流动性不足时从其他渠道获得流动性的难易程度。而银行出现流动性不足的可能性一般取决于银行的预期存款的流出量及其不确定性。

如果银行的预期存款流出量（用 D_o^e 表示）比较大，那么它出现流动性不足的可能性就比较大。银行出现流动性不足时，可以通过下述渠道补充流动性：① 向其他的银行借入同业资金；② 同大企业签订证券回购协议；③ 向中央银行申请贴现贷款；④ 出售证券；⑤ 催收贷款；⑥ 将未收回的贷款销售给其他银行。显然，从上述渠道获得流动性都要付出一定的代价。例如，借入同业资金或申请贴现贷款都要支付利息，出售证券要支付佣金等等。当这种损失超过了银行的自有资本时，就会导致银行破产。银行持有超额准备金的收益，就在于能够避免获得流动性的代价，从而避免银行的倒闭。因此，预期存款的流出量与银行超额准备金水平呈正向变动关系。

3. 预期存款流出的不确定性

上面的分析已经告诉我们，银行出现流动性不足的可能性还取决于预期存款流出的不确定性（以 δ 表示）。如果这种不确定性增加，银行将增加超额准备以求安全。换言之，当 δ 提高时，银行要以超额准备金的形式来求得更大的保险，以最大限度地减少风险。反之，存款流出的不确定性下降，银行对超额准备金的要求也会下降。超额准备金水平与存款流出的不确定程度成正向相关关系。

表 9.3　超额准备金的影响因素

变量的变动		对超额准备金的效应
市场利息率	$I\uparrow$	$E\downarrow$
预期存款流出	$Do^e\uparrow$	$E\uparrow$
存款流出的不确定性	$\delta\uparrow$	$E\uparrow$

（二）非银行公众对流通中现金、支票存款和非交易存款的选择

非银行公众对流通中现金、支票存款和非交易存款的选择是一种典型的资产选择

行为，也就是财富所有者选择以何种资产组合持有其财富的行为。它决定了影响货币乘数的另外两个重要参数——流通中现金与支票存款的比率 c，非交易存款与支票存款的比率 t。

1. 流通中现金与支票存款的比率 c

根据标准的资产选择理论，财富所有者对某种资产的需求，主要取决于：（1）财富总额；（2）该种资产相对于其他资产的预期报酬率及该种资产相对于其他资产的风险；（3）该种资产相对于其他资产的流动性。下面我们就从这几个方面来分别考察影响 c 的因素。

（1）财富变动的效应。从财富总额看，非银行公众财富总额的增长将会使流通中现金、支票存款的数额都增加。但是由于这两种资产的财富弹性是不同的，它们之间的比率将发生变化。随着财富总额的扩大，以现金形式持有资产将显得越来越不方便，而以支票存款的方式进行交易将变得更加有吸引力。因此，流通中现金同支票存款的比率将随着财富的增加而下降，各国经济发展的实际经验，也证实了这一点。即流通中现金与支票存款的比率与收入或财富呈负相关关系。

（2）预期报酬率变动的效应。影响持有通货还是持有支票存款之决策的第二类因素，是支票存款预期报酬率和通货及其他资产的预期报酬率的比较。至少有三个因素影响预期报酬率，因而也影响现金与支票存款的比率，它们是：① 支票存款利息率。持有现金的预期报酬率为零，而持有支票存款则不仅可以获得少量利息，还可以享受银行提供的某些服务。显然，支票存款利率提高，或银行对支票存款提供的服务增加，都会使现金与支票存款的比率下降。② 其他资产的预期报酬率。其他资产的预期报酬率的变化也可能影响到现金与支票存款的比率。这是因为，当其他资产的预期报酬率上升时，人们对现金和支票存款的需求都将减少，但是对两者需求的减少比例是不同的，一般认为，支票存款对其他资产预期报酬率的变化可能较为敏感，也就是说，当其他资产预期报酬率上升时，支票存款减少的比例较大，因此，现金与支票存款的比率将上升；反之，则下降。③ 银行风险。从风险角度看，流通中现金是最安全的资产，支票存款则存在一定的风险，如银行倒闭。当经济处于正常运转时，银行倒闭的风险比较小，人们可能感觉不到这种风险对自己的行为有什么影响。但是，当经济处于动荡时期时，这种风险则有可能严重地影响公众的行为。在 20 世纪 30 年代大危机期间的美国，大量银行的倒闭使得公众对银行的信心发生严重的动摇，纷纷将存款从银行中提取出来，从而使流通中现金与支票存款的比率急剧上升。[①] 因此，

① 据传说，在当时，人们用现钞塞满床垫而不把钱存入银行，因为他们对银行作为辛苦钱之安全存放地已失去信心，资产需求理论能解释这一现象吗？

银行风险会引起流通中现金与支票存款比率大幅上升。

（3）流动性变动的效应。虽然现金和支票存款都可以充当交易媒介，因此，它们都属于流动性最高的资产。但是，在某些情况下，现金作为一种交易媒介仍有着支票存款所无法替代的好处：① 公众的金融经验。缺乏金融经验的人们将更加不乐意从不相识的第三者那里接受支票，当公众具有较多的金融经验时，支票就容易被接受，并且支票存款的流动性会增大。因此，现金与支票存款的比率和公众的金融经验呈负相关关系。② 银行规模。当开立支票账户的银行规模较小，覆盖的地域范围有限时，支票的使用范围也可能受到限制。比如，你可能在家乡的某家银行开设了一个支票账户，并利用这个支票账户进行许多日常的交易，但是，当你出门旅行时，最好还是多带一些现金，因为其他地方的人可能会因为没有听说过那家银行而不愿意接受你开出的支票。③ 利用现金进行的交易不像通过支票存款进行的交易那样容易被警察或税务部门追查出来，因此，在非法的地下经济活动中，现金被大量使用。这就是说，非法活动和现金与支票存款比率之间存在着正向联系。

2. 非交易存款与支票存款的比率

从财富总额看，非交易存款同支票存款的比率会随着财富总额的增长而稳步上升。这是因为，当财富增长到一定程度，除了应付日常的交易之外还有一定的剩余时，非交易存款显然是一种比现金和支票存款更有吸引力的财富持有形式。换言之，非交易存款的财富弹性大于现金和支票存款。

案例分析

国债发行与货币供给和有效需求的关系

一、国债发行与货币供给

国债，包含内债和外债，指中央政府为了实现其职能，平衡财政收支，增强政府的经济建设能力，按照有借有还的信用原则，从国内或国外筹集资金的一种方式。我国政府自1981年恢复发行内债，迄今已经有30多年历史。这30多年里，内债发行规模不断扩大，由80年代初每年发行几十亿元，到2004年发行近七千亿元；内债品种有了较多的增加，目前主要包括主要面向机构投资者发行的可流通的记账式国债，面对个人投资者发行的不可流通的凭证式国债；市场建设取得了一定进展，银行间债券市场、证券交易所债券市场已构成国债市场的主体框架。

财政政策的实施对于确保我国经济的稳定增长和刺激有效需求无疑起到了不可低估的作用。但是从长期角度看，由于财政政策本身不会改变社会的货币供给规模，因此财政政策对总需求的长期拉动效应有限。这里的长期是一个比较模糊的期限界定，它不是指确定的一年或者三年，而是指政府将发行债券所获得的资金通过投资或购买，使暂时退出流通的货币又全部回到流通领域所需要的时间。经济学的基本原理告诉我们：在总需求和总供给与货币需求和货币供给的相互关系中，总供给和货币需求直接相关，而总需求和货币供给直接相关。在假定货币流通速度不变的情况下，货币供应量的大小直接决定了社会总需求的规模。因此，我们在分析发行国债对需求的拉动效应时，需要特别关注发行国债与货币供给的关系这一基本点。

二、国债发行对货币供给和有效需求的影响

受现行法律制度的约束，我国央行不能在一级市场直接购买国债。目前我国国债在一级市场上的主要购买者是居民个人和商业银行等金融机构。居民个人和商业银行购买国债不会产生增加货币供给的效应，因此从货币供给决定总需求这一角度考虑，财政政策对总需求的长期拉动效应有限。下面我们分析居民个人和商业银行购买国债对货币供给和有效需求的影响。

（一）居民个人购买国债对货币供给和有效需求的影响

如果居民个人用现金或储蓄存款购买一定额数的国债，流通中的货币首先是以相同的数额减少，但是当政府将出售国债所获得的资金全部用于投资和购买支出以后，这些暂时退出流通的货币又重新回到流通领域，货币的供给规模没有发生变化。这种影响具体表现为以下两个方面。

（1）发行国债在短期内对需求的拉动效应应该是显著的。因为国债在发行前一般已经有了明确的使用方向，国债发行后筹集的资金会很快转化为实际的投资需求和消费需求。因此在货币供给恢复到原有的规模时，这些资金已经形成了实实在在的需求。当然，如果居民这些货币资金不购买国债，在此期间也会有一部分货币会发生实际的需求。但一般不会在这么短的时间内发生“全额”购买。尤其是当居民用储蓄存款购买国债时。

（2）分析居民个人购买国债对货币供给的影响时，我们还应该注意区分以下两种情况：一种是居民用现金购买国债，这意味着M1的减少，当政府将出售国债所获得的资金全部用于投资和购买支出时，通常也会形成M1的供给，因此M1的供给规模不变。另一种情况是居民用储蓄存款购买国债，这意味着M2中准货币的减少。当政府将出售国债所获得的资金全部用于投资和购买支出形成M1时，虽然M2的供给规模不变，但M1的规模却相对增加了，表明货币流动性指标M1/M2上升，M1/M2的上升意味着货币总额中用于交易的部分相对增加，对需求拉动具有正效应。

（二）商业银行购买国债对货币供给和有效需求的影响

在我国近几年发行的国债中，很大一部分是面向商业银行发行的。2000年我国累计在国内发行国债4 657亿元，其中在银行间债券市场发行2 259.5亿元，占发行总额的48.5%。商业银行购买国债和居民个人购买国债一样，流通中的货币首先会以同等的数额减少（见第八章对货币供给的分析）。假设某商业银行通过开出由自己支付支票的方式购买国债3 000万元。支票清算后，商业银行在资产项目中国债增加3 000万元，同时商业银行在中央银行的存款准备金减少3 000万元，导致社会的基础货币减少，但是当政府将出售国债所获得的资金全部用于投资和购买支出以后，这些暂时退出流通的货币又重新回到流通领域，货币的供给规模没有发生变化。

商业银行购买国债和居民个人购买国债一样，从长期看不会增加货币供给规模；从短期看还会使基础货币供应相应减少，影响商业银行的贷款规模，产生通常所说的“挤出效应”。

但事实上，近几年我国加大国债发行规模所产生的积极效应是有目共睹、不容怀疑的。这与我国近几年商业银行持有大量的闲置资金，超额储备率居高不下有直接关系。1997年亚洲金融危机爆发后，我国商业银行风险意识加强。同时由于现行的金融体制的制约，国有商业银行又很难对非国有中小企业提供贷款。商业银行的“慎贷”心理明显，它们宁愿将大量的闲置资金存入中央银行，导致近几年商业银行在中央银行的超额储备率一直很高。商业银行大量闲置资金的存在，使得面向商业银行发行国债没有产生“挤出效应”，发行国债在短期内对需求产生了明显的拉动效应。

三、国债的交易对货币供给的影响

国债的交易分为居民之间在交易所里的交易、商业银行等金融机构相互之间在银行间债券市场上的交易和中央银行对商业银行等一级交易商进行的公开市场操作。第一种情况和我们讨论的问题没有直接关系，在此我们不进行讨论。

1997年6月6日，为了遏止商业银行通过证券交易所进入股票市场追逐高利，人民银行发出通知要求所有的全国性和地方性商业银行退出交易所里的国债现货和回购交易，6月16日将之全部并入银行间债券交易系统。各商业银行可以使用其持有的国债、中央银行融资券和政策性金融债券在银行间进行回购和现券交易，交易的债券集中在中央国债登记结算公司托管，这标志着银行间债券市场的启动。在中央国债登记结算公司开立债券托管账户的除了商业银行外，还包括证券公司、保险公司和基金公司等金融机构。商业银行等金融机构之间的国债交易虽然不改变货币供给规模，但是银行间债券市场的发展使得商业银行债券资产占其总资产的比重提高，这为中央银行开展公开市场操作拓展了空间。

在我国，人民银行以国债为操作工具的公开市场业务是1996年4月正式推出的，当时央行通过招标方式同一级交易商进行短期回购交易，后来此项业务中断。1998年，人民银行取消了对商业银行的贷款规模管理，直接货币政策调控向间接货币政策调控过渡。作为启动间接货币政策调控的主要措施，同年5月份人民银行又恢复了公开市场操作业务。到目前人民银行的公开市场操作包括现券买卖和回购交易两种交易方式，回购又包括正回购和逆回购。

四、结论

我国积极财政政策的短期拉动效应是明显的，不容怀疑的。但是财政政策本身不会改变社会的货币供给规模，因而从货币供给决定总需求这一基本角度考虑，财政政策对总需求的长期拉动效应有限。因此，我国央行应该加强公开市场操作，使货币供给规模维持在适度的水平上，以便从根本上对总需求产生长期影响。

思考题

通过上面的分析，你能归纳出发行国债对一国货币供给具有怎样的影响吗？

复习思考题

1. 解释下列概念：

货币需求、货币供给量、交易性货币动机、预防性货币动机、投机性货币动机、平方根定律、单一规则、货币外生性、货币内生性、基础货币、货币乘数、借入性准备、非借入性准备

2. 简述凯恩斯关于货币需求动机的观点。

3. 比较费雪的交易方程式与剑桥学派的现金余额说的异同。

4. 简述鲍莫尔模型的主要内容和意义。

5. 简述货币学派货币供给理论的观点及政策主张。

6. 比较凯恩斯和弗里德曼的货币需求理论的异同。

7. 简述后凯恩斯主义者的内生货币供给理论的主要观点。

8. 影响基础货币的因素有哪些？

9. 中央银行的公开市场业务如何影响基础货币的变动？

10. 中央银行的贴现政策如何影响基础货币的变动？

11. 中央银行、银行系统和非银行公众的行为是如何决定货币乘数的？

12. 试评价中央银行控制货币供应的能力。

13. 假定支票存款的法定准备金率为6%，非交易存款的法定准备金率为3%，银行超额准备金率为2%，流通中现金与支票存款的比率为30%，非交易存款与支票存款的比率为25%，货币乘数是多少？

14. 中央银行向银行或是向公众购买1 000元的证券，对基础货币的影响是否相同？为什么？

第十章　通货膨胀与通货紧缩

✓ 本章摘要

当货币供给大于货币需求、物价水平持续上涨时，就出现了通货膨胀；当货币供给小于货币需求、物价水平持续下降的时候，则出现了通货紧缩。通货膨胀和通货紧缩对经济生活有着极大的不利影响。因此，本章重点分析通货膨胀和通货紧缩的成因、影响及控制措施。

✓ 本章关键词

通货膨胀　　通货紧缩　　反通货膨胀政策

✓ 学完本章，你需要掌握

- 理解与掌握通货膨胀的度量、成因及影响
- 理解与掌握通货紧缩的成因及影响
- 理解与掌握通货膨胀与通货紧缩的治理措施

第一节　通货膨胀的内涵及其度量

一、通货膨胀的内涵

在现代经济社会中，通货膨胀和货币、利率、汇率等词语都是人们司空见惯的经济术语。在很多时候，人们将通货膨胀等同于价格水平上涨。比如，当某年的总体价格水平比上一年上涨了1% 时，人们就会说该年的通货膨胀率为1% 。但准确地说，总体价格水平的上升并不意味着发生了通货膨胀。当经济学家谈到通货膨胀时，通常是指在一定时间内一般物价水平持续的和较明显的上涨。通货膨胀这一术语至少包括

以下三个方面的内涵：

1. 通货膨胀是“一般物价水平”的上涨

“一般物价水平”是指全社会所有商品和劳务的平均价格水平。通货膨胀是指一般物价水平的上涨，局部性的或个别的商品和劳务的价格上涨不能被视为通货膨胀。例如，某种商品的价格上涨会被其他商品的价格下降所抵消，一般价格水平保持不变，此时就没有发生通货膨胀。再如，当你发现自己所看中的自行车的价格由300元上涨到350元时，你会说通货膨胀率太高了；但事实上可能并不存在通货膨胀现象，因为通货膨胀的发生与否不仅仅取决于自行车这一种商品的价格变化，而是由包括自行车在内的所有商品和劳务的总体价格水平的变化所决定的。

2. 通货膨胀反映了商品和劳务的“货币价格”的变化

通货膨胀以商品和劳务的价格为考察对象，关注商品和劳务的价格水平的变化趋势，其目的是为了将商品和劳务的价格与股票、债券和其他金融资产的价格区别开来。比如，当美国纳斯达克指数不断攀升时，你不能就此说美国发生了通货膨胀，因为实物生产领域很可能并没有发生普遍的持续的物价上涨现象。

3. 通货膨胀是物价的“持续上涨”

季节性、暂时性或偶然性的物价上涨并不能被视为通货膨胀，只有持续的价格水平上涨才能被称为通货膨胀。通货膨胀是价格的变动过程，在这个过程中价格具有上涨的基本趋势，并将持续一定的时间。因此，一般以年度为时间单位来考察通货膨胀，用年通货膨胀率来表示通货膨胀的程度。

二、通货膨胀的度量

通货膨胀程度通常以物价上涨幅度来表示，而物价上涨幅度，通常是通过物价指数（Price Index）来反映的。物价指数是本期物价水平对基期物价水平的比率，它反映了物价的涨跌幅度。通常人们将基期的物价指数设定为100（%）。因此，如果本期物价指数大于100，则表示本期物价水平相对于基期物价水平来说上涨了；反之，如果本期物价水平小于100，则表示本期物价水平相对于基期物价水平来说下降了。以物价指数变动所表示的通货膨胀程度的一般计算公式为：

$$\pi_t = \frac{P_t - P_{t-1}}{P_{t-1}} \tag{10.1}$$

式中，π_t 为 t 时期的通货膨胀率；P_t 和 P_{t-1} 分别为 t 时期和（$t-1$）时期的物价指数。

度量通货膨胀所采用的物价指数主要有以下三类:

1. 消费者价格指数(Consumer Price Index, CPI)

消费者价格指数又称零售物价指数,是综合反映一定时期内居民生活消费品和服务项目价格变动的趋势和程度的价格指数。它是根据居民所消费的食品、衣物、居住、交通、医疗保健、教育、娱乐等消费品和劳务的价格指数加权平均计算而来的。它与社会公众生活密切相关,因而在许多国家都深受关注,并被广泛使用。该指标的优点是资料比较容易收集,便于及时公布,能够较为迅速地反映公众生活费用的变化。但是,它所包括的范围较窄,消费品仅仅是社会最终产品中的一部分,因而不能反映用于生产的资本品以及进出口商品和劳务的价格变动趋势。所以仅用消费者价格指数来度量通货膨胀就具有一定的局限性,需结合其他指标一起使用。

2. 生产者价格指数(Producer Price Index, PPI)

生产者价格指数又称批发物价指数,是反映全国生产资料和消费资料批发价格变动程度和趋势的价格指数。以生产者价格指数衡量通货膨胀,其优点是能在最终产品价格变动之前获得工业投入品及非零售消费品的价格变动信号,进而能够判断其对最终进入流通的零售商品价格变动可能带来的影响。但是,该指数没有反映劳务价格的变化,因而不能用以反映整个物价的变动情况。

3. 国民生产总值或国内生产总值平减指数(GNP deflator)

国民生产总值或国内生产总值平减指数,是一个能综合反映物价水平变动情况的指标。它是将国民生产总值或国内生产总值的名义值转化为实际值所使用的价格指数。它是按当年价格计算的国民生产总值(即名义值 GNP)与按基期价格计算的国民生产总值(即实际 GNP)的比率。例如,某国某年按当年价格计算的国民生产总值为 10 000 亿美元,按上年价格计算的国民生产总值为 4 000 亿美元,则当年的 GNP 平减指数为 250($10\ 000/4\ 000 \times 100 = 250$),说明与上年相比,当年的物价水平上涨了 150%($250\% - 100\% = 150\%$)。该指数的优点在于其涵盖的范围广,包括消费品和劳务、资本品以及进出口商品等,较全面地反映了一般物价水平的变动趋势。但是编制该指数所需资料的收集比较困难,一般一年只统计一次国民生产总值价格平减指数,因而不能迅速地反映通货膨胀的程度和趋势。

第二节 通货膨胀的成因

尽管所有的通货膨胀都表现为社会总需求大于社会总供给,但在这同一表象下却有着不同的原始动因和运行过程。

一、需求拉上型通货膨胀

需求拉上型通货膨胀（Demand-Pull Inflation），是指由货币供给过度增加导致的过度需求所引起的通货膨胀，即“过多的货币追逐过少的商品”。表现为消费需求和投资需求过度增长，而商品和劳务供给的增加速度却受到限制，由此导致一般物价水平的上升。

根据凯恩斯的观点，如果社会未达到充分就业，资源未被充分利用，货币供给量的增加会使社会总需求增加，从而促进社会生产的发展和资源更有效地利用，而不会引起通货膨胀。只有当社会已达到充分就业，资源已被充分利用，总供给无法再增加时，货币供给量的增加才会引起物价上涨，导致通货膨胀。

需要特别注意的是，即使是在未达到充分就业的情况下，如果总需求增加的速度过快，超过总供给可能的增加速度，也会引起通货膨胀。

（一）需求拉上型通货膨胀的运行过程——短期分析

在短期内，社会总供给是给定的。此时，如果货币供给量超过了货币需求量，则意味着总需求会迅速增加，与相对不变的总供给相比，总需求处在过度增长的状态。这时，经济中开始出现短期性的需求拉上型通货膨胀，其膨胀的程度依货币供给量超过货币必要量的程度而定。这一过程可用图 10.1 加以描述。

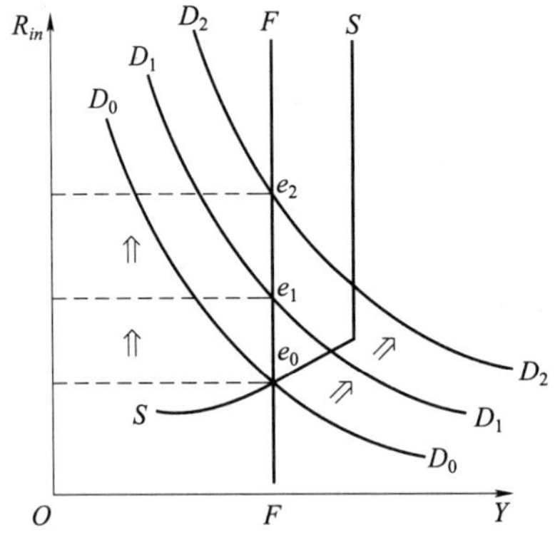

图 10.1　需求拉上型通货膨胀的短期分析

其中，SS 表示供给曲线；D_0D_0、D_1D_1、D_2D_2 表示不断提高的需求曲线；FF 表示相对不变的总产量线。R_{in}表示通货膨胀率，e 表示不同水平的均衡点。

（二）需求拉上型通货膨胀的运行过程——长期分析

在长期内，经济增长水平是变化的。从理论上讲，在增长极限内，预期经济增长水平 Y^* 随着货币供给的增加而增加，但不是同比例增加。随着货币供给量的增加，社会总需求增加，进而促使总供给增加和价格上涨。在离增长极限点较远时，M_s 的增长率、Y^* 的增长率和通货膨胀率 R_{in} 之间的关系是：$M_s > Y^* > R_{in}$。随着 Y^* 不断接近增长极限点，这三者的关系将变成 $M_s > R_{in} > Y^*$，而且 Y^* 趋近于零增长。这时，需求拉上型通货膨胀表现得非常明显，即过度需求拉动物价水平迅速上升。

由于在需求拉上型通货膨胀的初始阶段存在着 $M_s > Y^* > R_{in}$ 的关系，人们就会产生一种错觉，认为较多的货币供给能带来较大的经济增长，这种错觉正是需求拉动型通货膨胀不断恶化的重要原因。这一过程可以用图 10.2 表示：

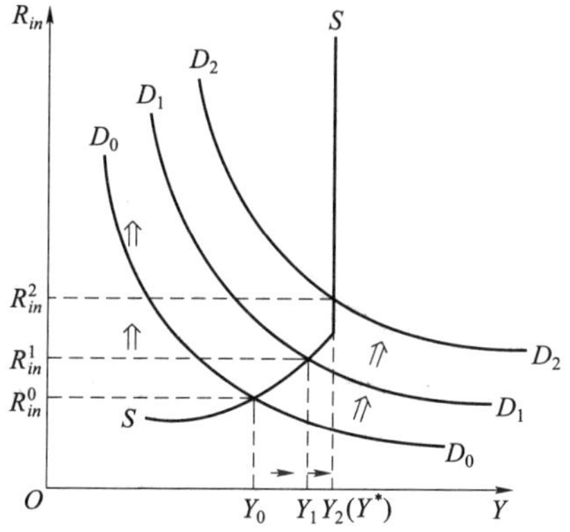

图 10.2 需求拉上型通货膨胀的长期分析

二、成本推动型通货膨胀

成本推动型通货膨胀（Cost-Push Inflation），是指在总需求不变的情况下，由生产要素价格上涨引起生产成本上升所导致的物价总水平持续上涨的情况。前面所分析的需求拉上型通货膨胀一般发生在达到充分就业之后，当经济中存在大量闲置资源时，抱怨需求过大显然是没有道理的。但在现实经济生活中却发生了这样的现象：许多国家在失业率居高不下的同时还出现了很高的通货膨胀，尤其是进入 20 世纪 70 年代后，西方发达国家普遍经历着高失业和高通货膨胀并存的“滞胀”局面。在这种情况下，“需求拉上说”显然不能解释通货膨胀形成的动因。因此，许多经济学家转向供给方面去寻找通货膨胀的根源，提出了“成本推动”的通货膨胀理论，认为通货膨胀形成的原因在于成本上升引起了总供给曲线的上移。

（一）成本推动型通货膨胀的类型

引起成本上升的原因很多，“成本推动论”者着重论述了两种类型的成本推动：工资推动和利润推动。

1. 工资推动型通货膨胀

这种通货膨胀是由过度的工资上涨导致生产成本上升，从而推动总供给曲线上移而形成的。在现代经济生活中，当强大的工会组织迫使厂商提高工资，使得工资的增长快于劳动生产率的增长时，生产成本就会提高，导致产品价格上升；而物价的上涨又会使工会再一次要求提高工资，又一次对物价上涨形成压力。这样，工资的增长和价格的上涨形成了螺旋式的上升运动。许多经济学家将欧洲大多数国家在20世纪60年代末和70年代初经历的通货膨胀认定为工资推动型通货膨胀，因为这一时期出现了工时报酬的急剧增加。例如，在联邦德国，工时报酬的年增长率从1968年7.5%增加到1970年的17.5%，在同一时期，美国的工时报酬年增长率也由7%上升到15.5%。

2. 利润推动型通货膨胀

它是指垄断企业凭借其垄断地位，通过提高垄断产品的价格来获得垄断利润，使得总供给曲线上移，从而引起的通货膨胀。其中，最为典型的是在1973年至1974年间，石油输出国组织（OPEC）历史性地将石油价格提高了4倍，到1979年，石油价格被再一次提高，这两次石油提价对西方发达国家的经济产生了强烈的影响，使其价格水平持续普遍上升。利润推动型通货膨胀是以行业垄断的存在为前提；没有行业垄断，不存在大型的可以操纵市场价格的垄断企业，就不可能产生利润推动型通货膨胀。

（二）成本推动型通货膨胀的运行过程

在对成本推动型通货膨胀的运行过程进行分析时，通常假定总需求水平不变。在总需求不变的假定条件下，成本推动型通货膨胀在促使价格水平上涨的同时，也会引起供给水平的下降，如图10.3所示。

在图10.3中，*DD*表示固定不变的需求曲线；*S*表示供给曲线，S_1、S_2、S_3表示产品成本不断提高的供给曲线，在达到充分就业和资源充分利用后，供给曲线变成一条垂直线*SC*；*OC*表示充分就业和资源充分利用。如果产品成本由S_1上升到S_2、S_3，物价水平就相应地从P_1上升到P_2、P_3；由于总需求没有增加，产出总量则从*OC*下

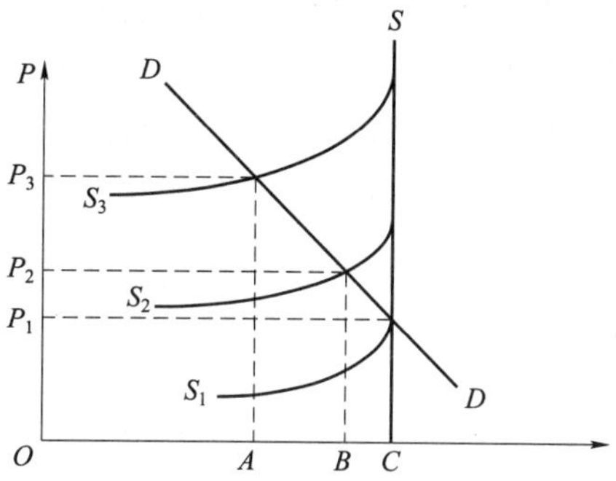

图 10.3 成本推动型通货膨胀的形成过程

降到 OB、OA。因此，成本推动理论认为，成本上升推动物价上涨，物价上涨又推动成本上升，如此恶性循环，造成物价持续上升。

综上所述，需求拉上型通货膨胀与成本推动型通货膨胀都是在供求的交替作用下产生的，而且都与较高的货币增长率相联系；因此，虽然我们在理论上可以将它们区分开来，但事实上这两者是很难区分的。我们只知道需求拉上型通货膨胀一般发生在经济达到充分就业水平之后，成本推动型通货膨胀则发生在经济达到充分就业水平之前。但即使这样划分也存在障碍，因为我们并不能确定充分就业率的确切数值。

三、混合型通货膨胀

在现实经济生活中，往往是需求拉上和成本推动同时存在，两者共同作用导致了通货膨胀。例如，在总需求增加引起的通货膨胀中，价格上涨又导致了生产成本的提高，从而引起了成本推动型的通货膨胀。在成本推动型的通货膨胀中，工资的提高使货币收入和需求增加，又导致了需求拉动型的通货膨胀。

因此，人们把由总需求增加和总成本上升共同作用的通货膨胀称为混合型通货膨胀（Hybrid Inflation）。从运行过程所表现出的动态特征来看，混合型通货膨胀有两种类型：一种是“螺旋式”；另一种是“直线式”。

（一）“螺旋式”混合型通货膨胀

在“螺旋式”混合型通货膨胀中，首先是成本的上升促使物价水平持续上升，即成本推动型通货膨胀，从而导致社会总产量下降，社会失业率上升，这是政府不愿接受的事实；因此，政府会实行扩张的财政政策，增加社会支出以降低失业率。而政府支出的增加将导致社会总需求曲线向右移动，物价进一步上升，由此形成了物价水平呈“螺旋式”上升的通货膨胀。

因此，“螺旋式”混合型通货膨胀的特点可归纳为：第一，起因于成本推动；第二，社会总需求跟着不断扩大；第三，实际产量不会下降；第四，价格水平呈“螺旋式”上升。图 10.4 说明的就是这种情况。

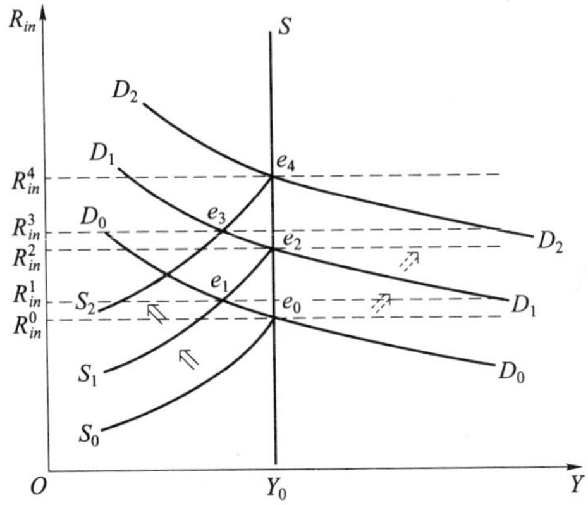

图 10.4　“螺旋式”混合型通货膨胀运行过程

在图 10.4 中，随着总成本曲线从 S_0S 向 S_1S、S_2S 方向移动时，为了不减少实际产量和出现过高的失业率，政府通常会通过增加货币供给和扩大投资支出来增加需求，总需求曲线就会由 D_0D_0 向 D_1D_1、D_2D_2 方向移动。在总成本曲线和总需求曲线分别向左上方和右上方移动的过程中，价格水平沿着 e_0—e_1—e_2—e_3—e_4 这样的轨迹“螺旋式”上升。价格水平由 R_{in}^0 上升到 R_{in}^4 的过程表明经济生活中出现了明显的、持续性的通货膨胀。

（二）“直线式”混合型通货膨胀

“直线式”混合型通货膨胀开始于流通领域，起因于需求拉上型通货膨胀。当需求拉动物价持续上升时，工会可能会要求增加工资以避免财富流失，而工资增加会导致成本增加，推动总成本曲线向左上方移动，成本推动型通货膨胀由此产生。在这一过程中，价格水平呈“直线式”上升。

因此，“直线式”混合型通货膨胀的特点可归纳为四点：第一，起因于需求的过度扩张；第二，价格的上升引起成本的上升；第三，在一般情况下，产量不会下降；第四，价格呈“直线”上升。如图 10.5 所示：

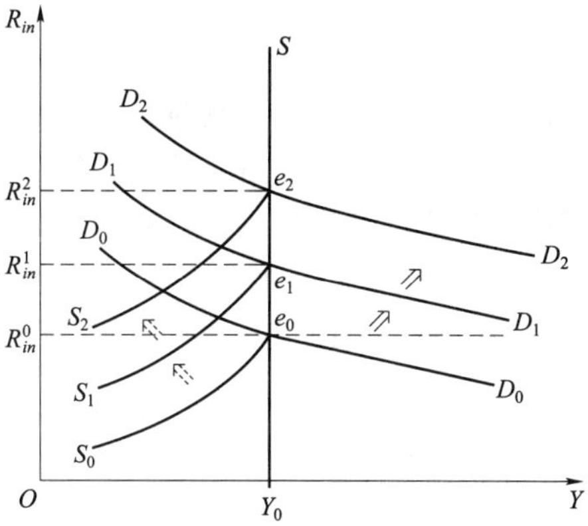

图 10.5　“直线式”混合型通货膨胀动态图

图 10.5 中，开始时总需求曲线向右上方移动，引起物价上涨。当需求曲线从 D_0D_0 向 D_1D_1、D_2D_2 扩张时，价格水平上涨又会导致包括工资在内的成本的提高，成本曲线随之由 S_0S 移动到 S_1S、S_2S，经济均衡点由 e_0 向 e_1、e_2 方向移动。在这一过程中，价格水平上涨的轨迹是直线式的：e_0—e_1—e_2。

当然，在现实经济运行中，“直线式”和“螺旋式”这两种混合型通货膨胀并不是截然分开的，经常性的情况是这两种通货膨胀混合在一起。这种“混合”给宏观经济调节和通货膨胀的治理带来了很大困难。

四、结构型通货膨胀

结构型通货膨胀（Structural Inflation），是指在总需求和总供给大体均衡的状态下，由社会经济结构方面的因素引起的通货膨胀。结构型通货膨胀主要有以下几种情况：

（一）需求结构转移型通货膨胀

在总需求不变的情况下，需求结构会不断发生变化，它会从一个部门迅速转移到另一个部门，而劳动力及其他生产要素的转移则需要时间。当需求从某些部门转移到其他部门，例如从衰退部门转移到新兴部门时，原先处于均衡状态的经济结构可能会因需求的转移而出现新的失衡。对于需求增加的部门，产品的价格和工人的工资将上涨；而对于需求减少的部门，由于价格和工资刚性（或粘性）的存在，产品的价格和工人的工资却未必会下降；结果需求的转移导致物价总水平的上升。

（二）部门差异型通货膨胀

在一国的经济生活中，总有一些部门的劳动生产率增长快于另一些部门，但它们的工资增长率却相同，由此所导致的整体物价水平的持续上升就称为部门差异型通货膨胀。为方便起见，我们将生产率增长较快的部门称为先进部门，将生产率增长较慢的部门称为落后部门①。因此，当先进部门的工资由于劳动生产率提高而上升时，落后部门的工资和成本也会相应上升，进而推动物价总水平的持续上升，形成了部门差异型通货膨胀。

（三）斯堪的纳维亚型通货膨胀

斯堪的纳维亚型通货膨胀也称输入型通货膨胀，是部门差异型通货膨胀的一种，但由于其典型性和特殊性，一些学者将其划为一种独立的通货膨胀类型。这种通货膨胀主要发生在“小国”，这里的“小国”是国际市场上价格的接受者。然后，将小国的经济部门划分为两大部门，一是开放经济部门，它生产出在世界市场上参加竞争的可交换商品，其产品价格由世界市场决定，这些部门有较高的货币工资增长率和劳动生产率；二是非开放经济部门，它生产出的商品不在国际上进行交换，其产品价格完全由本国的需求情况和产品成本决定，货币工资增长率和劳动生产率较低。但是由于工资向上的刚性，两部门的货币工资增长率趋于一致。因此，当发生世界性通货膨胀时，小国开放部门的成本和价格将会上升，在货币工资增长率的刚性作用下，非开放部门的工资和价格也会上升，结果该国的整体物价水平上升，引起通货膨胀。

专栏 10

通货膨胀是一种货币现象吗？

一、货币与通货膨胀

在货币学派看来，通货膨胀是一种货币现象。弗里德曼指出：无论什么时候，只要是通货膨胀率很高的地方，同时就一定会有很高的货币供应增长率。他曾有过经典名言“无论何时何地通货膨胀都是一种货币现象”。通过分析 1989 – 1999 年之间拉丁

① 在相关文献中，不同的经济学家对整个经济的划分是不同的。如鲍莫尔将经济划分为劳动生产率不断增长的工业部门和劳动生产率保持不变的服务部门；希克斯将经济划分为扩展部门和非扩展部门；北欧的一些经济学家则将经济划分为开放部门和非开放部门。这些划分方法的共同特点是不同部门之间在劳动生产率增长速度上存在着差异。

美洲的通货膨胀的情况可以说明这一点。

在这一时期，该地区发生了较高的通货膨胀。智利的平均通货膨胀率接近 20%，委内瑞拉和乌拉圭的通货膨胀率达 40% 左右，而阿根廷、巴西、秘鲁等国家的通货膨胀率则超过了 100%。观察其货币供应情况，我们会发现这样一个事实：通货膨胀率较高的国家其货币增长率也较高。如巴西的通货膨胀高达 450%，居当时拉美地区之首，其平均货币增长率接近 450%；秘鲁的通货膨胀率达 200%，其平均货币增长率也高达 180%。同样的现象在世界其他国家也能看到，这些现象似乎在支持这样一种结论：通货膨胀是高货币供应增长率的结果。

二、货币供给增加引起物价上升的图形分析

货币供给增加引起的连锁反应，如图 10.6 所示。假设最初，经济体处在点 1，即总需求（在一定价格水平和收入水平下，人们需要的商品和劳务的数量）曲线 AD_1 与总供给（在一定的价格水平下，厂商愿意提供的商品和劳务的数量）曲线 AS_1 的交点，此时总产出保持在自然增长状态，价格水平为 P_1。如果货币供应稳步增加，社会总需求随之增加，导致需求曲线向右移动至 AD_2，经过一段时间后经济体移到 1′ 的位置，社会产品增加到 Y_1'，同时，经济增长引起的失业率下降将会引起工资的上升，由此引起供给曲线很快地向左移动到 AS_2，经济体到达了新的均衡点 2，经济又回到自然增长状态，但物价却从 P_1 上升到 P_2。

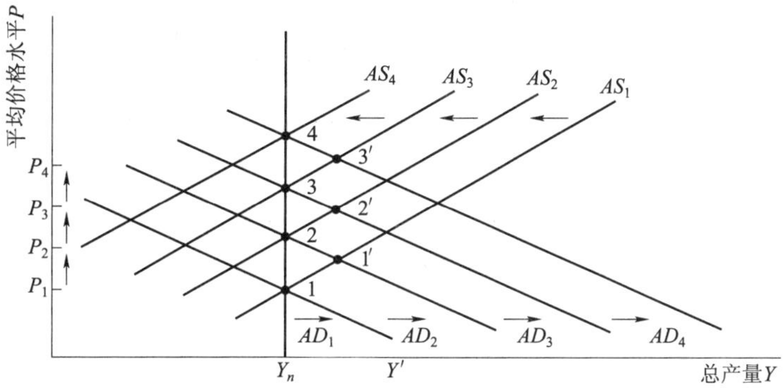

图 10.6 增加货币供应的连锁反应

如果下一年货币供应继续增加，需求曲线将向右移动 AD_3，供给曲线从 AS_2 移向 AS_3，经济体将先移向点 2′然后再移动到点 3，物价水平上升到 P_3。照此下去，货币供应持续增加，物价水平越来越高，到一定程度时通货膨胀就发生了。

至于政府为什么要持续不断地增加货币投放？一种观点认为，大多数国家的政府都把高就业作为它们追求的第一目标。比如，根据美国 1946 年《就业法案》可知，美国政府允许追求高就业率。尽管法律要求在保持高就业的同时要保持物价的相对稳定，但政府更关心的是就业指标而不是物价稳定指标。这就容易引起通货膨胀。20世纪60年代中期和70年代，美国所发生的通货膨胀就是政府追求高就业目标所导致的。

政府追求高就业目标时容易造成的典型通货膨胀也可分为两类：需求拉动型通货膨胀和成本推动型通货膨胀。

三、成本推动型通货膨胀与货币供给

政府的高就业目标如何导致货币投放增加从而导致成本推动型通货膨胀的发生，见图10.7所示。

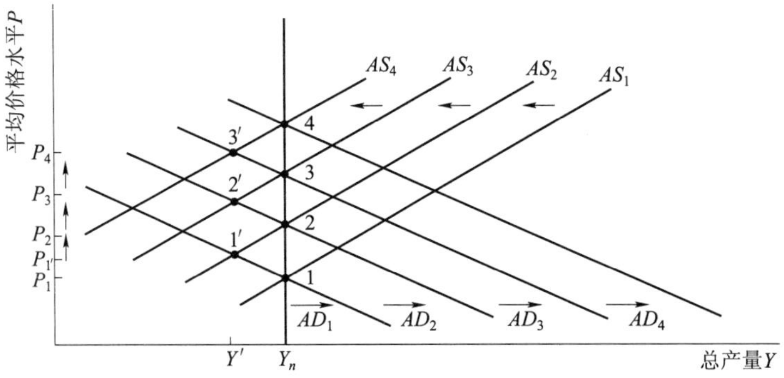

图10.7 政府高就业目标下的成本推动型通货膨胀

假定初始时刻经济处于充分就业水平，总供给等于总需求，经济均衡于点“1”。如果工人要求增加工资（其原因可能为他们要增加实际工资，或者他们预期会发生通货膨胀），在工会组织的压力下，企业主不得不满足工人的要求，工资的增加导致生产成本增加，总产出下降，总供给曲线左移至AS_2。如果政府的财政和货币政策保持不变，这一变化的结果是经济均衡点移到“1′”，总产出水平下降到Y'，低于充分就业产出水平Y_n；价格水平上升到P_1'。

在这种情况下，追求高就业目标的政府将会做什么呢？由于产出的下降导致失业上升，政府将实行积极的宏观政策以扩大总需求，总需求曲线右移至AD_2，这样形成了新的均衡点“2”，结果总产出和就业都恢复到了起初的充分就业水平，但物价水平却上升到了更高的水平P_2。

现在，工人“牛奶也喝了，面包也吃了”，但是人们的欲望是无止境的，而且也许有些工人意识到他们的工资相对于其他人的下降了，于是工人再一次要求提高工资。企业主迫于压力而答应了这种要求，结果生产成本不断上升，总供给减少，总供给曲线再一次左移至 AD_3，失业率再一次上升，经济均衡于点“2′”。政策制定者不愿看到这种局面，将又一次实施扩张性货币政策，导致总需求曲线右移至 AD_3，经济在点“3”处实现新的均衡，此时物价再次攀升到更高的水平 P_3。如果这种过程继续下去，物价持续上升，成本推动型通货膨胀由此就形成了。

问题是，政府如何通过宏观政策来扩大总需求呢？凯恩斯认为，政府支出的一次性增加或政府税收的一次性降低就可以将总需求曲线右移到 AD_2。但是如何才会使总需求曲线不断向右移动呢？政府支出的增加和政府税收的降低都是有限度的，因而扩张性财政政策的运用并不能使总需求曲线不断向右移动。但是，政府通过增加货币供应增长率，实施扩张性的货币政策，即通货膨胀性货币政策的运用却可以使总需求曲线不断向右移动。所以，成本推动型通货膨胀实际上是一种货币现象。

四、需求拉上型通货膨胀与货币供给

政府为实现高就业目标而实施通货膨胀性货币政策的另一个结果就是引起需求拉上型通货膨胀。由于劳动力市场中存在着摩擦，即使是在充分就业情况下失业现象也总是存在的。如果政策制定者确定的目标失业率低于自然失业率（充分就业状态下的失业率称为自然失业率），那么这样的高就业目标就为高货币增长率创造了条件，从而也就为通货膨胀的发生创造了条件。图 10.8 描述了政府的高就业目标引起货币投放增加从而引起需求拉上型通货膨胀的过程。

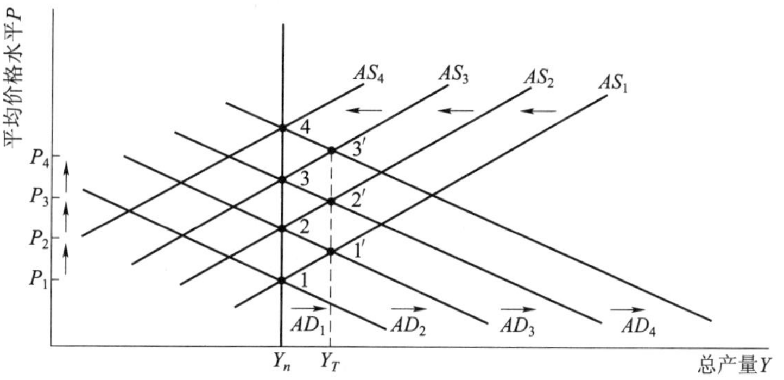

图 10.8 政府高就业目标下的需求拉动型通货膨胀

如果政策制定者制定了一个较低的目标失业率（低于自由失业率），为此他们将努力达到更高的产出增长水平（就业会随着产出的增加而增加）。假设目标产出增长水平为 Y_T，为了实现这个目标，政府便要实行增加货币供给、刺激总需求的政策，于是总需求曲线从起初的 AD_1 右移到 AD_2，经济在点“1′”实现均衡。此时，产出水平达到了 Y_T，政府实现了既定的高就业目标，但物价水平也随之上涨了。

在产出水平 Y_T 上，失业率较低（低于自然失业率），市场上存在着对劳动力的过度需求，因而工人的工资上升，总供给曲线左移至 AS_2，新的经济均衡点为点"2"，经济又回到了自然失业率水平，物价水平却上涨到了 P_2 点。到此这一过程并未结束，因为失业率再次高于目标水平，政策制定者将再一次实施扩张性货币政策，使总需求曲线向右移至 AD_3，以实现"2′"点的经济均衡。如果政策制定者至此还没有认识到长期保持低于自然失业率的高就业水平是不可能的，依然一味追求高就业目标，不断采取扩张性货币政策，那么其结果必然是物价水平步步攀升，而总产出与就业都基本维持原状，需求拉上型通货膨胀由此产生。

那么，政府如何才能使总需求曲线不断向右移动呢？显然，只有持续不断地增加货币供给才能使总需求曲线不断右移，并引起通货膨胀的发生。因此，货币供应的不断增长也是造成需求拉上型通货膨胀的根本原因。

第三节　通货膨胀的经济效应分析

一、通货膨胀对经济增长的影响

关于通货膨胀对经济的影响问题，经济学界存在着激烈的争论，主要观点大致可分为以下三种：通货膨胀可以促进经济发展的促进论；通货膨胀会损害经济发展的促退论和通货膨胀不影响经济发展的中性论。

（一）促进论

促进论的基本理论依据是凯恩斯的有效需求不足理论。该理论认为当现实经济中的实际产出水平低于充分就业产出水平时，政府可以运用增加预算、扩大投资支出和增加货币供给等手段刺激有效需求，促进经济增长。其理由是：

（1）资金缺乏、投资不足是造成一国产出水平不高的主要原因。而采用增加税收的方式来提高产出则会产生"挤出效应"。因此，政府通过赤字财政政策保持适当比例的通货膨胀率将能有效地弥补投资资金不足，以促进经济增长。

（2）通货膨胀的直接表现是货币供给过多，多发行的那一部分货币直接成为政府的收入，可用于增加投资。而物价上升会带来居民持有货币的贬值，此损失被国家占有，这实质上是政府对所有货币持有人的一种隐蔽性的强制征税，又称"通货膨胀税"。如果居民的消费不变或消费的下降小于投资的增加，产出仍能通过乘数效应上升。

（3）非人力财富占较大比重的富裕阶层受通货膨胀的不利影响较小，而其边际储蓄倾向较高。因而，通货膨胀可以通过提高储蓄率来增加社会投资支出，从而促进经济增长。

（4）在通货膨胀初期，全社会都存在货币幻觉，将名义价格、名义工资、名义收入的上涨看成是实际的上涨。于是，劳动者愿意提供更多的劳动，企业家愿意扩大投资，增加雇佣工人，从而扩大再生产。

（二）促退论

促退论认为通货膨胀会损害“市场运行”效率，阻碍经济增长。其理由是：

（1）通货膨胀会造成价格信号失真，导致资源配置失调，经济效率降低，使经济处于不稳定状态。

（2）通货膨胀使银行的实际利率低于名义利率，企业投资成本降低，因而极易诱发过度的资金需求。而过度的资金需求往往会迫使货币当局加强信贷管理，从而削弱金融体系的运营效率。

（3）从长期来看，通货膨胀最终会引起名义工资率上升和银行利率上调，生产性投资成本和风险加大，泡沫经济升温。

（4）通货膨胀意味着货币购买力下降、人们的实际收入水平降低。实际收入水平的下降会引起人们的边际储蓄倾向降低，社会储蓄率下降，从而使投资率和经济增长率下降。

（5）通货膨胀发生时，人们不愿持有货币，不愿从事生产活动，而是纷纷抢购实物资产，囤积货物，抢购黄金、外汇和其他奢侈品，甚至从事房地产等投机活动，结果严重阻碍了经济的发展。当发生严重通货膨胀时，人们会放弃货币，改用实物作为交易媒介，使得交易成本大大上升，经济效率严重受损。

（6）若政府对此采取紧缩性措施和管制物价等措施，则会削弱经济活力，降低经济增长率。

（三）中性论

中性论认为通货膨胀与经济增长不相关。在长期内，公众会形成通货膨胀预期，事先提高各种商品的价格，作出相应的储蓄、投资决策，从而抵消通货膨胀的各种影响。

二、通货膨胀的收入分配效应

由于社会各阶层的收入来源不同，物价水平上涨对收入水平的影响也不同：有些人的收入水平会下降，有些人的收入水平反而会上升。这种由物价上涨造成的收入再分配，就称为通货膨胀的收入分配效应。

1. 固定收入者实际收入下降

在通货膨胀期间，通常固定收入者的收入调整滞后于物价水平，实际收入会因通货膨胀而减少；而非固定收入者能够及时调整其收入，从而可能从物价上涨中获益。比如，依赖工资收入的工薪阶层，工资调整总是落后于物价上涨，所以该阶层是通货膨胀的受害者。再如，依赖退休金生活的退休人员，退休金不易随通货膨胀的发生而增长或增长滞后，所以也会深受通货膨胀之苦。

2. 企业主利润先升后降

对于非固定收入的企业主而言，在通货膨胀初期企业主会因产品价格上涨、利润增加而获益。但当通货膨胀持续发生时，随着工资和原材料价格的调整，企业利润的相对收益就会消失。

3. 政府是通货膨胀的最大受益者

通货膨胀的最大的受益者是政府。在累进所得税制度下，名义收入的增长使纳税人所适用的边际税率提高，应纳税额的增长高于名义收入增长。而且，政府往往是一个巨大的债务人，向公众发行了巨额的国债，价格水平的上涨使政府还本付息的负担相对减轻。正是从这个角度，有人说“政府具有诱发通货膨胀的利益动机”。

三、通货膨胀的财富再分配效应

当发生通货膨胀时，社会财富的一部分会从债权人手中转移到债务人手中，即通货膨胀使债权人的部分财富流失，而使债务人的财富相应增加，从而形成了财富的再分配效应。这是因为通货膨胀使得货币的实际购买力下降，而债权人未来收回的本息之和名义价值不变，所以其实际收入下降，财富流失；同时债务人所偿还本息的名义价值不变，其实际负担减小，财富增加。

在现实生活中，人们的财富并不仅仅由货币资产构成，还包括实物资产和负债，其财产净值为资产价值与债务价值之差。在通货膨胀环境下，实物资产的货币价值大体随着通货膨胀率的变动而相应升降，金融资产的价值变化则比较复杂。在通货膨胀中股票的行市可能会上升，但影响股票价格的因素是多样化的，所以股票绝非抵御通货膨胀的理想保值资产形式。至于以货币表示的债权债务，其共同特征是有确定的货币金额，其名义货币金额不会随着通货膨胀的存在与否而变化，物价上涨会使货币的实际余额减少。同时，我们根据经济主体资产负债余额的不同，将货币资产大于货币负债的经济主体称为“净货币债权人”，将货币负债大于货币资产的经济主体称为“净货币债务人”。现在，通货膨胀会产生怎样的财富分配效应呢？一般地，通货膨胀会增加净货币债务人的财富，而使净货币债权人的部分财富流失。

现举例说明：假设张某的财富构成状况如下：

张某的资产负债表 单位：元

资　　产		负债与权益	
银行存款	10 000	银行借款	20 000
实物资产	12 000	净财富	2 000
总计	22 000	总计	22 000

现在假设物价上涨率为100%，并假设实物资产的货币价值随物价变动而发生同比例变动，为了简化分析暂时不考虑利息因素。则张某的财富会发生以下变化。

张某的资产负债表 单位：元

资　　产		负债与权益	
银行存款	10 000	银行借款	20 000
实物资产	24 000	净财富	14 000
总计	34 000	总计	34 000

张某的净财富从原来的2 000元变为14 000元，其财富增长率为：

$$(14\ 000-2\ 000)/2\ 000=600\%$$

显然，张某的实际财富增加了，且财富增长速度大大高于通货膨胀水平，产生这种结果的原因就在于他在通货膨胀前处于净货币债务人的地位。

四、通货膨胀的强制储蓄效应

这里所说的储蓄，是指用于投资的货币积累。作为投资的储蓄积累主要来源于三部分：一是家庭；二是企业；三是政府。

在正常情况下，上述三个部门的储蓄有各自的形成规律：家庭部门的储蓄来源于收入减去消费后的部分；企业储蓄来源于其用于扩大再生产的净利润和折旧基金；政府的投资如果是用税收的办法从家庭和企业中取得的，那么，这部分储蓄是从其他两部门的储蓄中挤出来的，全社会的储蓄总量并不增加。如果政府通过向中央银行借款解决投资资金的话，则直接或间接导致增发货币，这种筹措建设资金的办法就会强制增加全社会的储蓄总量，结果将是物价上涨。在公众名义收入不变的条件下，如果他们仍按原来的模式和数量进行消费和储蓄，则两者的实际额均随着物价的上涨而相应减少，其减少的部分大体相当于政府运用通货膨胀实现的强制储蓄部分。这就是所说的通货膨胀的强制储蓄效应，这种强制储蓄效应带来的结果是物价水平的持续上涨。

当然，上面的分析是基于充分就业的假定的。如果一国未达到充分就业水平，实际 GDP 低于潜在 GDP，生产要素大量闲置，此时，如果政府通过扩大货币发行来扩张有效需求，虽然也是一种强制储蓄，但并不会引起持续的物价水平上涨。

五、通货膨胀对经济效率的影响

通货膨胀不仅会直接阻碍经济增长，还会造成经济效率的损失。其主要原因是它会引起相对价格的扭曲，从而使资源无法得到有效配置。

1. 在高通货膨胀率下，持有现金的成本大大上升，需要花费大量的时间管理现金，造成社会资源的浪费

我们知道，现金的名义收益率为零，如果通货膨胀率为 20%，则意味着现金的实际收益率将下降 20%。此时，公众会觉得“现金烫手”，他们将不遗余力地将现金转化为实物资产或名义收益率随通货膨胀上升的存款和债券。企业也会花费大量的精力进行“现金管理”，尽可能地避免在自己的账户上保留有过多的现金余额。西方经济学家将人们因此而花费的大量时间和精力形象地称为“皮鞋成本”（Shoe Leather），因为人们一遍又一遍地去银行存钱、取钱，很容易把鞋底磨破。

2. 在高通货膨胀率下，实际利率往往会下降，甚至出现负利率，引起储蓄减少，从而使投资者无法获得足够的资金来源

根据“费雪效应”，名义利率会根据预期通货膨胀率进行调整，但事实上这种调整往往是不充分的。而且许多国家都不同程度地存在对利率的管制，利率的上升受到很多因素的限制。因此，在通货膨胀较为严重时，实际利率往往会下降，甚至会出现“负利率”。在这种情况下，人们会增加当前消费，减少储蓄，致使投资者无法得到足够的投资资金。

3. 通货膨胀破坏了正常的经济秩序、经济活动规则和经济核算的有效性

在正常的经济秩序下，人们在经济生活中相互达成各种有约束力的协议以从事经济活动并取得报酬，这些活动和回报都是通过货币来计量的。但在通货膨胀环境下，各种商品的相对价格不断变化，企业和消费者感到无所适从，难以作出正确的投资决策和消费决策。这就会破坏经济活动的秩序和规则赖以建立的基础，进而造成经济秩序的混乱。

4. 通货膨胀削弱了市场机制对经济的调节功能

在市场经济中，价格是商品生产的调节器。价格机制发挥着引导资源流动、分配社会资源的作用，使社会各种生产要素最有效地发挥其功能。但是，当发生通货膨胀时，特别是在非预期通货膨胀的情况下，各种生产要素、商品、劳务的相对价格随之发生不稳定的变化，致使资源分配被扭曲。

第四节 通货紧缩的涵义、成因及影响

一、通货紧缩的涵义

通货紧缩，是与通货膨胀相对立的概念，都是一种失常的货币现象. 按照通俗的观点，通货紧缩是指由于货币供给量相对于经济增长和劳动生产率增长而减少所引起的有效需求严重不足，一般物价水平持续下跌，货币供应量持续下降和经济衰退等现象。

虽然，对于通货紧缩的定义众说纷纭，但是，对于通货紧缩的表现形式还是比较公认的，一般认为通货紧缩表现为：

1. 物价水平持续下降

物价水平的持续下降，无疑是通货紧缩的一个重要表现。当然，物价水平下降到多少时，才能算成通货紧缩，理论上观点不一致。但一般认为，物价水平长时期的负增长就能称为通货紧缩；而且，负增长的幅度不同，通货紧缩的程度也就不同。

2. 货币供应量的持续减少

与通货膨胀相对应，货币供应量在某一水平持续下降是通货紧缩的另一表现形式。各国一般都会根据本国的具体情况，在货币供应量与物价水平、经济增长率和就业率之间确定一个能够实现充分就业的货币供应量增长的“合理”区间，并以此作为标准来判断是否出现通货紧缩（或通货膨胀）。

3. 有效需求不足

通货紧缩往往发生在通货膨胀得到抑制之后。由于在通货膨胀期间十分旺盛的市场需求的刺激下，企业的投资和生产都达到了相当大的规模；在通货膨胀得到抑制后，绝大多数商品已经扩大的商品供给与萎缩了的有效需求发生矛盾，大量商品不能在合适的价格水平下销售出去，以货币计量的商品总需求连续降低。

4. 失业率上升

通货紧缩期间，由于货币供应量没有达到充分就业水平，企业商品积压导致再生产受阻。市场投资不足又没能提供新的就业机会。因此，失业人数大幅度增加，人们的收入水平下降。这种状况反过来成为商品有效需求不足的原因，从而加重了通货紧缩的程度。

值得注意的是，认为“通货膨胀本质上是一种货币现象”这似乎已达成共识。但是，对于通货紧缩本质上是否也是一种货币现象，这个问题却存在着争议。在认为货币供给是内生变量的经济学家看来，认为它本质上是一种实体经济现象。它通常与经济衰退相伴，表现为投资的边际收益下降和投资机会相对减少，信贷增长乏力，消费和投资需求减少，企业普遍开工不足，非自愿失业增加，收入增加速度持续放慢，各个市场普遍低迷。

二、通货紧缩的成因

通货紧缩的产生有着复杂的原因，既有一国国内的影响因素，也有全球经济的影响因素。无法一一归类。在此，回顾自宏观经济学诞生以来西方经济学家关于通货紧缩的研究成果，以便更好地理解通货紧缩的本质和原因。

（一）费雪的“债务－通货紧缩”理论

美国经济学家欧文·费雪在 1933 年大萧条时提出了“债务－通货紧缩”理论。该理论是从某个时点经济体系中存在过度负债这一假设入手分析的。费雪认为，新发明、新产业的出现或新资源的开发等导致利润前景看好，企业因此过度投资，导致过度负债。债权人一旦注意到这种过度借债的危险就会趋于债务清算；这种清算会导致企业为清偿债务而廉价销售商品，企业销售、利润下降，存货减少。结果带来货币流通速度降低，物价水平下降。这又引起产出、就业的减少，信心的下降，人们追求更多的货币储藏和积蓄，结果名义利率下降、实际利率上升，资金盈余者不愿贷出、资金短缺者不愿借入，通货紧缩发生。

费雪还认为，过度负债和通货紧缩二者之间会产生相互作用。过度负债这种较轻的疾病会导致通货紧缩这种较重的疾病；反过来，由过度债务所导致的通货紧缩也会反作用于债务。当发生通货紧缩时，尚未偿付的每一美元债务变成了价值更高的一美元，实际债务增加。而且，如果初始的负债规模足够大，债务的清偿甚至会跟不上它所欠的每一美元价值的上升，从而导致“正是人们减轻其债务负担的努力反而增加了债务负担”。这种悖论正是大多数大萧条发生的主要内因：“债务人偿债越多，他们就欠得越多”。

尽管费雪的“过度负债”债务导致通货紧缩的观点为大萧条提供了一个较为合理的解释，但由于罗斯福新政的原因和人们对古典理论的逆反，使得凯恩斯的观点流行于市，费雪的这一思想被忽视了。

（二）凯恩斯的“有效需求不足”通货紧缩理论

作为大萧条时代的产物，凯恩斯主义是以分析和解决通货紧缩为宗旨的。凯恩斯认为，大萧条是由总需求不足特别是投资需求不足所引起的。在《就业、利息和货币通论》中，凯恩斯更多地使用了“就业不足均衡”和“有效需求不足”这样的术语来研究通货紧缩，把就业不足均衡产生的原因归结为有效需求不足。由有效需求不足引起的物价下降被称为通货紧缩缺口。如图 10.9 所示：

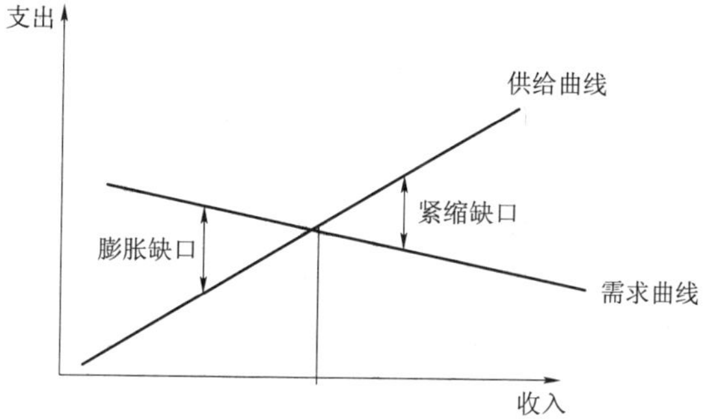

图 10.9　通货紧缩缺口

至于有效需求，凯恩斯认为，由于消费较为稳定，波动幅度较小。因此，他便将经济波动的主要原因归功于企业投资的不稳定性。由于企业的投资需求取决于利润预期，因此凯恩斯认为经济衰退的原因在于企业家利润预期的降低。投资的不稳定对经济总量的影响会因乘数效应而加剧，即当企业投资减少时，总产出会以多倍的数额减少。

凯恩斯理论的政策涵义是显而易见的：当经济衰退时，企业投资低落，可以通过增加政府支出来稳定有效需求。同时，在经济严重衰退时，企业家的利润预期非常低，几乎接近于零，因而通过货币政策放松银根、降低利率来抑制衰退，效果是不明显的。

（三）奥地利学派的“经济周期”通货紧缩理论

在奥地利学派的理论中，通货紧缩是一种派生的过程。他们认为，通货紧缩并不是独立形成的，而是由促成经济萧条的生产结构失调所引起的，没有后一种现象通货紧缩绝不会发生。

奥地利学派经济周期理论的主要代表人借用了瑞典经济学家魏克塞尔关于自然利率和货币利率的区别的理论。自然利率是使经济体系保持均衡的利率，货币利率是指在银行政策和其他货币因素影响下的市场利率，即当贷放资本正好与储蓄供给相均等时的利率。

奥地利学派的代表人之一——哈耶克在充分就业的假设条件下认为，银行系统派生的信贷增加将促使市场利率下降，使之低于自然利率。企业家会受这个错误信号的引导而重新配置资源：从消费品生产转向投资品生产。短期内消费品生产不会受太大影响；经过一段时间过后，由于消费品供给相对于需求发生短缺，消费品价格相对于投资品上升。为使经济体系重新恢复均衡则需要提高利率，这就造成那些在低市场利率时有利可图的投资变得无利可图，危机随之出现。显然，假如银行信贷能够无止境地发展下去，危机就可能避免。但问题在于随着银行信贷的扩张，货币流向投资品部门，而过度投资使得投资品部门无法实现其预期收益，因而银行的贷款质量相应恶化，银行体系为防范自身的风险而被迫收缩信贷，导致通货紧缩发生。

奥地利学派对通缩的另一种解释是，认为通货紧缩是繁荣过度的必然后果。假使听任繁荣局面继续发展，就会引起生产结构的失调，并以通货紧缩的形式付出代价。因此一旦危机已经开始，就应该允许通过市场机制来自发治愈衰退。他们认为公共工程和政府投资项目是有害的，它们会导致进一步的扭曲，阻碍资本结构的必要调整。抑制衰退的最佳行动是防患于未然，防止繁荣的过度发展。

（四）货币主义的通货紧缩理论

对于货币供给量与通货紧缩的关系，现代货币主义代表人物弗里德曼指出：“过低的货币供给增长率，更不用说货币供给的绝对减少，将不可避免地意味着通货紧缩。反之，若没有货币供给如此之低的负增长率，大规模的持续的通货紧缩绝不会发生。”

因此，货币主义认为，为了同时避免大规模的通货膨胀和通货紧缩，必须使货币供给增长率保持在适当的水平上。针对美国的情况，弗里德曼认为：“为了保持价格水平的长期稳定，3% –5% 的年货币供给增长率是必要的。”这就是所谓的“单一规则”货币政策操作规范。

（五）克鲁格曼的通货紧缩理论

面对20世纪末通货紧缩在全世界的蔓延，著名美国经济学家保罗·克鲁格曼进行了大量的研究，逐步形成了一套较完整的理论框架，在发展凯恩斯主义流动性陷阱理论的基础上，提出了向传统的货币理论与政策挑战的“激进的货币政策”主张。

1. 通货紧缩起源于总需求不足

克鲁格曼认为：由于全球化进程加快、技术进步和高投资率等带来的全球生产能力巨大的增加，固然造成了全球性生产过剩、通货膨胀率降低或商品价格水平下降，但同时也应刺激经济增长，这就说明不能从供给方面解释通货紧缩时价格和经济增长持续下降且难以通过增加基础货币及扩大财政支出等手段刺激总需求来维持价格稳定的现象。因此，通货紧缩起源于总需求的不足。

克鲁格曼用跨期分析的方法刻画了消费需求与物价水平之间的关系，从而说明当期总需求不足的原因。根据经济学基本原理，经济主体在消费与储蓄之间的选择实际上就是在当期消费与未来消费之间进行决策。在持久性收入不发生重大变化的情况下，这一决策取决于当期物价水平 P 与按市场利率 i 贴现后的预期未来物价水平 $P^e/(1+i)$ 间的对比。如果 $P = P^e/(1+i)$，则经济主体在当前和未来消费之间无差异；若 $P > P^e/(1+i)$，则理性的经济主体会减少当前的消费支出，尽可能地多储蓄以满足未来的消费需要，从而实现效用最大化。而这一行为本身又会引起当期物价水平 P 的下降，使经济恢复跨期均衡($P = P^e/(1+i)$)。据此，克鲁格曼认为，在低通货膨胀的环境中，当期物价水平的下跌并非当期物价水平过高，而是因为预期物价水平太低或高名义利率所致；要阻止通货紧缩就必须提高预期通货膨胀率或降价名义利率；如果预期通货膨胀率和名义利率存在某种刚性，则传统的经济政策就难以生效。

2. 流动性陷阱是通货紧缩的必要前提

克鲁格曼认为，在信用货币条件下之所以会发生通货紧缩且传统的货币政策对此无能为力，必然是因为经济处于流动性陷阱状态。此时，相对于当期而言公众更加偏好未来，即使短期名义利率水平很低甚至为零，公众的储蓄意愿仍然大于社会自主投资，经济处于不均衡状态。因此，他认为，有两条途径可以消除储蓄与投资之间的缺口：或者降低当前物价水平，增加当期消费，减少储蓄；或者降低名义利率，增加投资支出。前者只能使经济在低水平上获得均衡，这是政策当局所不愿看到的。同时，当经济处于流动性陷阱时，利率对经济活动的调节作用完全丧失，即后者也失效。因此，必须用通货膨胀治理通货紧缩。

3. 用通货膨胀治理通货紧缩

根据克鲁格曼的观点，发生通货紧缩的原因在于当前的经济中存在着各种造成需求不足的因素使得 $P > P^e/(1+i)$，市场机制的作用会使得 P 下跌以重建新的均衡。因此，他强调只要中央银行创造一个适当的通货膨胀预期，就可以增加公众的当期消费偏好，使得储蓄与投资重新达到均衡。他甚至认为，中央银行应允许和鼓励一定的通货膨胀，规定一个合理的长期通货膨胀率，并在公开市场上买入长期国债以保证治理的有效性。

综上所述，尽管以上各种通货紧缩理论都存在着一定的缺陷，但我们可以看到这些理论在越来越真实地描述客观现实经济的发展。我们应充分认识到费雪理论指出的通货紧缩具有越来越严重的自我加速的恶性循环特征，从而对通货紧缩给予高度重视和及时有效的治理。

三、通货紧缩的影响

通货紧缩的正效应表现为持续的物价下跌和低利率使人们的实际货币购买力提高。与通货紧缩的正效应相比，通货紧缩对经济的负面影响要大得多。

1. 财富缩水效应

通货紧缩发生时，全社会总体物价水平下降，企业的产品价格自然也随之下降，企业利润随之减少。而且，企业为了维持生产周转不得不增加负债，负债率的提高进一步使企业资产的价格下降。企业资产价格的下降意味着企业净值的下降，财富减少。

在通货紧缩的条件下，供给的相对过剩必然会使众多劳动者失业，此时劳动力市场供过于求的状况将使工人的工资降低，个人财富减少。即使工资不降低，失业人数的增多也使社会居民总体的收入减少，导致社会个体的财富缩水。

因此，通货紧缩会产生使微观主体的财富缩小的效应。

2. 经济衰退效应

通货紧缩导致的经济衰退效应表现在三方面：一是物价的持续、普遍下跌使得企业产品价格下跌，企业利润减少甚至亏损，这将严重打击生产者的积极性，使生产者减少生产甚至停产，结果经济增长受到抑制。二是物价的持续、普遍下跌使实际利率升高，这将有利于债权人而损害债务人的利益。而社会上的债务人大多是生产者和投资者，债务负担的加重无疑会影响他们的生产与投资活动，从而对经济增长带来负面影响。三是物价下跌引起的企业利润减少和生产积极性降低，将使失业率上升，实际就业率低于充分就业率，实际经济增长低于自然增长。

3. 财富分配效应

在通货紧缩下，由于名义利率的下降幅度小于物价的下降幅度，实际利率水平提高。在这种情况下，债务人实际偿还的金额增多，债务人的还款负担加重；同时，为了保持生产或生活的流动性，债务人不得不借入新的债务，由此陷入债务泥潭。正如费雪所说：在通货紧缩的条件下，“负债人越是还债，他们的债就越多”。这种现象了导致社会财富从债务人向债权人转移的财富分配效应。

4. 失业效应

通货紧缩导致失业上升是显而易见。一方面，通货紧缩意味着投资机会减少，可容纳的就业机会减少；另一方面，通货紧缩抑制了生产者的积极性，企业减产甚至停产，失业人员自然增加。

第五节 治理通货膨胀和通货紧缩的对策

一、治理通货膨胀的对策

由于经济学家对通货膨胀的成因存在着不同的看法，所以他们提出的反通货膨胀措施也各不相同。下面，我们介绍几种比较常见的治理通货膨胀的措施。

（一）紧缩性财政政策

通货膨胀的一个基本原因在于总需求超过了总供给，因此政府可以采取紧缩总需求的政策来治理通货膨胀。紧缩总需求的政策包括紧缩性财政政策和紧缩性货币政策。

紧缩性的财政政策直接从限制支出、减少需求等方面来减轻通货膨胀压力，一般包括以下措施：

1. 减少政府支出

减少政府支出主要包括两个方面：一是削减购买性支出，包括政府投资、行政事业费等；二是削减转移性支出，包括各种福利支出、财政补贴等。减少政府支出可以尽量消除财政赤字，控制总需求的膨胀，消除通货膨胀隐患。

2. 增加税收

增加税收可以直接减少企业和个人的收入，降低投资支出和消费支出，以抑制总需求膨胀。同时，增加税收还可以增加政府收入，减少因财政赤字引起的货币发行。

3. 发行公债

政府发行公债后，可以利用“挤出效应”减少民间部门的投资和消费，抑制社会总需求。

（二）紧缩性货币政策

许多经济学家都认为通货膨胀是一种货币现象，货币供应量的无限制扩张引起了通货膨胀。因此，他们建议采用紧缩性的货币政策来减少社会需求，促使总需求与总供给趋向一致。紧缩性的货币政策主要有以下措施：

1. 提高法定存款准备率

中央银行提高法定存款准备率，降低商业银行创造货币的能力，从而达到紧缩信贷规模、削减投资支出、减少货币供应量的目的。

2. 提高再贴现率

提高再贴现率可以抑制商业银行对中央银行的贷款需求；还可以增加商业银行的借款成本，迫使商业银行提高贷款利率和贴现率，结果企业因贷款成本增加而减少投资，货币供给量也随之减少。提高再贴现率还可以影响公众的预期，达到鼓励增加储蓄、减缓通货膨胀压力的作用。

3. 公开市场业务

公开市场业务是中央银行最经常使用的一种货币政策，是指中央银行在公开市场买卖有价证券以调节货币供给量和利率的一种政策工具。在通货膨胀时期，中央银行一般会在公开市场向商业银行等金融机构出售有价证券，从而达到紧缩信用、减少货币供给量的目的。

4. 直接提高利率

利率的提高会增加信贷资金的使用成本，降低借贷规模，减少货币供给量；同时，利率的提高还可以吸收储蓄存款，减轻通货膨胀压力。

（三）紧缩性收入政策

确切地说，收入政策应被称为“工资－价格政策”。紧缩性收入政策主要针对成本推动型通货膨胀，通过对工资和物价上涨进行直接干预来降低通货膨胀。从发达国家的经历来看，紧缩性收入政策主要采取了以下几种措施：

1. 自愿工资－物价指导线

政府根据长期劳动生产率的平均增长率来确定工资和物价的增长标准，并要求各部门将工资－物价的增长控制在这一标准之内。“工资－物价”指导线是政府估计的货币收入的最大增长限度，每个部门的工资增长率均不得超过这个指导线。只有这样才能维持整个经济中每单位产量的劳动成本的稳定，因而预定的货币收入增长就会使物价总水平保持不变。20 世纪 60 年代美国的肯尼迪政府和约翰逊政府都相继实行过这种政策，但是由于指导线政策以自愿性为原则，仅能进行“说服”，而不能以法律强制实行，所以其实际效果并不理想。

2. 以税收为基础的收入政策

政府规定一个恰当的物价和工资增长率，然后运用税收的方式来惩罚物价和工资超过恰当增长率的企业和个人。如果工资和物价的增长保持在政府规定的幅度内，政府就以减少个人所得税和企业所得税作为奖励。这种形式的收入政策仅仅以最一般的形式被尝试过。例如，在 1977 到 1978 年间，英国的工党政府曾经许诺，如果全国的工资适度增长，政府将降低所得税。澳大利亚也于 1967 到 1968 年间实行过这一政策。

3. 工资 - 价格管制及冻结

政府颁布法令强行规定工资、物价的上涨幅度，甚至在某些时候暂时将工资和物价加以冻结。这种严厉的管制措施一般在战争时期较为常见，但当通货膨胀非常严重，难以对付时，和平时期的政府也可能求助于它。美国在 1971 年至 1974 年间就曾实行过工资 - 价格管制，特别是在 1971 年，尼克松政府还实行过三个月的工资 - 价格冻结。

实践经验表明，利用紧缩性收入政策对付通货膨胀的效果并不理想，它有以下三个方面的局限：第一，温和的收入政策，如自愿的工资 - 物价指导线，往往收效甚微。第二，严格的工资 - 价格管制将严重削弱价格机制在资源配置中的作用。第三，若没有紧缩性财政、货币政策配合，即使是严格的工资 - 价格管制也不可能长期奏效。人们会发明出种种办法来变相地规避管制，变相地提高价格和工资，所以收入政策必须有紧缩性的财政、货币的配合才能发挥作用。而且，一旦管制造成的经济失衡引起公众的强烈反对，使得工资 - 价格管制难以为继，并最终被迫放弃时，因管制而压制的价格上涨就可能爆发性地释放出来。因此，收入政策并不是治理通货膨胀的“灵丹妙药”，充其量它只能作为紧缩性财政、货币政策的一种补充。

（四）收入指数化政策

鉴于通货膨胀的现象的普遍性，而遏制通货膨胀又是如此困难，弗里德曼等许多经济学家提出了一种旨在与通货膨胀“和平共处”的适应性政策——收入指数化政策。收入指数化政策是指将工资、利息等的各种名义收入部分地或全部地与物价指数相联系，使其自动随物价指数的升降而升降，从而避免通货膨胀所带来的损失，并减弱由通货膨胀带来的分配不均问题。显然，收入指数化政策只能减轻通货膨胀给工薪阶层带来的损失，但不能消除通货膨胀本身。

自20世纪70年代以来，除联邦德国等少数国家外，多数发达国家都较为普遍地采用了收入指数化政策，尤其是工资指数化政策。实行这种政策的好处在于：第一，指数化政策可以缓解通货膨胀造成的收入再分配不公平的现象，从而消除许多不必要的扭曲。第二，指数化条款加重了作为净债务人的政府的还本付息负担，从而减少了政府从通货膨胀中获得的好处。由此可见，政府实行通货膨胀性政策的动机并不强烈。第三，当政府的紧缩性政策使得实际通货膨胀率低于签订劳动合同时的预期通货膨胀率时，指数化条款会使名义工资相应地下降，从而避免因实际工资上升而造成的失业增加。同时我们应注意的是，收入指数化政策的上述功能并不能充分发挥，指数化政策强化了工资和物价交替上升的机制，其结果往往是加剧了物价的不稳定性，而不是降低了通货膨胀率。

（五）改善供给政策

所有的通货膨胀（隐蔽性除外）均表现为物价上涨，也就是与货币购买力相比的商品供给不足。因此，一些西方学者认为过去的反通货膨胀政策过分注意需求方面而忽视了供给方面，忽视了运用刺激生产力的方法来同时解决通货膨胀和失业问题。因此，在治理通货膨胀时应考虑供求两个方面，从两方面入手。在供应方面抑制通货膨胀的主要措施有：

1. 减税

减税即降低边际税率（指增加的收入中必须向政府纳税的部分所占的百分比）。一方面，边际税率的降低提高了人们的工作积极性，增加了劳动供给，另一方面，它提高了储蓄和投资的积极性，增加资本存量。因而，减税可同时降低失业率和增加产量，从而彻底降低和消除由供给小于需求所造成的通货膨胀。

2. 削减社会福利开支

削减社会福利开支是为了激发人们的竞争性和个人独创性，以促进生产的发展，增加有效供给。

3. 适当增加货币供给

适当增加货币供给会产生积极的供给效应。适当增加货币供给会降低利率，从而增加投资，增加产量，导致总供给曲线向右移动，使价格水平下降，从而抑制通货膨胀。

4. 精简规章制度

精简规章制度就是给企业等微观经济主体松绑，减少政府对企业活动的限制，让企业在市场经济原则下更好地扩大商品供给。

不过，我们必须看到通货膨胀始终是一种货币现象，其根源在于货币发行过多，其治本之道应是控制住货币的超经济发行。刺激供给固然重要，但与抑制需求相比它还受到了生产力发展水平和供给弹性的限制。

二、治理通货紧缩的对策

治理通货紧缩就是要采用各种政策措施使过低的物价恢复到正常的均衡水平。其政策措施大致包括以下几种：

（一）扩张性财政政策

扩张性财政政策主要包括扩大财政支出，增加赤字规模，以及降低投资和消费方面的税收，刺激投资和消费需求的增长等。而且，从理论上讲财政政策产生效应的时滞小于货币政策的时滞，能较快地克服和消除经济中的紧缩现象。

但是，运用扩张性财政政策面临两个问题：一是债务负担问题。因为减税会使财政收入减少，而扩张性财政政策又会使财政支出增加。解决这一问题的主要办法是发行国债，但国债积累到一定规模时，就会加大政府偿债负担，甚至引起债务危机；二是财政支出的“挤出效应”。所谓“挤出效应”是指政府开支的增加如果没有货币供应量的相应增长，那么，在支出增加和货币供应量不变的情况下，必然导致利率的上升，由此引起私人投资和消费的缩减。因此，在对付通货紧缩时，要注意财政政策和货币政策的相互配合。

（二）扩张性货币政策

在通货紧缩时期，扩张性的货币政策主要是通过降低法定存款准备金率、再贴现率、再贷款利率和在公开市场上买进有价证券，增加货币供应量，以刺激经济发展。

但在通货紧缩时期，由于货币流动性下降，削弱了货币供给对产出的拉动作用，增加货币供给的扩张功能下降；另一方面，由于货币供给的内生性，使得中央银行扩张性货币政策效果并不明显，因为，中央银行无法强制商业银行扩大贷款，也不能主动改变货币的流动性。货币政策只能起指导性作用。因此，在通货紧缩时期，货币政策对经济增长的拉动作用下降，其作用应主要体现在稳定宏观经济环境方面。

案例分析

日本：20 世纪 90 年代折磨人的通货紧缩让日本经济停滞了 10 年

泡沫经济崩溃以来，日本经济增长速度持续走低，GDP 增长率从 1990 年的

8.1% 下降到 1997 年的 1%，1998 年首次出现负增长，为 -1.3%。1999 年回升到 0.2%，2000、2001 年分别为 -0.3%、-2.5%。2002 年第一季度为 -2.3%。在经济增长持续下滑的同时，日本的物价水平也出现全面、持续下跌。在 1990 年至 2001 年的 12 年间，日本的国内批发物价指数有 9 年为负增长，居民消费物价指数也有 4 年为负增长。GDP 平减指数出现了 7 年的负增长。见下表所示。

1990 年以来日本的经济增长率和价格总水平

	国内生产总值（按当年价格计算）10 亿日元	GDP 指数（按可比价格计算）上年 =100	国内批发物价指数 上年 =100	居民消费物价指数 上年 =100	GDP 平减指数 基年：1995	价格总水平变动率 % /&
1990	450 532	108.1	101.3	103.1	95.9	2.5
1991	474 627	105.3	100.4	102.8	98.5	2.7
1992	483 189	101.8	99.0	101.6	100.0	1.4
1993	487 528	100.9	98.2	101.3	100.4	0.5
1994	492 266	101.0	98.6	100.4	100.3	-0.1
1995	501 960	102.0	99.0	99.7	99.8	-0.5
1996	515 249	102.6	98.5	100.4	99.1	-0.8
1997	520 177	101.0	101.0	102.0	99.8	0.7
1998	513 245	98.7	97.8	100.2	99.2	-0.5
1999	514 349	100.2	99.2	99.5	97.6	-1.6
2000	513 006	99.7	99.9	99.4	95.8	-1.9
2001	500 217	97.5	98.9	99.0	94.6	-1.2

说明，价格总水平变动率 = [（本年 GDP（平减指数）- 上年 GDP（平减指数）]/上年 GDP（平减指数）×100

资料来源：日本银行《经济金融统计手册》，2002 年，第 5 期

许多学者认为日本出现了战后以来最严重的通货紧缩。日本国内对如何界定通货紧缩始终存在争议，政府对通货紧缩的认识也长期含混不清。1995 年，消费物价低迷，经济徘徊不前，但日本政府否认产生了通货紧缩。认为那是由于流通领域改革引起的物价正常调整。1998 年，经济负增长和物价下跌同时存在，然而日本政府仍然否认出现通货紧缩。1999 年，日本政府经济企划厅对通货紧缩的含义进行界定，认为通货紧缩是“伴随物价下跌而出现的经济衰退”。然而在解释 1998 年经济运行状

况时，当局没有参照“伴随论”的定义，而是说当时已“处于通货紧缩的边缘，但还不是通货紧缩”。直到2001年3月16日森喜朗政府才公开认定“日本经济正处在缓慢的通货紧缩之中”，并将通货紧缩定义为“物价全面持续下跌”。

“日本是在失望情绪中结束千年的……正当美国庆祝一个经济增长的空前时代之际，日本却陷入了通货紧缩的泥潭，失业率达到战后创纪录的高度”。这是千年交替之际美国的一家报纸对日本的评价，这一评价应该说是很准确的。

对日本在20世纪90年代的连年衰退，全世界都是有目共睹的。总部设在瑞士洛桑的“国际管理开发研究院”（IMD）每年发表国际竞争力调查报告，这一调查按国内经济、政府政策、金融环境、基础设施、国际化程度、企业管理、科学技术和国民素质等8个大类共288个小项通过打分评比，对世界上主要47个国家和地区的国际竞争力予以评估。在1986~1993年期间，日本在这一调查中始终名列榜首，其领先地位不可动摇。但随着日本泡沫经济的破灭，它的这一排名也开始逐年滑坡。1994年下跌到第3名，后两年只能屈居第4名，1997年滑到了第9名，1998年更是大踏步后退，一举跌至18名。在“国内经济”这一大类中，日本从1996年的第5位下降到1999年的第29位；“国际化程度”相应地从第14位下降到第21位；“政府政策”从第21位下降到第23位；“金融环境”则从原先的第2位骤降至第25位；“企业管理”也同样从第2位猛跌至第26位；“国民素质”也从第4位降至第13位。

因此，有人得出这样的结论：通货紧缩看上去比通货膨胀更加危险！正是折磨人的通货紧缩让日本经济停滞了10年！

思考题：

根据上述材料，请分析通货紧缩的危害。

复习思考题

1. 解释下列名词：通货膨胀、通货紧缩、需求拉上型通货膨胀、成本推动型通货膨胀、结构型通货膨胀、混合型通货膨胀、收入指数化政策。
2. 如何度量通货膨胀？
3. 简述需求拉上型通货膨胀的形成过程。
4. 简述成本推动型通货膨胀的形成过程。
5. 简述结构型通货膨胀及形成机理。
6. 简述治理通货膨胀的主要措施。
7. 试论通货膨胀的经济效应。
8. 试述治理通货膨胀的政府政策原因。

9. 试述通货紧缩的形成原因。
10. 简述通货紧缩的效应。
11. 试评述西方通货紧缩理论。
12. 试述治理通货紧缩的对策。
13. 通货紧缩都是一种货币现象吗?

第十一章　金融创新

✓ 本章摘要

在发展中国家致力于金融深化，促进经济增长的同时，西方发达国家的金融界也经历了一次革新浪潮，这就是所谓的“金融创新”。创新的内容包括：突破金融业多年来传统的经营局面，在金融工具、金融方式、金融技术、金融机构和金融市场等方面都进行了明显的变革。金融创新的兴起和迅猛发展，给各国的金融体制、金融宏观调节和国民经济发展都带来了深远影响。

✓ 本章关键词

金融创新　　金融创新的原因　　金融创新的影响

✓ 学完本章，你需要掌握

- 金融创新的本质涵义
- 金融创新的理论原因
- 金融创新的直接原因
- 金融创新对货币政策的影响

所谓创新，是指开辟一个新的市场、引进一种新的产品或提供一种产品的新质量、引进新技术或采用一种新的生产方法、采用一种新的原料或控制原材料的一种新供应源以及实行一种企业新的组织等。顺着这个思路，金融创新可以理解为金融业现有各种要素的重新组合，具体是指金融机构和金融管理当局出于对微观利益和宏观效益的考虑而对机构设置、业务品种、金融工具及制度安排所进行的金融业创造性变革和开发活动。

第一节　金融创新的动因分析

一般认为，规避金融管制诱发了金融创新，转移金融风险推动了金融创新的出现，而金融自由化的趋势又为金融创新提供了适宜的土壤。

一、金融创新与金融监管

金融监管与金融创新不仅是现代金融发展的两大永恒主题，而且又是一对矛盾的两极，金融监管刺激金融创新产生，又在不断调整中促使更进一步的金融创新。金融监管与金融创新矛盾对立，形成了“监管——创新——再监管——再创新”的良性动态循环博弈发展过程。

（一）金融管制诱发了金融创新

金融监管源于第二次世界大战之后的西方发达国家，当时的金融监管体系内容主要是对金融机构的业务范围、信贷规模、利率、外汇和市场采取一系列的管制，成为诱发金融创新的重要原因。因为即使是市场经济国家，金融业所受到的政府制定的金融法规的监管也是最严的。

金融管制为什么能诱发金融创新？因为，管制实际上是对金融企业的一种成本追加，或称隐含的税收，金融监管增加了金融机构潜在的经营成本，限制了金融业的赢利能力，导致这些金融企业“发掘”金融监管的“漏洞”，以回避它们。当金融法规的约束大到回避它们便可以增加经营利润时，“发掘漏洞”和金融创新就自然产生了。

虽然从金融创新与金融管制的关系来看，二者有着很高的相关程度。金融管制越严格，金融创新越活跃。但是，并不是任何金融管制都能诱发金融创新，金融管制对金融创新产生诱发作用必须具备以下三个条件：第一，金融管制影响金融机构在市场竞争中的活动，威胁其经营地位和目标。第二，金融管制存在一定的“漏洞”，使创新主体有“空子”可钻，这样创新才有可能。第三，金融机构通过创新产生的收益大于其受管制的机会成本，即创新有利可图。只有以上三个条件都具备时，创新才会变成现实。

（二）金融创新促进了金融管制的完善

金融创新使西方各国的原有金融管制失去了效力，并推动了20世纪80年代的金融自由化，但金融自由化和金融创新同时也增大了金融风险，使金融体系出现新的不稳定因素。在此背景下，各国政府必然要求进一步完善金融管制，以维持金融秩序的持续稳定。20世纪90年代以来，西方国家主要加强了以下金融监管内容：

（1）加强资本充足性比率的监管，增强金融机构抗风险的能力。

（2）扩大监管范围，将金融创新过程中出现的新型金融机构和表外业务纳入监管范围。

（3）完善监管技术，加强电子转账与信息系统的安全管制。

（4）加强金融监管的国际合作，对跨国性的金融创新交易实行统一的监管标准，确保金融交易既有效率，又安全可靠。

二、金融创新与金融风险

一方面，金融创新具有转移和分散金融风险的功能；另一方面，金融创新也带来了新的金融风险。

（一）转移和分散金融风险的要求导致了金融创新

从金融创新对金融风险的转移和分散功能看，20世纪70年代以来创新的金融工具，如NOW账户、浮息票据、金融期货、可转让贷款合同及证券化资产等，使金融企业的资产流动性大大提高的同时，规避了利率风险、汇率风险、通货膨胀风险及信用风险等。同时，金融创新为分散和转移风险创造了新的途径。如股票期货指数的产生有利于防范股票市场的系统性风险，从金融制度创新的角度看，金融制度的创新不仅有利于转移金融风险，还有利于加强对金融业的监管，减少金融业的风险，维护金融体系的稳定。

（二）金融创新导致新的金融风险的产生

但是，金融创新在转移与分散风险的同时，也制造了新的金融风险。表现在：

1. 创新增加了金融机构的经营风险

几十年以前，银行业被认为是四平八稳的行业，而如今，金融创新使得一切情况都改变了。创新使金融机构同质化，竞争更加激烈，银行传统的存贷利差缩小。为了获得必要的利润，金融机构常常从事高风险、高收益的业务，导致银行经营风险增加，信用等级下降。

2. 创新增加了表外风险

表外业务是不反映在资产负债表上的业务，如前所述，它至少包括两类：一类是与传统信贷相结合的业务，如承诺、担保、承兑等；另一类是与有价证券衍生工具买卖相关的业务，如买卖金融期货合约、安排掉期和互换等，但是，表外业务具有的“或有负债”性质蕴含着极大风险。因为银行在运用此类支持性信用工具时，并不直接放贷于客户，而是给予客户以其他方式借款的便利，银行从中仅收取手续费收入，这种业务性质使得收取的手续费收入不会很高，但实际上银行却承担与其收入不相称的信用风险，以票据发行便利 NIFs 为例。NIFs 的内容是银行支持大公司发行商业票据，当商业票据发行发生困难时，银行包销未出售的票据，实现其支持性的承诺，从中收取手续费，这其中就蕴含着较大的信用风险，当票据发行者的信用等级下降时，银行将不得不购买不能售出的全部票据，最终结果很可能是银行的损失大大超过其收入补偿。正是基于此认识，巴塞尔银行监管委员会在补充有效银行监管原则时加入了“考虑到可构成银行大规模风险暴露的表外业务”这一条款。

3. 创新增加了伙伴风险

金融创新推动了金融业的同质化、自由化、现代化与国际化。一国各种金融机构之间、本国金融机构与外国金融机构之间、国内金融市场与国际金融市场之间的相互依赖性增加。这样，金融体系中某个环节的差错可以波及整个金融体系，而且，金融创新提高了国际金融市场的一体化程度，各国证券市场的相继开放、金融创新证券资产的高度流动性为国际游资的来回转移提供了方便，高达万亿以上的国际游资有足够的资金实力在一国的金融市场上兴风作浪，造成一国金融市场的急剧动荡，并利用金融创新工具提供的便利条件迅速地在国家间转移，从而使金融动荡迅速传及整个国际金融体系，东南亚金融危机就充分显示了国际游资的这种巨大作用。

4. 创新增加了投机风险

金融创新为单个投资者提供了转移因价格等市场总变量变动所产生的市场风险即所谓的系统性风险的手段，如期货与期权弥补了单纯进行证券组合投资无法避免系统性风险的缺陷，使得市场上的所有风险似乎都可避免。但不幸的是，金融创新的这一经济功能对于整个经济体系而言并不存在，金融创新工具在为单个经济主体提供市场风险保护的同时却将风险转移到了另一经济主体身上，也就是说，对整个经济体系而言，风险只发生了转移，并没有被消除，风险仍然存在于经济体中。而当市场主体都想转移同一方向的风险时（如都认为价格下跌，都希望通过金融工具转移这一风险），风险出售者就无法找到风险承担者，金融创新工具提供的保险功能将不复存在，风险在此时会集中暴露，给金融体系和经济体系造成严重打击，这就是说，金融创新增加了更大的投机风险，这种风险的破坏性更大，巴林银行的倒闭就是一例。

三、金融创新与金融自由化

20 世纪 70 年代以后，发展中国家先后开展了以金融深化或金融发展为旗帜的金融体制改革，发达国家则相继放松金融管制，一场金融自由化运作由此展开。金融自由化是指货币当局普遍放松金融管制后出现的金融体系和金融市场充分经营，公平竞争的趋势。

（一）金融自由化为金融创新提供了适宜土壤

兴起于 20 世纪 80 年代的金融自由化过程，实际上就是各国放松金融管制的过程，它本身即是一种金融制度的创新，而这种制度的创新又为 80 年代的金融业务、金融工具和金融市场的创新提供了宽松的环境，从而使 80 年代的金融市场的创新呈现出前所未有的蓬勃发展势头。比如，金融制度的改革或创新为新的金融资产和金融机构出现提供了发展空间，

（二）金融创新产生了金融管制的松动效应，促进了金融自由化进程

金融创新对金融自由化的影响表现在金融创新产生了金融管制的松动效应，从而出现了金融自由化。正是由于 20 世纪 60、70 年代的金融创新使得原有的金融管制或成为金融机构提高效率、进一步发展的障碍，或因为创新活动的规避而名存实亡，因而各国金融管理当局不得不取消那些“过时”的管制措施，结果为金融创新“大开方便之门”。从这个角度看，金融自由化是金融创新的结果。

专栏 11

金融危机是金融创新惹的祸吗?

从 2008 年至 2011 年不到三年时间里，全球已经历以“次贷危机”和“美债降低”为主要成因的剧烈的金融风暴。面对资产大幅缩水的巨大恐慌，金融市场开始高奏避险主旋律，曾经盛极一时的“金融创新”理念迅速被打入冷宫，甚至不少人认定，这一切都是金融创新惹的祸。

金融危机与金融创新果真如此息息相关，互为因果吗？这是当今全球金融界必须共同面对的一道重要而复杂的课题。

金融是经济发展的核心，金融创新是一国经济核心竞争力的重要标志。20 世纪 70 年代以来，金融创新成为全球经济发展最耀眼的亮点：制度创新、产品创新、交易方式创新、服务创新等前推后涌层出不穷，极大地提高了金融效率，成为全球金融业发展的主要推动力量。然而，金融创新的高速发展也不断衍生和累积着金融体系的风险，从而威胁着金融监管的有效性。现代金融体系出现后的 200 多年中，世界各国爆发大小金融危机 100 余次。IMF 一份研究报告称，仅 1980 年到 1997 年，世界上 133 个国家（几乎占 IMF 成员国的 3/4）经历了金融业的严重问题，其中发生“危机”的有 36 个国家共 41 例，发生“严重”问题的国家有 108 例，这些国家为化解金融风险耗资高达 2500 亿美元。进入 21 世纪以来更是有增无减。

因此，金融发展的历史，就是金融创新与监管博弈的历史，也是金融奇迹与危机共生的历史。而至今，人类尚未找到维持金融创新与监管平衡的砝码，甚至还未真正认识到金融奇迹背后的危机“黑洞”。

一般地，金融创新越活跃，对金融监管的要求就会越高，这是构成健康的金融生态所必备的基础条件。目前，欧美成熟金融市场，大多以政府部门的国家宏观监管、行业协会的自律监管和交易所的一线监管共同构成三级监管体系。政府监管部门作为其龙头和核心，实际却屡屡在危机形成阶段不见身影，只会在危机爆发之后扮演“救火队”角色。其原因是，创新品种越来越多，牵涉范围和环节与经济和社会的关联度越来越深，监管成本越来越大，国际金融监管合作压力也越来越高。应当承认，欧美各国对衍生品场内交易已形成规范严密的监管体系，但面对绕开场内监管、场外交易日趋泛滥的局面，监管当局则束手无策，既没有严格加以限制，又没有能力同步有效地对场外交易进行监管，以至于“铜墙铁壁”的场内监管形同虚设。

但是，简单地把金融危机归咎于金融创新，很容易就此阻碍金融业健康发展的步伐，从长期来看，也无助于真正从本源上防范和抵御下一次金融危机的发生。金融创新的理念和实践仍然必须向前推进。虽然金融危机重创了美国经济，但我们仍应该清醒地看到金融创新对美国的贡献——推动了一个空前强盛大国的崛起。美国以占世界不足 5% 的人口，每年创造着超过全球 GDP1/4 的社会财富，金融创新是其巨大生产力的重要组成部分。即使数次金融危机闯下“滔天大祸”，金融创新对美国仍是“功大于过”，美国和世界都不会因此而否定金融创新。

因此，只要有金融市场存在，金融危机就永远不会消失，这是不证自明的道理。因此而全盘否定金融创新，无异于一叶障目。

第二节　西方金融创新理论

从当代西方金融创新理论的各种学术流派来看，在20世纪70年代以前有关金融创新的理论是零散的和不系统的，从经济理论上明确而系统地探索金融创新的动因是70年代以后的事。迄今为止，国外的金融创新理论主要分析金融创新的促成因素，换言之，这些理论的主要内容集中在探讨金融创新的动因方面。金融创新理论流派繁多，又各有见地，这里介绍和评析几种主要的金融创新理论。

一、"技术推进"理论

该理论认为，新技术革命的出现，特别是计算机、通讯技术的发展及其在金融业的广泛运用为金融创新提供了物质上和技术上的保证。

新技术在金融领域的引进和运用促进金融创新的例子很多，如自动提款机和终端机极大地便利了顾客，拓展了金融业服务的时间和空间。又如信息处理和通讯技术大大加快了资金调拨速度，缩短了金融交易的时间和空间距离，降低了交易成本，促进了全球金融市场一体化的实现，并且使24小时连续性的全球金融交易成为现实。

二、"货币促成"理论

这种理论认为，金融创新的出现，主要是货币方面因素的变化促成的。该理论认为，20世纪70年代的汇率、利率以及通货膨胀反复无常的波动，是金融创新的主要成因，金融创新是作为抵制通货膨胀和利率波动而出现的。例如，70年代出现的可转让支付命令账户（NOW，1972年）、浮动利息债券（1974年）、外汇期货（1972年）、浮动利息票据（1974年）、与物价指数挂钩的公债（70年代中期）等对汇率、利率和通货膨胀具有高度敏感性的金融创新工具的出现，都是为了避免汇率、利率和通胀率等货币因素造成的冲击，使人们在不稳定因素的干扰下获得相对稳定的收益。

"货币促成"理论可以解释布雷顿森林体系解体后出现的多种转嫁汇率、利率和通胀风险的创新工具和业务，但是对20世纪70年代以前规避管制及80年代产生信用和股权的金融创新无法解释。

三、“财富增长”理论

这种理论认为，经济的高速发展所带来的财富的迅速增长是金融创新的主要原因。因为财富的增长加大了人们对金融资产和金融交易的需求，促发了金融创新以满足这种日益增长的金融需求。这一理论的代表人物是格林（Green）和海伍德（Haywood）。他们在研究美国金融业的发展史时发现，科技的进步引起财富的增长，人们要求规避风险的要求随之增加，促使创新不断出现，金融资产日益增加。因而财富的增长是金融创新和金融资产的需求增长的主要动因。

四、“约束诱导”理论

这种理论主要从供给方面探讨金融创新。该理论认为，金融业回避或摆脱其内部和外部的制约是金融创新的根本原因。该理论认为，金融机构之所以发明种种新的金融工具、交易方式、服务种类和管理方法，其目的在于摆脱或逃避其面临的种种内部和外部制约。内部制约指的是金融机构内部传统的增长率、流动资产比率、资本率等管理指标。外部约束指的是金融当局的种种管制和制约，以及金融市场上的一些约束。当经济形势的变化使这些内外制约阻碍了金融机构实现其利润最大化的终极目标时，势必迫使他们探索采用新的金融工具、服务品种和管理方法来回避内外制约，增强其实力和竞争力。

“约束诱导”理论的代表人物是西尔柏（W. L. Silber）。西尔柏从寻求利润最大化的金融机构创新这个表面现象着手研究，经过分析，他认为金融创新是微观金融组织为寻求最大的利润，减轻外部对其产生的金融约束而采取的“自卫”行动。他认为，金融机构之所以不断创新金融工具，其动力无非是减轻或摆脱诸多内外部制约。特别是外在环境的变化使金融机构无法实现利润最大化目标时，换言之，即制约的代价大幅上升时，则金融机构势必被迫使探索新的产品、服务和管理方法等，来获得新的均衡。

五、“制度改革”理论

这种理论认为，金融创新是一种与经济制度相互影响、互为因果的制度改革。基于这种观点，金融体系的任何因制度改革而引起的变动都可以视为金融创新。因此，政府为稳定金融体系和防止收入不均而采取的一些措施，如存款保险制度，也是金融创新。

持这一观点的主要是制度学派的一些学者，他们主张从经济发展史的角度来研究金融创新，认为金融创新并不是20世纪电子时代的产物，而是与社会制度紧密相关的。他们认为，全方位的金融创新只能在受管制的市场经济中出现。如在英、美等国的混合经济制度下就可能有必要进行金融创新。当政府的干预和管理阻碍了金融活动时，就会出现各种相应的回避或摆脱管制的金融创新；当这些金融创新对货币当局的货币政策目标构成威胁时，货币当局又会采取新的干预和管制措施即制度创新，于是又引发了新的有针对性的金融创新。这种市场和政府之间的博弈最终形成了“管制—创新—再管制—再创新”的螺旋式发展过程。

六、“规避管制”理论

该理论认为，金融创新主要是由于金融机构为了获得利润而规避政府的管制所引起的。因为，许多形式的政府管制与控制，性质上等于隐含的税收，阻碍了金融机构从事已有的盈利性活动和利用管制以外的获利机会。因此，金融机构会通过创新来规避政府管制。而当金融创新可能危及金融稳定与货币政策时，金融当局又会加强管制，新管制又会导致新的创新，两者不断交替，形成一个相互推动的过程。

金融企业之所以能逃避管制，是由于其对各种规章制度的适应能力很强。在经济增长过程中，需求增长必然促进货币供给，扩大货币供给的过程可以通过采取许多“替代品”（创新工具）的形式来完成，从而规避引起创新。反过来，当金融创新危及到金融稳定和货币政策不能按预定目标实施时，政府和金融当局又会加强管制。与此同时，金融企业规避新的管制而推出不同于传统工具的“替代品”又产生了，这样，创新引起管制，而管制又引起新一轮的创新。管制与规避管制所引起的创新总是不断地交替，形成一个黑格尔式的辩证过程。

七、“交易成本”理论

这种理论认为降低交易成本是金融创新的主要动因，其具体含义有二：第一，降低交易成本是金融创新的首要动机，交易成本的高低决定了金融业务和金融工具的创新是否具有实际价值；第二，金融创新实际上是对科技进步导致交易成本降低的反应。

“交易成本”理论从微观经济结构变化的角度来研究金融创新，并把金融创新的动因归结为交易成本的降低，从另一个角度说明了金融创新的根本原因在于微观经济结构的逐利动机（降低成本的最终目的是为了增加收益）。

以上西方金融创新理论的主要流派对金融创新动因的解释各不相同，但不同流派的金融创新理论内容又有相似之处，这表现在这些理论都指出了金融创新进程中科技进步不可磨灭的特殊贡献及金融管制与金融创新的相互促进作用。

第三节　金融创新的效应分析

金融创新一方面极大地提高了微观金融企业的经营效率，另一方面又给宏观金融监管带来了新的难题，其中之一在于它对一国货币当局的货币政策实施及效果产生了重要影响，表现在对货币政策的调控标的——货币供求及货币政策的调控工具和传导机制的影响。

一、金融创新对货币需求的影响

（一）金融创新改变了货币需求的构成

金融创新改变了货币需求的构成，交易性货币需求下降，投资性货币需求上升。随着创新金融工具的大量涌现，出现了许多货币性极强的新型信用工具和存款账户，如 MMM、MMDAs、CD 及超级 NOW 账户等均具有良好的支付功能和变现能力。它们能够很大程度上满足人们的流动性需要。此外，金融创新带来的金融电子化和支付结算系统的改革，缩小了狭义货币、特别是现金的使用范围，转账结算成为现代社会经济生活中普遍使用的支付方式，从而减弱了人们对货币的流动性偏好，因而导致交易性货币需求的下降。

同时，金融创新带来的金融市场高度发达和证券化趋势，使得介于资本市场和货币市场之间的金融工具大量增加，这些新型的金融工具是对原有金融资产流动性、盈利性的重新组合，既获得交易支付便利，又可获得高投资回报，使得投资性金融资产在社会总财富中的比重增加，导致人们的投资性货币需求上升。

（二）金融创新降低了货币需求的稳定性

如前所述，金融创新导致交易性货币需求下降，投资性货币需求上升。从货币需求角度分析，交易性货币需求主要受国民收入的影响，即收入是交易性货币需求的主要决定变量，而一国国民收入在短期内是相对稳定的，它决定了交易性货币需求有可以预测和相对稳定的特点。投资性货币需求主要取决于持币的机会成本和个人预期等因素，金融创新导致全球性金融管制放松，利率、汇率、股价变化无常，加上人们预期心理影响，这些都决定了投资性货币需求具有不稳定性特征。

因而，整体上看，金融创新导致交易性货币需求比重下降和投资性货币需求比重上升，使得货币需求稳定性下降。

（三）金融创新使货币流通速度发生变化

货币流通速度是影响货币需求的一个非常重要的变量，金融创新对货币流通速度的影响如下：

第一，金融创新提高了狭义货币的流通速度。一方面金融业务创新所推出的NOW、ATS等新型账户，兼有活期存款和储蓄账户的双重优点，成为狭义货币的最佳替代品，促使大量狭义货币转向此类账户，加快了狭义货币的流通速度。另一方面金融交易手段和支付系统的创新直接减少了对狭义货币的需求，也加快了其流通速度。

第二，金融创新对广义货币流通速度的影响较小。首先，由于广义货币包括狭义货币，前述创新引起的狭义货币向广义货币的转化并不影响广义货币的流通速度。其次，虽然金融交易手段和支付系统的创新减少了狭义货币的需求，在一定程度上加快了狭义货币的流通速度，但由于金融创新导致狭义货币在广义货币中的比重下降，其影响程度远比对狭义货币的影响小得多。

二、金融创新对货币供给的影响

货币供给由两个因素决定，一是货币乘数，二是基础货币，金融创新对这两个因素及货币供给特性等方面都产生影响。

（一）金融创新使货币供给的层次划分变得更加困难

各国中央银行根据金融资产的流动性不同把货币供给划分为M0、M1、M2、M3等，然后根据宏观调控的需要，有重点地进行控制。但金融创新后，由于不断出现新的金融工具，金融资产的相互替代性也在增大。如NOW账户、ATS账户等，使得货币的层次划分变得困难，导致各国对货币层次的划分不断进行修改。如英、美等国在金融创新活动踊跃时都多次修改货币的定义，但金融创新活动并未停止，使得中央银行对货币供给无法准确计量。

（二）金融创新使基础货币的可控程度降低

一般地，基础货币由流通中的通货和银行准备金构成，它是中央银行投放的货币，是一国货币供应的基数。而且，一般是通过向存款机构（商业银行）贷款和在公开市场上买卖证券来控制基础货币的。金融创新使存款机构的筹资渠道大大拓宽，技术进步提高了存款机构的临时调拨资金的能力，各种金融创新工具也在整体上提高了存款机构的资产流动性，从而使存款机构向中央银行贷款的意愿降低，中央银行通过向存款机构贷款调控基础货币的效应大大减弱。结果，中央银行只能以在公开市场上买卖证券为主，使其调控基础货币的能力削弱了。

（三）金融创新加大了货币乘数的作用

由于任何一时点上的货币供应量，都可以看作是基础货币和货币乘数这两个变量的乘积，因此，在中央银行提供的基础货币既定时，货币乘数是至关重要的关键性变量。而对货币乘数起决定性作用的因素是通货比率、定期存款比率、法定存款准备金和银行超额储备，金融创新使这四个因素都发生了不同程度的变化：

1. 金融创新使通货比率降低

通货比率是指公众持有的通货与其持有的活期存款的比率，它与货币乘数是反比关系。金融创新使各种新工具大量涌现提高了金融资产的整体报酬率，从而使公众的持币机会成本提高，减少其通货持有量。另一方面，金融交易、支付及清算技术的创新降低了转账清算的成本，而且速度快、手段方便，也会公众持有通货比例下降。

2. 金融创新使法定存款准备金的实际提缴率下降

法定存款准备金率是由中央银行确定的，它与货币乘数也是反比关系。由于各国央行一般对不同提缴对象采用差别准备金率，这就为金融创新通过模糊对象界限，减少商业银行活期存款实际提缴法定准备金提供了余地。金融创新出现了不少介于活期存款和定期存款之间的新型负债类账户，导致传统活期存款的实际余额下降，而一般的规律是活期存款的法定准备比率高于定期存款的法定准备比率，金融创新导致的传统活期存款的下降就导致了法定准备金的实际提取率下降，货币乘数加大。

3. 金融创新使银行超额储备下降

超额储备是银行持有的全部准备金扣除法定准备后的余额，它与货币乘数是反向变动关系，金融创新主要从两方面降低银行超额储备：一是金融创新使存款机构建立储备的供给更为方便，即在需要时可轻而易举地从货币市场上及时补充其准备；二是金融创新使社会公众持有通货的机会成本提高，公众对通货的偏好减弱，存款机构持有库存通货的需求减少。这两方面使得银行超额准备金下降，从而加大了货币乘数。

4. 金融创新使定期存款比率有所变化

定期存款比率是指公众所持有的定期存款与其持有的活期存款之间的比率，与货币乘数存在着反方向变动关系。在金融创新中非存款性金融工具大量涌现，金融市场发达，证券服务日益完善，从而提高了银行存款之外其他金融资产的安全性、流动性和盈利性。这使银行定期存款作为价值贮藏手段的吸引力降低，定期存款比率会降低，加大货币乘数。但若银行在创新中也不断推进新型的定期存款工具，增加对公众的吸引力，在活期存款不变时，该比率又会有所上升，从而货币乘数降低。

（四）金融创新增加了货币供给主体

当代金融创新中，除了中央银行、存款货币银行之外，非存款货币银行也成了货币供应者。金融创新推动了金融业务综合化和金融机构同质化趋势，模糊了商业银行和非银行金融机构之间的业务界限，混淆了这两大类金融机构在创造存款货币功能上的本质区别。随着融资证券化程度的提高和金融市场的日益发达、支票账户电子资金划拨系统、可转让存单、电话存款、证券化货款等业务的逐渐完善，使得存款货币的创造不再局限于商业银行，各类非银行金融机构也有创造货币的功能。金融创新以后，在开始混业经营的国家里，货币供给由过去的中央银行提供通货和商业银行提供存款货币两类主体扩展为中央银行、商业银行、非银行金融机构三类主体。

三、金融创新对货币政策工具的影响

金融创新对货币政策工具的影响有正有负，中央银行的政策工具有的因为金融创新而强化了其功效与作用，有的则因为金融创新其作用大大减弱。

（一）金融创新使部分传统的选择性政策工具失灵

传统的选择性政策工具包括利率限制、信用配给、保证金比率等。金融创新，尤其是规避金融管制的创新，如 NOW 账户、ATS 账户等，其目的就是要摆脱这些选择性政策工具的约束。这些创新业务的开展与普及，使得中央银行运用选择性政策工具越来越困难，只得放弃或减少使用这些选择性政策工具。

（二）金融创新弱化了存款准备金制度的作用力度与广度

首先，金融创新减少了存款准备金制度的作用广度，具体表现在：第一，金融创新使融资证券化日益强劲，大量资金从银行流向非存款性金融机构和金融市场，绕开了存款准备金率的约束；第二，金融创新改变了金融机构的负债结构比例，尤其是商业银行，存款在其负债中所占比例逐渐下降，因为商业银行通过金融创新推出回购协议、货币市场互助基金等不受存款准备金制约的非存款工具，通过更充分地利用货币市场，尤其是欧洲货币市场，既能确保其应有的负债规模，又能逃避存款准备金制度的约束。结果，使法定存款准备金率作用范围随之缩小。

其次，金融创新弱化了存款准备金制度作用的力度。存款准备金发挥作用的原理是中央银行调高或调低存款准备金率时，商业银行的超额准备金相应减少或增加，从而收缩或扩大信用。即存款准备金制度发挥作用的前提是商业银行的超额准备相对固定，这样才能对中央银行的存款准备金率的调整作出反应。但是，由于金融市场和业务的创新，商业银行可以使用创新业务和创新工具通过货币市场调整其超额准备。超额准备弹性的加大，使存款准备金制度的作用力度减弱。

（三）金融创新使再贴现政策的作用下降

再贴现政策发挥作用的程度取决于商业银行对中央银行再贴现业务的依赖程度的大小。如商业银行对中央银行再贴现业务的依赖性大，则再贴现率的调整对商业银行的影响力度就大；反之则小。金融创新使商业银行融资渠道多样化，融资方式更加灵活，且成本较低，商业银行可以通过出售证券、贷款资产证券化、同业拆借、发行短期存单，以及从欧洲货币市场借款等渠道满足自己的流动性需要。金融创新后，商业银行不到万不得已不会向中央银行申请再贴现贷款，其对中央银行再贴现业务的依赖性下降，使得再贴现政策的作用力度减弱。例如，当中央银行提高存款准备金率时，商业银行可以及时地通过创新工具从货币市场补充其超额准备并维持其规模不变，这样，中央银行紧缩信用的目的难以达到。

（四）金融创新强化了公开市场业务的作用

金融创新引起的融资证券化趋势及金融市场的自由化、全球化趋势，非常有利于中央银行的公开市场业务操作，并且使其影响广度和深度增加。第一，金融创新拓宽了公开市场业务作用的范围。金融创新使一国中央银行的公开市场业务在本、外币市场都可以充分发挥作用。在本币市场上，中央银行可以使用政府债券、商业票据、银行承兑票据等金融工具的买卖吞吐基础货币；在外币市场上，可借助远期、掉期、互换等创新交易通过公开市场操纵干预和调节市场。而且，金融创新促进了金融自由化，使得一些原来金融市场并不发达的国家也能通过公开市场业务调控货币量。第二，金融创新深化了中央银行公开市场业务的作用强度。在金融创新的证券化趋势中，金融机构调整了其资产负债构成，在其总资产中有价证券的比重增加，特别是政府债券成为金融机构举足轻重的二级准备。金融机构对公开市场的依赖性增加，中央银行通过公开市场业务对金融机构影响力增强。同时，随着金融市场和金融工具的创新，有价证券成为社会公众持有的重要资产形式，并且在总资产中比重在不断增加。因此，中央银行通过公开市场操作不仅直接影响金融机构的运作，而且间接影响社会公众的行为。第三，金融创新使中央银行的公开市场操作灵活性增强。一方面，金融工具创新为中央银行公开市场操作提供了大量可供买卖的工具，使中央银行公开市场操作的手段更为丰富。另一方面，金融交易方式的创新，如回购协议等方式使中央银行公开市场操作的买卖方式更为灵活。

四、金融创新对货币政策中介指标的影响

中介指标介于货币政策工具与货币政策最终目标之间，它是中央银行货币政策的操作目标和观测对象。根据前面所述内容，要使中介指标能有效地反映货币政策的效果，其变量指标至少必须符合三个条件：可测性、可控性和与最终目标的相关性。根据这三性要求，西方国家在货币政策上曾建立过四个中介指标——利率、货币供应量、信贷总量和汇率。然而，当代金融创新使这些充当中介目标的金融变量都偏离了中介指标的基本要求，使货币政策中介指标的实际效果下降。

（一）金融创新降低了中介指标的可测性

金融创新模糊了可作为中介指标的金融变量的定义或含义，并使中央银行越来越难以观察、监测和分析。其典型的例子就是造成货币总量定义的混乱局面。金融创新使各种金融资产的流动性发生了很大变化，这就打乱了原有的货币定义中的界限。界定 M1、M2、M3 等不同层次货币的内涵十分困难，特别是创新的持续化使得货币的概念得以不断扩展，目前，不但现金是货币，账本上的存款数字是货币，在计算机的存储器中那些肉眼看不见的信号也是货币。中央银行虽然也花费了大量精力试图严格界定货币量的定义，划分层次，但终因金融创新层出不穷而降低了这种努力的效果。

（二）金融创新削弱了中介指标的可控性

金融创新使各种可充当中介指标的金融变量内生性越来越强，而与货币政策工具之间的联系却变得日益松散和不稳定。以最常用的中介指标货币供应量为例，在创新中一方面扩大了货币供应的主体，加大了货币乘数，增强了货币供应量的内生性；另一方面，中央银行法定存款准备金率的覆盖面缩小且作用降低，再贴现率的被动性增强，而作用范围缩少，这使中央银行对货币供应量的可控性大为削弱。

（三）金融创新削弱了中介指标的相关性

由于货币乘数不稳定，控制基础货币也不见得控制住货币总量；由于货币需求不稳定，货币供应达到中介指标也不一定能实现稳定币值的最终目标；而金融创新使货币需求利率弹性下降，利率对货币需求的作用力减弱；创新后带来的储蓄和投资实际收益的提高，又使中央银行所能控制的名义利率对储蓄和投资的影响力下降。因而即使中央银行控制利率，也未必能控制住货币量和信用总量。

五、金融创新对货币政策传导过程的影响

金融创新对货币政策传导过程的影响表现在以下四个方面。

（一）金融市场的创新削弱了各国中央银行对国内货币的控制能力

金融市场的创新，典型的例子是欧洲货币市场的出现使各国中央银行执行货币政策的难度加大。如当一国实行宽松的货币政策，降低利率或减少准备金要求时，国内银行将把资金转向欧洲货币市场，绕过中央银行的货币控制；而在中央银行提高利率时，国内银行可以通过欧洲货币市场取得资金而维持其信用规模，使中央银行货币政策紧缩效应难以达到。

（二）金融业务的创新削弱了中央银行的货币控制能力

金融业务的创新导致金融机构业务的多元化以及金融机构本身的同质化，使经营活期存款的金融机构越来越多，它们都具有货币派生的功能，虽然派生能力不如商业银行。因此，货币创造的主体不再限于中央银行和商业银行而逐渐趋于多元化，传统的以控制商业银行派生乘数为中心设计的货币控制方法难以奏效。同时，随着金融机构同质化的发展，属于货币政策控制范围以外的业务和机构增加，传统的货币政策实施范围缩小，这也降低了中央银行控制货币的能力。

（三）金融机构的创新削弱了中央银行货币政策控制的基础

随着金融创新，出现了大量的非银行金融机构，它们是银行强有力的竞争对手，降低了商业银行在金融中的地位与作用，商业银行为了在激烈的金融竞争中求得生存和发展，被迫向“非中介化”方向发展，证券业务、表外业务和服务性业务的比重加大，这无形中削弱了它作为货币政策导体的重要性及其功能，中央银行存款准备金机制的作用范围缩小，特别是随着中央银行以公开市场业务为主进行货币政策操作，

非银行金融机构在传导过程中的中介角色日益明显，中央银行控制货币的基础削弱。

（四）金融创新增大了货币政策传导时滞的不确定性

金融创新的不断涌现和迅速扩散，改变了金融机构和社会公众的行为，使货币需求和资产的结构处于复杂多变的状态，从而加重了传导时滞的不确定性，使货币政策的传导时滞在时间上难以把握，传导过程的易变性很高，给货币政策的判定效果带来困难。

案例分析

金融创新对美国经济的影响

20 世纪 90 年代末的统计表明，美国经济增长至少达到了 4%，就业率相当稳定，GDP 增长超过五年前的 1.5%，劳动生产率提高 1.5%，年增长率达到 3%。失业率从 1995 年的 5.5% 下降到 5 年后的 4%。低通胀率仍在不断下降，不包括粮食和能源在内的消费品物价指数在整个 80－90 年代都在不断下降，1999 年达到最低点，实际通胀率甚至比分析家预测的还要低 1.5 个百分点。只有在最后一年到一年半中，通胀率才超过 2.5%。之所以能有如此经济效果的原因很多，如 IT 行业的发展，石油价格的下跌，临时性就业的增加，还有更重要的金融创新的影响。

信息技术推动金融创新的发展，降低了公众对银行贷款的依赖。过去公众主要依靠银行融资，而银行信贷具有“金融加速器”的效应，以致经济衰退遏制银行贷款，经济急剧萎缩。但若公众可以从金融市场上获得资金的补充，就能摆脱“金融加速器”效应，保持生产和销售的稳定。譬如 20 世纪 70 年代初开始的抵押资产证券化业务使得人们可以用自己的资产甚至未来收益，如汽车、信用卡应收款、英式连锁旅馆的未来收益等为抵押，发行融资债券。这类融资在 1983 年占银行信贷的比重几近于零，但到 2001 年底上升到 40%。这种融资方式比银行借贷更能帮助经济抵御外来冲击。一个有力的例证就是，美国经济在 2001 年第四季度趋冷，汽车公司信用等级下降，借贷成本上升，汽车销售仍然创出历史新高。因为汽车公司以汽车为抵押发行债券，并向消费者提供购买汽车的优惠贷款，从而促进了汽车销量的增长。正是这种融资方式抵御了经济收缩的能力，缓解了总需求下降对经济的不良影响。

金融创新的另一个意义是使银行在金融体系中的地位下降，因为，在经济紧缩时期，证券化抵押资产的信用等级明显高于借款主体的信用等级，这就导致抵押资产证券化融资取代银行信贷。不仅如此，人们只要在金融市场上找到融资经纪人，就能委托他完成融资活动，而不必关心银行甚至市场对自己的融资反应。

思考题：既然金融创新在规避市场风险的同时又造成更大的风险，在规避政府管制的同时又引发更多的政府管制，请根据你的理解回答：金融创新的实际意义是什么？

复习思考题

1. 简述西方学者关于金融创新的理论。
2. 简述转嫁风险与金融创新的关系。
3. 简述规避管制与金融创新的关系。
4. 简述金融创新对货币供给的影响。
5. 简述金融创新对货币需求的影响。
6. 简述金融创新对货币政策有效性的影响。
7. 简述金融创新的发展过程。

参 考 书 目

1. 黄达. 货币银行学. 北京：中国人民大学出版社，1999
2. 王松奇，李扬，王国刚. 金融学. 北京：中国金融出版社，1997
3. 易纲，海闻. 货币银行学. 上海：上海人民出版社，1999 年 9 月
4. [德]格哈德·伊宁. 货币政策理论——博弈论方法导论. 杨国伟，译. 北京：社会科学文献出版社，2002
5. Frederic S. Mishkin. The Economics of Money, Banking, and Financial Markets. Sixth Edition. New York: Pearson Education North Asia Limited, 2002
6. Ronald W. Melicher. Finance—Introduction to Institutions, Investments, and Management. Ninth Edition. By South-Western Publishing Co. 1997
7. Robert A. Haugen. Modern Investment Theory. Fourth Edition. By Prentice-Hall, Inc. 1997 年
8. Stephen G. Cecchetti, Money, Banking and Financial Markets, 2006.